本书是国家社会科学基金年度重点项目研究成果
项目编号：14ADJ003
项目名称：深化党的建设制度改革研究

管理科学前沿论丛

高校领导体制的研究与探索

RESEARCH AND EXPLORATION OF
COLLEGE LEADERSHIP SYSTEM

郭大成◎著

北京理工大学出版社
BEIJING INSTITUTE OF TECHNOLOGY PRESS

图书在版编目（CIP）数据

高校领导体制的研究与探索 / 郭大成著 .—北京：北京理工大学出版社，2014.8

ISBN 978-7-5640-3104-6

Ⅰ.①高…　Ⅱ.①郭…　Ⅲ.①高等学校-领导体制-研究-中国　Ⅳ.①G647

中国版本图书馆 CIP 数据核字（2013）第 314669 号

出版发行 / 北京理工大学出版社有限责任公司
社　　址 / 北京市海淀区中关村南大街 5 号
邮　　编 / 100081
电　　话 /（010）68914775（总编室）
82562903（教材售后服务热线）
68948351（其他图书服务热线）
网　　址 / http：//www. bitpress. com. cn
经　　销 / 全国各地新华书店
印　　刷 / 保定市中画美凯印刷有限公司
开　　本 / 710 毫米×1000 毫米　1/16
印　　张 / 22.25
字　　数 / 326 千字
版　　次 / 2014 年 8 月第 1 版　2014 年 8 月第 1 次印刷
定　　价 / 58.00 元

责任编辑 / 张慧峰
文案编辑 / 张慧峰
责任校对 / 周瑞红
责任印制 / 李志强

图书出现印装质量问题，请拨打售后服务热线，本社负责调换

前　言

在人类文明发展的历史长河中，大学就像一粒种子，从发芽、开花到结果，从单株小树到广袤的森林，从禁锢的中世纪到开放的当代，逐步从社会的边缘进入到经济社会发展的中心，成为推动经济发展、社会进步和文化创新的重要力量。纵观世界各国大学发展的历史，虽然历史渊源、时代背景、发展路径和组织绩效等各不相同，但加强大学领导体制建设、完善大学制度，往往是各国大学的共同选择和必然举措。

长期以来，我一直从事高等教育领导学的研究与实践。作为一名大学的研究者，我常常思考高校领导体制的演变、内涵及作用机制等理论问题；作为一名大学的主要领导者，我一直在参与、推动和完善领导体制建设。无论是在理论研究还是在领导实践方面，我都深深地感到加强高校领导体制建设的重大意义。

当前，我们国家正处于实现中华民族伟大复兴的“中国梦”的宏伟历史进程中。实现这一梦想，教育是基础，科技是关键，人才是核心。中国梦也是教育梦，要实现中国梦首先要实现教育梦。高校是整个教育体系的高地，在实现教育梦中发挥着先导作用。而大学能否发挥应有的作用，从一定意义上讲，取决于高校领导体制的建设是否不断完善、与时俱进，取决于高校领导体制是否能够为大学人才培养、科学研究、社会服务、文化传承和创新使命提供坚实的保障。所以，开展高校领导体制理论和实践的研究，具有非同寻常的现实意义。

我国高校领导体制几经变迁，经过了一段漫长而曲折的探索过程，最终确立为党委领导下的校长负责制。这一领导体制之所以最终能够在法律上得以正式确认，有其历史的必然性、国情的客观性和时代的现实性。概括起来，“党委领导、校长负责、教授治学、民主管理”是党委领导下的校长负责制的基本内涵。简言之，在该领导体制的运行过程中，“党委领导”重在抓大事，抓决策，要做到“总揽不独揽，宏观不主观”；“校长负责”重在抓落实，抓执行，要

"果断不武断，放手不撒手"；"教授治学"重在强化学术权力，要"崇尚科学而非权威，追求真理而非名利"；"民主管理"重在多方参与，充分发挥广大师生"参与管理、有效监督"的作用。党委领导下的校长负责制的发展历程、理论内涵及其运行机制等重大理论问题，应该成为高等教育领导学领域的重要内容，非常有必要开展系统、深入的研究。

基于以上考虑，我在担任大学领导工作之余，通过较为规范的研究方法，对我国高校领导体制的历史演变、现状特点和发展趋势展开了研究和探索，并形成了本部作品。本书内容共15章，整体架构包括四大部分：即"历史篇""理论篇""实证篇"和"探索篇"。围绕高校领导体制这一核心主题，"历史篇"意在"溯源"，"理论篇"重在"解析"，"实证篇"在于"验证"，"探索篇"旨在"完善"。四个部分逻辑上紧密相连，彼此呼应，层次递进，并不断拓展和深化。

在"历史篇"部分，基于历史唯物主义方法论，较为系统地回顾了我国高校领导体制的演变历程。具体而言，清末民初是我国高校领导体制的萌芽期；受西方教育思潮影响，领导体制在民国时期得到了明显发展；新中国成立后，高校领导体制几经变迁，最终确立了党委领导下的校长负责制。"历史篇"的重要启示在于，党委领导下的校长负责制有其历史必然性，它是符合历史发展趋势、符合我国国情、符合我国高校组织情境的领导体制。

在"理论篇"部分，试图从组织行为学、战略管理等多学科视野探讨党委领导下的校长负责制的有关理论问题。在系统阐释党委领导下校长负责制理论内涵的基础上，重点从制度层面、战略层面和技术层面三个方面，用多学科视角揭示党委领导下校长负责制的必要性和科学性，并探索了该体制在运行过程中可能发生的问题及其成因。

在已有的有关我国高校领导体制的研究文献中，实证研究尤为鲜见。在"实证篇"部分，通过对北京、西安两地高校的领导干部和老师的问卷调研，首先结合实例分析研究了党委领导下的校长负责制的现状和作用，并采用样本研究了团队冲突对团队绩效的作用机制。在此需要指出的是，由于大学高层领导团队的样本获取十分困难，虽然我们经过多次尝试和努力，但问卷回收率极低。为此，我们不得不将研究对象扩展到中层以上管理者，试图尽可能地去揭示领导体制的运行机理。由于时间紧迫，样本量显得不够充分。上述实证研究的局限性，将是我们今后深入开展实证研究的动力，进一步激励我们完善研究设计，不断努力获取高层领导团队样本，并逐步扩大样本容量，进而获得更多、更新、更为可靠的研究发现。

推进并不断完善高校领导体制建设，一直是我国高等教育领导学领域的一项重大的理论和实践问题。“探索篇”在高校高层管理团队建设的基础上，从内部与外部治理、组织学习等视角，探索了完善高校领导体制的途径和举措，以期能为当前高等教育领导体制建设提供某些参考依据。

我在大学担任主要领导工作期间一直怀有一个心愿：那就是不断梳理和总结自己工作中的点滴思考和体会，深入开展高校领导体制研究，推动高等教育持续发展。经过一个时期的努力，终成此稿。

全书的整体框架、主导思想和写作要求由我提出，并组织撰写和定稿。在此需要着重强调的是，本书固然包含了我多年来工作实践的总结、思考、研究和探索，但更是许多教育工作者和研究者集体智慧的结晶。

北京理工大学的蔺伟、李德煌、王学普、刘晓俏、崔征、奚英伦等同志，参与了本书前期的框架论证、资料收集、调研分析和整理等工作。其中，蔺伟主要负责了本书前期的框架论证、调研提纲拟定及调研活动安排组织等工作。李德煌参与了本书前期的论证工作，以及部分调研活动的协调组织和有关理论的整理工作。王学普参与了本书的前期论证、提纲撰写和部分实地调研工作，并负责了本书后期的调研联络工作。刘晓俏、崔征和奚英伦主要负责了调研问卷的内容设计、结果分析等工作。

同时，我还要感谢以下研究人员：张建卫负责了本书的篇章结构梳理和实证研究等工作；张瑾、刘讴美、石匠和周洁等同学参与了“实证篇”的资料整理和统计分析工作；此外，靳芙佳、李凤琴、桂群英、严艳瑞、李海红、陶东梅、任永灿和赵辉等同学，在文献整理、数据收集和排版等方面也做了大量工作；董嵩斌对本书有关内容的完善提出了宝贵的意见和建议；刘博联负责了本书后期的出版联络和协调工作。对以上人员的辛勤付出，我深表感谢！

我还要感谢积极参与支持本书调研的兄弟高校的领导和老师，没有他们的大力支持，本书的实证研究难以顺利开展。

最后，书稿得以付梓出版，要感谢北京理工大学出版社张慧峰编辑的辛勤劳动。同时，也感谢出版社蔡婷婷副社长给予的关心和支持。

本书引用或参考了大量的国内外研究文献，在此向文献原作者表示诚挚谢意。

总之，高校领导体制研究是一个理论与实践价值兼备的研究领域，吸引了一批又一批有志于高校体制改革的研究者和教育工作者。在这一颇具挑战性又充满魅力的研究道路上，本书立足于中国历史文化背景和高校组织情境，遵循规范的研究方法，试图从跨学科视角探索有关高校领导体制的若干理论和实践问题。希望本书的研究是一种有益的尝试，更希望有越来越多的研究者能够与教育工作者协同合作，将研究发现转化为促进高校领导体制建设的有效举措和行动，共同为提升中国高校的创新能力和国际化水平作出贡献！

2014 年 7 月

目 录

第四部分 探索篇

导 论

随着经济全球化步伐的不断加快和知识经济时代的到来，科技进步日新月异，人才竞争日趋激烈，高等学校在提升国家竞争力过程中的战略地位日益重要。《国家中长期教育改革和发展规划纲要》（2010—2020 年）明确指出，要实施科教兴国战略和人才强国战略，建设人力资源强国。高等学校作为培养高级专业人才、发展科学技术文化的专门机构，其教育质量制约着国家竞争力的提升和教育强国战略的实现水平。一所大学的教育质量固然是全校师生员工共同努力的结果，但高校内部领导体制的影响作用不可低估。

领导体制是确保高校办学方向、实现高校创新发展的制度保障，影响并支配着学校的所有管理活动，进而影响到人才培养、科学研究和社会服务等实践活动。因此，解决好高校的领导体制及运行问题，是实现高校科学管理、促进高校持续发展的重要前提。英国著名教育家阿什比（Eric Ashby）曾经指出："大学的兴旺与否取决于内部由谁控制。"[1]这一观点深刻地说明了大学发展与其采用的领导体制和管理模式存在着密切联系。毋庸置疑，领导体制在确保大学办学方向、变革创新和持续发展方面具有至关重要的意义。

---

〔1〕 伯顿 · 克拉克. 高等教育系统——学术组织的跨国研究［M］. 王承绪，等，译. 杭州：杭州大学出版社，1994：121.

本书的导论部分，首先阐述了高校领导体制研究的历史背景和现实背景，其次在文献综述的基础上提出本书的研究问题，最后探讨了研究高校领导体制的理论价值和实践意义。

第一节　研究背景

任何研究主题的出现，既有其历史演进的轨迹，也有其现实背景。在当前我国从高等教育大国迈向高等教育强国的战略目标实现过程中，高校领导体制的作用日益凸显，其研究价值也倍受关注。高校领导体制能够从历史与现实相交织的时空体系中，逐渐上升为一个研究主题和实践命题，有其发展演进和不断丰富的研究背景。下面拟对高校领导体制产生的历史和现实背景作一分析，旨在更全面、更准确地把握这一研究主题产生的背景因素。

一、历史背景

历史背景是高校领导体制研究的纵向维度。高等教育的产生、发展离不开既定历史背景下政治经济发展进程的影响和制约。高等教育作为一种培养高级专门人才的社会活动，不可能脱离政治经济活动而独立存在。高等教育要为社会政治经济提供文明精神、人权观念、人文价值、法规意识及人才支持等，从而促进社会政治稳定和经济进步。高校领导体制正是在上述包涵着特定政治经济活动内容的高等教育实践基础上逐步建立和完善起来。因此，高校领导体制的变迁，客观上与一定的政治经济变化密切相关。

我国高校领导体制的萌芽可以追溯到 19 世纪中叶。鸦片战争的失败和西方列强的入侵，使众多仁人志士发现：西方坚船利炮背后的重要驱动力是先进的科学教育，救国之道须转向教育改革。尤其是在维新运动的影响下，清政府鼓励全国兴办学堂，诸多像北洋大学堂、山西大学堂等高校应运而生，开创了中国近代高等教育发展的先河。此时的领导体制是单一的皇权为本体制，其管理模式是封建王朝集权领导的延伸，旨在服务统治阶层，为其选拔和培养人才。清末学堂的领导体制固然是封建帝制的缩影，但仍不失为中国高等教育领导体制的滥觞。

民国初年的高校管理模式已经初步具备了中国高等教育体制的雏形特征。1911 年辛亥革命后，资产阶级新教育观开始蔚然成风、深入人心。高举“民主”和“科学”旗帜的新文化运动和五四运动，对两千年来的儒学价值观发起了全面攻击，对中国教育观念、教育思想进行了彻底反思，尤其是对中国高等教育发展产生了深刻影响。当时的高校领导体制包含了宝贵的民主成分，倡导自主办学、开放办学，其管理模式已经具备了近现代大学制度的雏形。

新中国成立以后，我国高等学校领导体制几经变化，不断探索和调适。我国高等学校的领导体制从新中国成立初期的“校长负责制”，到“文化大革命”时期的“革命委员会制”，从改革开放初期的“党委领导下的校长分工负责制”到 20 世纪 80 年代“试行校长负责制”等，先后经历了多次变化和调整。在这一曲折过程中，党政系统、教育界和广大群众逐渐凝聚成一条共识：即高等学校要实行党委领导下的校长负责制，这是科学总结新中国成立 60 年来高校领导体制变革正反两方面经验教训得出的结果。与其他几种领导体制相比，它既能够强化党委的政治核心和领导地位，保证高校领导体制与国家基本政治制度、社会环境相适应，又能强化校长及行政组织在高校改革发展中的重要地位，从而保证党的路线方针政策的充分贯彻，进而促进高校人才培养、科学研究和社会服务等工作的全面、协调发展。

从清末到民国，再到新中国成立，直至 1998 年通过了的《中华人民共和国高等教育法》第一次从法律上对我国高等学校实行“党委领导下的校长负责制”予以确认。可以说，我国高等教育领导体制经历一个较为漫长的演变和完善过程。从纵向比照而言，历史背景既是孕育高校领导体制的时代土壤，又是解读高校领导体制发展轨迹的一面镜子。笔者在考察高校领导体制的理论问题时，不仅从历史背景梳理了高校领导体制变迁的逻辑脉络，还从高校领导体制演变的历程中探寻历史依据。历史背景的考察，有助于将本书研究主题置于历史唯物主义方法论框架下循序展开。

二、现实背景

现实背景是高校领导体制研究的横向维度。任何研究主题的发展，不仅有其历史的渊源，也有其现实的土壤。我国高校领导体制的选择和确立，既有历史发展的必然性，也有充分的现实依据。当前高校实行的党委领导下的校长负责制，立足于中国的基本国情，既符合当今国际高等教育领导体制的发展趋势，又符合我国建设创新型国家的现实需要。

实行党委领导下的校长负责制是我国基本国情和高校实际发展的客观需要。新中国成立以来，我国高等教育领导体制几经变迁，经历了漫长而曲折的探索和调适。尤其是1989年的政治风波从反面向人们证明：办好中国的高等教育离不开共产党的领导。1989年7月15日，时任国家教委主任李铁映在全国高等学校工作会上指出："坚持教育的社会主义方向，就必须坚持和加强党对学校的领导，保证党组织在教育工作中的领导和政治核心作用。新中国成立以来，我们在高等学校中先后实行过几种领导体制，总结实践经验来看，党委领导下的校长负责制更加适合我国高等学校的实际情况和工作需要。"〔1〕由上述可见，党委领导下的校长负责制是党和国家积极探索高校内部领导体制实践经验的科学总结，是马克思主义党建理论与我国高等教育实际紧密结合的产物，是具有鲜明中国特色、适合我国现阶段国情的高校领导体制。

坚持和完善党委领导下的校长负责制，也是推进大学现代化的现实需要。大学现代化是教育现代化、社会现代化的重要组成部分，是大学内部各因素整合和变革的过程。大学现代化通常包括教育理论、办学条件，教学内容、方式，技术和管理现代化等主要内容。韩延明（2000）认为，大学现代化应该包括大学教育观念现代化、大学教育综合化、大学教育社会化、大学教育国际化、大学管理现代化和高等教育大众化六个方面的基本内容〔2〕。总之，先进化、开放化、民主化和法制化等是世界各国大学现代化的典型特征。对我国而言，党委领导下的校长负责制作为一种符合我国国情和高校实际情境且行之有效的领导体制，其本身就是高等教育的先进性、民主性、开放性和法制性的有效载体，集中体现着高等教育管理现代化的发展趋势。同时，从领导机制多年来的运行实践来看，党委领导下的

〔1〕 刘英杰．中国教育大事典（1949—1990）［M］．杭州：浙江教育出版社，1993.
〔2〕 韩延明．大学教育现代化［M］．济南：山东教育出版社，2000.

校长负责制在促进高校管理体制创新，推动高校持续稳定发展方面发挥着举足轻重的作用。

我国高校的现行领导体制符合当今国际高等教育领导体制的发展趋势。在经济全球化和教育文化日益融合的背景下，我国的高等教育不仅是中国特色教育体系的重要组成部分，也是世界高等教育的一个必要组成部分。我国高校目前实行的党委领导下的校长负责制与国外高校的领导体制在治理机理上具有内在逻辑的相似性，譬如，美国高校实行的“董事会领导下的校长负责制”，强调由董事会任命校长，校长向董事会负责；德国实行“校务委员会制”，以正教授为主体，负有立法和决策之职；日本高校实行“中央集权管理制度下的校长负责制”，校长虽负责学校行政事务但无权否定评议会和教授会作出的重大决定。对此，钟秉林（2003）认为，“许多发达国家的高校主要实行董事会、理事会或校务委员会制，倚重集体决策，出现了决策成员集体化、校内校外结合化的趋势。我国高校实行党委集体领导，是符合这一国际潮流的。”〔1〕我国高校的党委领导下的校长负责制集中表现为，学校重大问题由党委集体讨论决定，校长负责执行党委关于教学、科研和行政管理的决策，集中表现为“党委领导、校长负责、教授治学、民主管理”。这是集体领导、分工负责与多元主体参与的有机结合，是现代高校管理的共同特征，符合当今国际高等教育的发展趋势。

第二节　问题提出

在建设创新型国家的进程中，大学在人才培养、科学研究、社会服务和文化传承与创新中的战略功能日益重要。与此同时，在背后引领和驱动大学功能的高校领导体制问题也越来越受到研究者和教育实践者的关注，许多学者、大学党委书记、校长等纷纷参与到这一问题的探讨和交流之中。目前，高校领导体制已经作为一个跨学科的学术命题进入到研究者的

〔1〕 钟秉林. 从理论与实践结合上探索党委领导下的校长负责制［J］. 中国高等教育，2003（24）：3-4.

视野中，学者们从教育学、管理学、思想政治教育学和组织行为学等多维视角进行探索。

为了系统、全面地梳理我国高校领导体制的研究状况，笔者以“高校领导体制”“大学领导体制”“党委领导下的校长负责制”等作为关键词，在中国知网（CNKI）和万方数据库进行了查询。截至目前（2013 年 8 月），共有 197 篇文献对该问题进行了探讨。由图 0-1 可以发现，关于高校领导体制问题的研究，在该数据库中可以追溯到 1997 年，自 1998 年全国人大以法律（即《中华人民共和国高等教育法》）形式正式将我国高校领导体制确立为“党委领导下的校长负责制”以后，该领域的研究呈现出明显上升的趋势。在上述研究文献中，期刊论文最多，其次为学位论文，再次为会议论文，见图 0-2。虽然当前在高校领导体制领域取得一些研究成果，但系统的理论分析和实证研究仍亟待加强。

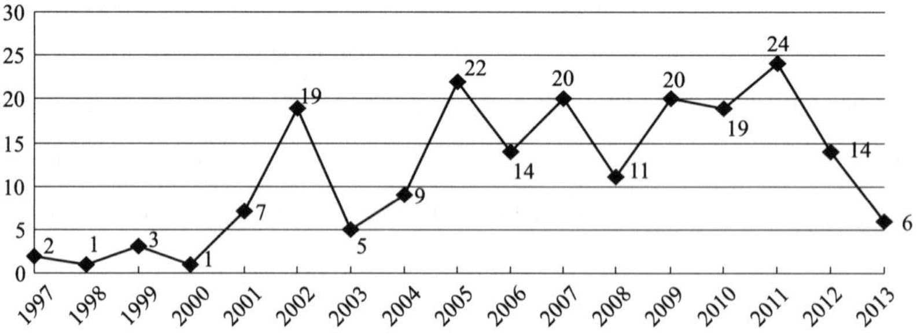

图 0-1　文献数量分布图

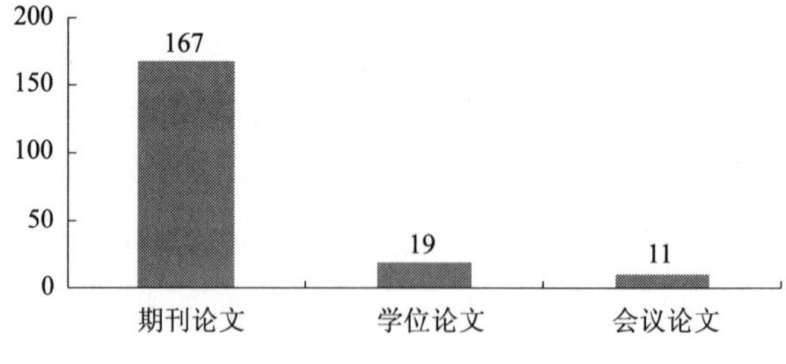

图 0-2　文献种类分布图

任何新事物的诞生都有其历史渊源、孕育、发展和演变的过程，高校领导体制也不例外。系统地回顾高校领导体制的演变历程，对于充分揭示当今我国高校推行“党委领导下校长负责制”的历史选择和现实依据具有重要的理论和实践价值。已有的大量研究（宁超，谢鸿全，周小波[1]，2013；姚钦英[2]，2011；杨少波[3]，2012；朱家德[4]，2011；等等）更多地考察新中国成立后高校领导体制的变迁，往往对新中国成立前大学领导体制和管理模式的发展缺少关注，尤其是对中国高等教育诞生初期（如清末民初）的领导体制缺乏梳理。如此状况，容易形成高校领导体制演变历史的“断层”现象，不利于系统揭示领导体制的连续性和间断性的变化轨迹，也削弱了我国高校领导体制发展的内在逻辑性和必然性。因此，在考察中国高校领导体制的变迁历程时，注重梳理清末民初及国民政府时期高校领导体制的发展历程是十分必要的。

党委领导下的校长负责制，是我们党在总结新中国成立以来高校发展的正反两方面经验基础上确立下来的具有中国特色的高校领导体制，是高校贯彻执行民主集中制原则的有效制度，是高等学校沿着社会主义办学方向不断向前推进的重要保证。该体制坚持党委的决策权与校长执行权的辩证统一，具有内涵完备的制度保障体系，是科学合理的高等学校治理模式。对此重大理论和实践问题，许多大学党委书记、校长和众多学者展开了讨论和探索。首先，《中国高等教育》杂志从 2003 年第 18 期至 2004 年第 24 期，专门开辟了“笔谈党委领导下的校长负责制”专栏，众多学校领导者阐述了党委领导下校长负责制的政治意义与管理意义（顾海良[5]，

---

〔1〕 宁超，谢鸿全，周小波．试论我国高校领导体制的历史变迁与现实意义［J］．中国电力教育，2013（2）：3-4，11.

〔2〕 姚钦英．建国六十年来高校领导体制的演变与探索［J］．思想政治教育，2010（2）：6-8.

〔3〕 杨少波．高等学校院（系）领导体制的发展演变与现实思考［J］．华中农业大学学报：社科版，2012（2）：117-121.

〔4〕 朱家德．权力的规制：大学章程的历史流变与当代形态［D］．武汉：华中科技大学博士论文，2011.

〔5〕 顾海良．关于加强和改进党委领导下的校长负责制的思考［J］．中国高等教育，2003（18）：9-11.

2003；钟秉林[1]，2003；李卫红[2]，2004；汪南庆[3]，2004；等等），但上述文章更多地停留于宏观层面上的理论论述，而中观和微观层面上的理论探讨较少。其次，学者们则更多从内部治理角度出发展开论述，如薛传会（2007）主张政治权力和行政权力要保持平衡[4]；夏再兴（2001）认为高校必须建立一种新型的以学术权力为主导的权力机制[5]；戚业国等人（1999）认为，我国高校内部管理体制改革的核心问题是政治权力、行政权力、学术权力和学生权力的配置问题[6]；李承先（2003）提出了高校内部权力整合模式，即高校行政学术化[7]；毕宪顺（2005）认为，在坚持党委领导下的校长负责制的前提下，建立和完善多元化高等学校内部管理体制（如校务委员会制、董事会制、教授委员会制），以合理配置政治权力与行政权力，建立科学的决策机制和运行机制[8]。上述研究对高校领导体制进行了广泛而深入的探讨，但学科解释视角较为单一，未能从跨学科的视野中对党委领导下的校长负责制进行更加充分的科学解释。本书则试图将党委领导下的校长负责制这一重大理论课题置于高等教育管理学、战略管理和组织行为学等多学科视野中进行研究。

高校领导体制的运行机理和实践问题一直受到研究者和教育界人士的普遍关注。运行机制是高校领导体制建设的重点，它直接关系到大学组织运行的效能和质量，是推进大学现代化、国际化进程的关键所在。众多学者从组织内部关系协调、制度创新或领导班子建设等视角阐述高校领导体

---

〔1〕 钟秉林．从理论与实践结合上探索党委领导下的校长负责制［J］．中国高等教育，2003（24）：3-4.

〔2〕 李卫红．总结经验，把握规律，指导实践：也谈坚持和完善党委领导下的校长负责制［J］．中国高等教育，2004（24）：3-5.

〔3〕 汪南庆．从行政权力看现行领导体制［J］．中国高等教育，2004（6）：20-21.

〔4〕 薛传会．论准确把握党委领导下的校长负责制的科学体系［J］．中国农业教育，2007（4）：23-24.

〔5〕 夏再兴．什么是学术权力？读《学术权力——七国高等教育管理体制比较》［J］．咸宁师专学报，2001（1）：1-3.

〔6〕 戚业国，姜学海．美国高等教育管理体制的形成、发展及其启示［J］．机械工业高教研究，1999（3）：87-91.

〔7〕 李承先．高校行政学术化：我国高校内部权力整合模式初探［J］．江苏高教，2003（2）：32-33.

〔8〕 毕宪顺．高等学校内部管理体制改革研究综述［J］．中国特色社会主义研究，2005（2）：77-82.

制的运行机理，赵永贤（2011）认为[1]，在把握党委（决策）和行政（执行）关系、书记（班长）和校长（成员）职责、个人分工与集体协作的基础上，推动决策、议事、沟通和督查等机制创新；崔欣伟（2010）指出[2]，需要从科学决策、民主管理和依法治校等制度创新层面去完善高校领导运行机制；李健（2009）从大学校长职业化、领导干部选拔等领导班子建设角度，阐述高校领导体制的运行问题[3]。同时，研究者尤其是众多大学领导者还探讨了我国高校领导体制的实践问题，钟秉林（2003）从实践层面上阐述了党政一把手紧密配合、制度创新等领导体制问题[4]，徐敦楷（2003）认为，明确领导者角色要求和完善遴选机制是实施党委领导下校长负责制的关键环节。由上述可以发现，学者们更多的是从理论上探讨我国高校领导体制的运行机理问题，鲜见这方面的实证研究，未能为领导体制的运行过程提供实证支持。此外，关于我国高校领导体制的实践问题，研究者主要是从中观层面上进行了探讨，但宏观和微观层面上的论述显得不够充分。

基于上述分析，本书将侧重研究如下五个方面问题：

（1）我国高校领导体制变迁和演进的历史轨迹；

（2）党委领导下校长负责制的理论解析；

（3）高校领导体制运行机理的实证考察；

（4）完善高校领导体制的实践探索。

最后，研究高校领导体制不能脱离其组织特征。高校的组织特征具有普遍性和特异性，它虽然属于社会性公共组织，但又具有一定的类政治与经济组织的特性。“学校组织或许是最复杂的社会产物了。一方面，如同其他正式组织一样，学校必须对一个复杂的人力物力资源的混合体作出诸如组织、管理、指挥等方面的处理。另一方面，它又与大多数其他正式组

---

〔1〕 赵永贤．坚持和完善党委领导下的校长负责制［J］．2011（3）：51-52.

〔2〕 崔欣伟．制度创新：完善高校领导体制与运行机制的内在逻辑［J］．学校党建与思想教育．2011（11）：29-31.

〔3〕 李健．关于加强高校领导班子建设的若干思考［J］．中国高等教育，2009（3、4）：17-18.

〔4〕 钟秉林．从理论与实践结合上探索党委领导下的校长负责制［J］．中国高等教育，2003（24）：3-4.

织不同，作为一个培养人才的机构，学校有独特的组织与管理问题。”[1]由上述可见，高校组织既有科层化特征又有扁平化特点，是科层化行政组织和扁平化研究组织的结合体。本书在考察我国高校的领导体制时，希望能够紧密围绕高校的组织特征而展开。

第三节　研究意义

在我国从高等教育大国迈向高等教育强国的时代背景下，大学现代化和国际化建设的步伐日益加快。当前高校改革创新进入了一个更新、更具挑战性的阶段，高校发展的内外环境具有更多的复杂性和不确定性。为了有效应对高校环境的变化和挑战，迫切需要加强领导体制建设，并在实践中不断完善高校的领导体制。在此情况下，研究我国高校领导体制具有重要的理论价值和现实意义。

一、理论价值

（一）有助于丰富我国高等教育领导学理论

高等教育实践的发展深化与高等教育领导学理论的完善与创新是密不可分的。高等教育领导学是以高等教育系统为研究对象，重点研究高等教育管理系统的概念、构成要素、特点，以及高等教育管理系统的管理原则、系统优化和系统控制等问题。然而，关于领导体制的历史沿革、结构功能及运行过程等问题仍未给予足够的关注，有关论述或研究仍然不够系统、深化，这一状况不仅不利于我国高等教育领导理论体系的完善和创新，也不利于促进我国高等教育事业的健康发展。笔者认为，领导体制是高校领导管理的制度架构，攸关高校的发展方向、战略目标实现、校园文化建设和组织绩效等。为此，本书在回顾和梳理我国高等教育领导体制发展历程的基础上，阐释了领导体制的理论内涵，进而揭示

〔1〕［美］马克汉森．教育管理与组织行为［M］．梁大鸣，等，译．上海：上海人民教育出版社，1991.

了领导体制的运行机制和实践路径。本书试图从以上方面作出努力，以期能够为探索我国高等教育管理规律、丰富我国高等教育领导学理论尽些心力。

（二）有助于拓展中国特色高校领导体制的理论框架

历史证明，党委领导下的校长负责制，是适合我国国情和高校组织情境、符合高等教育发展规律、行之有效的、独具中国特色的高等学校领导体制。实践证明，民主集中制不仅是高校党组织建设的制度保证，还是高校内部领导体制的基本原则。已有大量研究更多地揭示出了党委领导下校长负责制的历史必然性（欧阳淞[1]，2011；桑秀藩[2]，2007 年；周良书[3]，2011；任钢建，周术槐[4]，2003；等等)，很少从多维理论框架下去探索党委领导下校长负责制（包括民主集中制）的合理性和科学性，从而使得支持党委领导下校长负责制的科学依据不够充分和坚实。本书在系统阐述党委领导下校长负责制的理论内涵的基础上，从委托代理理论、利益相关者理论和学习型组织理论等多维理论视野中探索党委领导下校长负责制的科学性，并从组织整合理论视角揭示该领导体制运行过程中的问题及其成因，以期有助于拓展中国特色高校领导体制的理论框架，从而为党委领导下校长负责制提供更多的科学依据和理论支撑。

（三）有助于揭示高校领导体制的运行机理

高校领导体制的运行机理是一个十分重要的理论问题。总体来看，高校领导体制是一个宏观层面上的顶层设计和制度理念问题，而运行机制则是一个交互作用于中观和微观层面上的实践操作问题。以往有关高校领导体制运行的研究，主要是从理论上展开阐述和探讨，如认识统一的问题

---

〔1〕 欧阳淞．高等学校实行党委领导下的校长负责制的实践与思考［J］．红旗文稿，2011（5）：10-14.

〔2〕 桑秀藩．高校贯彻党委领导下校长负责制的理论思考与实践探索［J］．思想理论教育，2007（6）：64-69.

〔3〕 周良书．新中国成立以来高校领导体制发展的历程与经验［J］．北京教育（高教），2011（7、8）：6-19.

〔4〕 任钢建，周术槐．独具特色的高校领导体制：党委领导下的校长负责制研究［M］．贵阳：贵州人民出版社，2003：1-33.

（陈德文[1]，2002;），民主集中制建设的问题（桑秀藩[2]，2007 年），制度创新问题（崔欣伟[3]，2010）等。本书试图从两个层面展开探讨：在理论研究上，立足于战略管理视野，既探索了高层管理团队与中层管理团队的纵向互动机制，又考察了高层管理团队的战略规划与管理准备度的横向契合机制；在实证研究上，集中考察了团队冲突对团队绩效的作用机制，尤其是组织公正的中介效应。通过上述理论与实证层面的研究，本书试图更全面地揭示高校领导体制的运行机理。

二、实践价值

（一）将为我国当前高校领导体制建设提供某些思路

在科学技术飞速发展的时代背景下，高等教育的改革与发展已经成为一个国家的国际竞争力的重要标志。我国大学既要迈进世界高等教育发展的快车道，又要完善和解决自身发展中的问题。其中，领导体制建设是一项攸关中国大学现代化和国际化建设的至关重要的问题，正如潘懋元先生曾经这样指出："大学要完成其使命，还有许多制度方面的问题需要解决，而且没有现成的解决方案。开展大学制度研究，促进大学制度现代化建设，是我国大学完成其使命的需要。"[4]本书的研究在这方面至少可以提供如下启示：

其一，领导体制建设是一项系统工程，涉及高层管理团队建设、大学内部治理和外部治理、运行机制（如决策机制、议事机制、沟通机制和督查机制）及大学战略管理和大学文化建设等；

其二，高校领导者的胜任力素质是领导体制建设的主观条件，大学领导者不仅应是坚持党委领导和社会主义方向的政治家，而且应是熟练掌握人才培养规律并精通教学科研的教育家，还应是善于将战略、文化和资源

---

〔1〕 陈德文．党委领导下校长负责制的理论与实践［J］．国家教育行政学院学报，2002（2）：1-5.

〔2〕 桑秀藩．高校贯彻党委领导下校长负责制的理论思考与实践探索［J］．思想理论教育，2007（6）：64-69.

〔3〕 崔欣伟．制度创新：完善高校领导体制与运行机制的内在逻辑［J］．学校党建与思想教育，2011（11）：29-31.

〔4〕 潘懋元．走向社会中心的大学需要建设现代制度［J］．现代大学教育，2001（1）：29-30.

进行有效整合的管理专家；

其三，加强高层管理团队建设是高校领导体制建设的关键，是一项需要每位领导成员铭记于心并持久地付诸行动的重要使命。

（二）为高校高层管理团队建设提供实践指导

随着高校外部竞争日益激烈和内部变革日趋加深，高校发展面临的不确定性和复杂性也不断增加，因此，加强战略管理和高层管理团队建设便成为高校发展的必然选择。在办学规模不断扩大、高等教育质量标准不断提高的背景下，高校战略管理突出地表现为两个方面的矛盾〔1〕：一是高校战略管理的复杂性与个人能力的有限性之间的矛盾；二是高校发展战略理念的连续性与权力交接的间断性之间的矛盾。而高校高层管理团队建设正是解决上述矛盾的有效途径，它不仅能够促进战略决策科学化、民主化和专业化，避免个人决策的主观性和片面性，而且能够确保正确战略决策的延续性和执行力。从本质上而言，高校高层管理团队是高校改革发展的领导者、组织者和推动者，一所大学持续发展的核心竞争力和生命力，关键是取决于一支优秀的高层管理团队。本书在提出高校高层管理者胜任力综合模型的基础上，从多个层面厘清和界定了高校高层管理团队的理论内涵，一方面提出了高层管理团队与中层管理团队的纵向互动思路，另一方面又提出了高层管理团队的战略规划与组织管理准备度的横向契合思路。

（三）为提升高校核心竞争力提供参考依据

建设高水平的研究型大学并迈向世界一流大学的行列，这是中国高等教育现代化、国际化进程中的战略目标。要实现这一战略目标，就必须要提高大学的核心竞争力。没有核心竞争力，就不可能确保中国高等教育持久的竞争优势。积极探索培育和增强我国大学核心竞争力的途径，对于增强我国大学的竞争实力，促进其持续健康的发展具有十分重大的意义〔2〕。大学核心竞争力是建立在大学的学科、师资、无形资产、物质资源等战略性资源基础之上的整体竞争能力，是大学在长期历史发展过程中形成的难以为竞争对手模仿的、不易流失的、无可替代的能力。不断加强和完善领

〔1〕 储祖旺，万可．论我国高校战略管理团队的构建［J］．黑龙江高教研究，2007（2）：61-64.

〔2〕 别敦荣，田恩舜．论大学核心竞争力及其提升途径［J］．复旦教育论坛，2004（1）：55-60.

导体制建设，是塑造高校核心竞争力、保持高校持续竞争优势的根本举措之一。本书在第四部分“探索篇”中，首先考察了高校高层管理团队建设的有关内容，继而探索了高校内、外部治理，组织学习与领导体制建设的关系与路径等，以期为提升我国高校核心竞争力提供某些参考依据。

第一部分

历史篇

英国哲学家培根在《论读书》中曾说过：读史使人明智。历史就像一面镜子，能够启迪现实并昭示未来。同样，系统地梳理中国高等教育制度的变迁历程，对促进当今高校领导体制的建设和完善具有重要的启示价值。“历史篇”具体包括如下三章：第一章，清末民初的高校领导体制；第二章，国民政府时期的高校领导体制；第三章，新中国成立后的高校领导体制。

第一章　清末民初的高校领导体制

我国高校领导体制的萌芽可以追溯到 19 世纪中叶。鸦片战争失败后，众多仁人志士发现，西方坚船利炮背后的重要驱动力是先进的科学教育，救国之道须转向教育改革。1861 年年底，大规模模仿西方工业化的洋务运动开始兴起。我国近现代高等教育正是伴随着洋务运动的发展而产生，经历了从无到有、从弱到强的发展历程，期间高等教育制度也经历了数次变革，出现了众多的教育思想和办学模式。本章旨在梳理清末民初高校领导体制的发展历程和表现特点。

第一节　清末民初高等教育的发展

中国的文化教育源远流长，历经各个朝代的更替，但无论从形式还是目的上来看，文化教育一直被视为是为统治阶级服务、为国家发展选拔人才的有效工具。到了清朝末年，特别是鸦片战争以后，中国的政治经济发生了巨大的变化。18、19 世纪，正是西方资本主义兴盛、高等教育迅速发展的时期，此时的中国却处于封建帝制统治、闭关锁国的落后状态。随着外国列强的不断入侵，清王朝统治进入到风雨飘摇的末日。当时中国的一些仁人志士逐渐认识到了西方国家教育的先进性和影响力，并进一步洞察到了国家发达与教育发展之间的内在关联性。辛亥革命之后，中国政局发生了剧变，爱国运动爆发，推动了当时高等教育及其领导体制的发展。

一、清末高等教育的初始发展

从19世纪中叶开始，英法等西方列强先后入侵我国，腐朽没落的清王朝无法抵挡列强坚船利炮的攻击，在屡经战败之后，被迫签订了一系列丧权辱国的不平等条约。随着西学东渐的逐步影响，在陷入深重苦难的旧中国，一些有识之士大胆地提出了“师夷长技以制夷”的主张。这一时期，洋务运动兴起，以李鸿章、张之洞等为代表的洋务派官员，开始创办培养实务人才的新式学堂，诸如京师同文馆、福州船政学堂、南京铁路学堂等新式学堂如雨后春笋般地涌现，为中国近代高等教育的发展奠定了基础。

但在中日甲午战争以后，清政府战败，签订了《马关条约》，进一步把中华民族带入了灾难的深渊。面临着国破家亡的命运，许多仁人志士认识到了洋务运动“变事而不变法”的局限性，开始更加全面、积极地向西方学习。梁启超、康有为、谭嗣同等一批思想家，在学习西方大量自然科学和社会科学知识的同时，逐渐在政治上提出改革要求，从“变器卫道”向“变道”发展，力图从文化、制度上反思中国传统文化，最终促成了维新变法运动。在变法时期，以康有为、梁启超为代表的资产阶级维新改良派极力主张废科举、兴学堂、出国留学。在维新改革和维护帝制激烈斗争的夹缝中，天津中西学堂、上海南洋公学、京师大学堂等中国近代大学的雏形开始显现。维新变法失败后，迫于国内日益高涨的社会变革压力和帝国主义列强的胁迫，为挽救王朝命运，清政府开始推行“新政”。在教育方面，鼓励全国兴办学堂，于1901年8月颁布“兴学诏书”，提出“兴学育才，实为当务之急”，“除京师已设大学堂应切实整顿外，着各省所有书院，于省城均改设大学堂”〔1〕。清政府还先后颁布了“壬寅学制”“癸卯学制”。其中，“癸卯学制”是中国开始实施的第一个近代学制。在这一时期，北洋大学堂、山西大学堂、复旦公学、中国公学等得以建立。

清末由于其特殊的时代背景而兴起了一系列的新型学堂。这类学堂形

〔1〕 曲士培．中国大学教育发展史［M］．北京：北京大学出版社，2006：223-224.

式多样，主要有外国语学堂、军事技术学堂、科学技术学堂等，共计有30余所，见表1-1。这一时期的学堂性质主要属于专科学校层次。这类学堂是为洋务运动目标而服务的，体现出适应洋务运动兴起和发展之需要。虽然洋务运动失败了，洋务学堂也受到了维新派的严厉抨击，认为其没有造就出真正有益于国家的人才，但是客观而言，洋务学堂开启了中国高等教育发展的先河，在当时的社会政治环境下具有一定的积极意义。

表1-1 洋务运动时期开办学堂列表

<table>
<tr><th>学堂类别</th><th>学堂作用</th><th>学堂代表</th><th>其他类似学堂</th></tr>
<tr><td>外国语学堂</td><td>是洋务运动最先创办的新式学堂，其目的是为了满足处理外交事务的迫切需要，培养通晓外国语言文字的翻译人才</td><td>京师同文馆</td><td>上海广方言馆
广东同文馆
新疆俄文馆
台湾西学馆
珲春俄文学院
湖北自强学堂</td></tr>
<tr><td>军事技术学堂</td><td>其根本目的是培养军事技术人才，以图“强兵”“自强”</td><td>福建船政学堂</td><td>江南制造局附设操炮学堂、工艺学堂
广东实学馆
广东黄埔鱼雷学堂</td></tr>
<tr><td rowspan="2">军事学堂</td><td rowspan="2">军事学堂是洋务派为“自强”“御侮”培养军事骨干的军事院校，重点培养军事带兵人才</td><td>水师学堂</td><td>天津水师学堂
广东水路师学堂
北京昆明湖水师学堂
山东威海卫水师学堂
江南水师学堂</td></tr>
<tr><td>武备学堂</td><td>天津武备学堂
江南陆师学堂
直隶武备学堂
湖北武备学堂</td></tr>
</table>

续表

学堂类别	学堂作用	学堂代表	其他类似学堂
科学技术学堂	—	电报学堂	福州电气学塾 天津电报学堂 上海电报学堂 金陵同文电学馆 两广电报学堂
		湖北方言商务学堂和算学学堂	—
		天津医学堂	—
		铁路学堂	山海关铁路学堂 南京铁路学堂
		矿务学堂	湖北矿务局工程学堂 南京矿务学堂
		湖南湘乡东山精舍	—
		江南储才学堂	—
		湖北农务工艺学堂	—

资料来源：董宝良，但昭彬，陈晴．中国近现代高等教育史［M］．武汉：华中科技大学出版社，2007：15-34．笔者作了归纳。

中国近代大学的出现是在“戊戌维新”期间。这一时期与洋务运动时期相比，高等教育的发展不仅在教育内容上推崇学习西学、西艺，而且重视学习西政，在办学层次上愈加深入。在较短时间内，创办了中国近代最早的大学堂——北洋大学堂（原天津中西学堂），也创办了第一所门类齐全的高等学府——京师大学堂，堪称中国近代综合性大学的开端。与此同时，各省也相继奏请建立省立大学堂。1902 年，山西奏请设立山西大学堂，随后全国掀起办大学堂的热潮，先后有 16 个省创建大学堂[1]，到

〔1〕 潘懋元．中国高等教育百年［M］．广州：广东高等教育出版社，2003：113.

1909 年，全国官立高等学校就增至 120 余所，其中大学堂 3 所，省立高等学堂 23 所，其余为高等专科学校。见表 1-2。

表 1-2　1909 年全国官立高等学校情况表

校　别	校数	学生数
大学	3	749
省立高等学堂	23	3 963
高等专科学校		
农科	5	530
工科	7	1 136
商科	1	24
特种学校		
法	47	12 282
文	19	2 546
理	3	211
医	8	336
工艺	7	485
总计	123	22 262

资料来源：陈景磐．中国近代教育史［M］．北京：人民教育出版社，1981：182.

但是，作为清政府设立的教育机构，这些大学堂的教育宗旨仍然是为清政府的统治服务，傅斯年曾谈道："当时的教育既要'中学为体、西学为用'，更以富强之目的功利主义为主宰，对于西洋学术全无自身之兴趣，更不了解他的如何由来、培养与发展……他们本不知道西洋在发财造炮以外有根本的学术，则间接仿造西洋的学术建制，自然要不伦不类。"[1]与之相对应的是，当时大学堂的领导体制自然是体现清廷皇权意志的集权化领导。

〔1〕 傅斯年．大学精神［M］．沈阳：辽海出版社，2000：35-36.

二、民国初期高等教育的发展

1911年辛亥革命后，中华民国南京临时政府成立。统治中国两千多年的封建专制政体土崩瓦解，与之相应的价值观念、道德规范及传统封建教育的各方面都失去了依托并开始分崩离析，资产阶级新教育的观念逐渐深入人心。民国资产阶级共和政体的确立，更为现代民主政治体制提供了一定的制度性保障。民国之初，孙中山即提出“教育为立国之本，振兴之道，不可稍缓”，“学者，国之本也，若不从速设法修旧起废，鼓舞而振兴之，何以育人才而培国脉”[1]。振兴和发展资产阶级的新式教育，培养民国所需的各类新式人才，成为时代的必然选择和客观要求。

高扬“民主”和“科学”旗帜的新文化运动和五四运动，对两千年来的儒学价值观发动了全面进攻，对中国传统教育观念和教育思想进行了深刻反思，从而对中国教育发展产生了重大影响。在新文化运动和五四运动的推动下，中国知识界、教育界表现出前所未有的学习和追赶世界潮流的鲜明趋势，反映出现代教育的个性化、平民化、实用化、科学化等观念得到了空前传播。同时，以民族资产阶级和新型知识分子为主体的新型社会力量也组建了各种教育社团和民间组织，成为推动社会转型的一支不可忽视的重要力量。

在这一时期，由于当时中国国内处于军阀割据的状态，没有统一的中央政权，各地的教育政策和教育状况千差万别。四分五裂的政治局面，带来了较为宽松的政治环境，也为高等教育的改革和发展创造了一定条件。无论是地方军阀为了在势力争夺中处于优势，还是帝国主义为了从思想上控制中国年轻一代，他们都在一定程度上重视人才的培养，加大教育投资并扩大教育规模。而民国资本主义经济的发展也为高等教育的发展奠定了必要的物质基础，为民国高等教育的办学指明了方向。当时出现的大批民族工商企业，在数量和质量上均对从业人员的文化程度、专业知识、专业技能和职业训练等提出了一定的标准和要求，并呼吁要建立关系国计民生

[1] 孙中山．孙中山全集：第2卷［M］．上海：中华书局，1985：253.

的农业、工业、医学、商业和造船等学校，这也有力地推动了中国大学制度变革与实业教育相结合。

第二节 清末高校的领导体制

清末各个大学堂是由清政府实行高度集权化领导，大学堂并无自主权，所开课程都是为了特定的需要，大学堂的运行以服从朝廷指令为特征。此时大学堂的管理活动与政治活动往往是合二为一，其管理活动基本从属于政治活动，大学堂履行的教育职能往往被政治化和社会化。

一、清朝末年大学堂的高度集权式领导

清政府的一切权力都集中在皇帝为首的统治阶级手中。大学堂的办学权自然也不例外。首先，清政府对其拥有绝对支配权，即利用人事权、财政权控制大学堂。具体而言，大学堂的废立，要奏请皇帝批准，大学堂的办学经费、办学场地由政府提供，大学堂的最高长官由皇帝亲自任命，大学堂内部机构的负责人如分科监督、总教习、提调等由大学最高长官举荐，皇帝批准。换言之，皇帝授权大学堂最高长官管理大学堂。如果大学堂最高长官不能令朝廷满意，可随时被撤换。其次，清政府还用法律把全国大学堂的发展置于其严密控制之下。朝廷通过《钦定学堂章程》《奏定学堂章程》对全国大学堂的各项办学事宜都作了详细规定，令各地遵照执行。无论是大学堂教职员的奖励、晋升，还是学生平时大考的奖励、毕业请授科甲出身、派游学等，都须奏请皇帝批准。清政府集大学堂的举办权、办学权、管理权于一身，这是中国“学在官府”“政教合一”教育传统的延续。当时的大学堂是处在国家、皇权的严密监控之下，是为了清政府的救亡图存而存在的，所以其领导管理模式被设计成一个高度集权的直线式科层组织。

清末大学堂内部决策权集中在组织顶部。《奏定大学堂章程》第五章规定：“大学设总监督一人，总管全堂各分科大学，统率全学人员。

分科大学监督每科一人，受总监督节制，掌本科之教务、庶务、斋务一切事宜；每科设教务、庶务、斋务提调各一人，辅佐分科监督。教务提调受总监督节制，为分科大学副监督，诸事与本科监督商办，总管该门功课及师生一切事务，正副教员属之。”[1]由此可见，总监督直接管教务提调，有关学术事务的管理权牢牢控制在总监督手中。图书馆经理官和学生实习场所如天文台、植物园、动物园、演习林、医院等的经理官直接秉承于总监督，见图1-1。这种直线式领导体制可从当时设立的京师大学堂和北洋大学堂等内部管理体制中得到清晰显示。与此同时，京师大学堂在当时是以教育教学与统管全国教育行政的双重职能目的建立的，但其统管职能并未得到发挥，地方行政部门也参与到教育事业管理中来，这种集权、交错的管理体制深深影响到了中国近代教育行政体制的体系化发展。

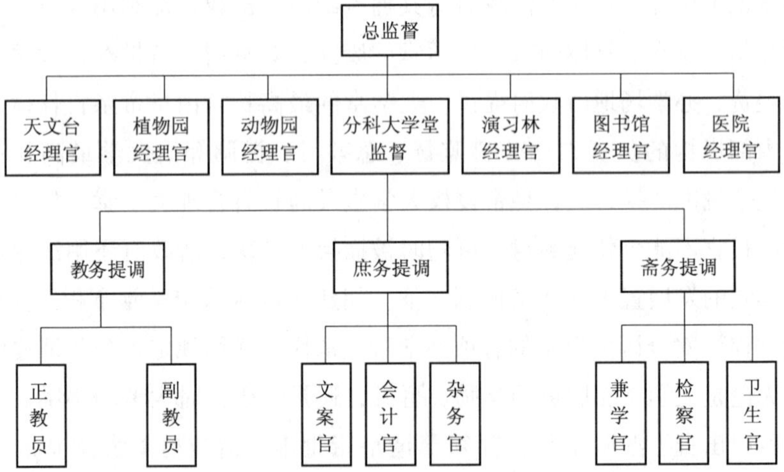

图1-1　清末大学堂组织系统图

资料来源：朱有瓛．中国近代学制史料（第二辑上册）[M]．上海：华东师范大学出版社，1987：817-819.

[1] 朱有瓛．中国近代学制史料（第二辑上册）[M]．上海：华东师范大学出版社，1987：817.

二、京师大学堂的领导体制

1896年6月，刑部左侍郎李端棻在《请推广学校折》中首次提议设立“京师大学堂”，并建议“自京师以及各省府州县皆设学堂”，得到光绪帝关注。后来，官学书局大臣孙家鼐等人积极响应，一些来华美国传教士（如李佳白）也写了建议书。光绪帝虽颁有谕旨，但上述办学建议遭到了顽固派的抵制。1898年6月，在维新人士的极力呼吁下，光绪帝决心开设京师大学堂，并颁发了《明定国是诏》：“京师大学堂为各行省之倡，尤应首先举办……以期人才辈出，共济时艰。”7月，光绪批准了由梁启超代为起草的《奏拟京师大学堂章程》，这是中国近代高等教育最早的学制纲要。同时，具有维新思想的吏部尚书孙家鼐被任命为管理大学堂事务大臣，筹建京师大学堂。曾出任多国公使的许景澄和长期担任京师同文馆总教习的美国传教士丁韪良分别出任中学总教习和西学总教习。1899年1月，京师大学堂正式开学。在中国沦为半封建半殖民地社会以后，京师大学堂堪称以国家名义创建的第一所近代综合性国立大学，成为中国近代综合性大学的开端。

京师大学堂的创立，是当时维新派培养维新变法新型人才的政治需要，是自上而下建立的为国家培养栋梁之才的教育机构。正如《京师大学堂章程》（《京师大学堂章程》全文见附录）所言：“此次设立学堂之意，乃欲培植非常之才，以备他日特达之用。”[1]张百熙主持拟定的《钦定京师大学堂章程》则规定：“京师大学堂之设，所以激发忠爱，开通智慧，振兴实业”“端正趋向，造就通才，为全学之纲领。”[2]后来，虽然颁布了一系列学堂章程，但根本宗旨始终未变，其目的也就是要求教育紧密地为巩固封建统治服务。京师大学堂的领导体制特征，直接或间接地表现在如下方面。

（1）从办学宗旨来看，旨在培养效忠封建王朝的人才。孙家鼐在《议复开办京师大学堂折》中明确指出：“今中国京师创立大学堂，自应以中

〔1〕 陈学恂．中国近代教育史教学参考资料［M］．北京：人民教育出版社，1986：483.

〔2〕 舒新城．中国近代教育史资料（中册）［M］．北京：人民教育出版社，1981：549-559.

学为主，西学为辅；中学为体，西学为用。中学有未备者，以西学补之；中学有失传者，以西学还之。以中学包罗西学，不能以西学凌驾中学，此是立学宗旨。”[1]再如，张百熙、荣庆、张之洞等的《重订学堂章程折》主张：“至于立学宗旨，无论何等学堂，均以忠孝为本，以中国经史之学为基，俾学生心术壹归于纯正，而后以西学瀹其智识，练其艺能，务期他日成材，各适实用，以仰副国家造就通才、慎防流弊之意。”[2]可见，设立大学堂的宗旨仍然是培养忠君、尊孔、效忠封建王朝的人才，而学生的学习目的也重在获取科第出身。

（2）从管理人员构成来看，学堂负责人由朝廷任命，是清政府思想的代言人。京师大学堂的负责人，从 1898 年的孙家鼐到 1911 年的劳乃宣，共计有 9 名负责人，均由清政府任命。作为癸卯学制组成之一的《奏定大学堂章程》规定：大学堂设大学总监督、分科大学监督、教务提调、正教员、副教员……其中，大学总监督总管全堂各分科大学事务，统率全学人员，“受总理学务大臣之节制”[3]。此外，《京师大学堂章程》也规定：京师大学堂设管学大臣一员，由大学士、尚书、侍郎兼任，管学大臣有权建议举荐或辞退其下属的分科大学监督和提调等，即只有建议权没有决策权。自张百熙掌管京师大学堂后，规定总监督有任用教师和一般职员的权力。管学大臣之下，设教学（总教习）和行政（总办）两套班子，管学大臣主管全校，总教习、总办分管教务、行政事务。京师大学堂的这种管理领导方式可以说是中国最早的高校领导体制。

（3）从学堂开设的科目及课程来看，维护清政府统治地位的经学科占据主导地位。京师大学堂虽然借鉴了英、美、日的大学制度，增开了许多西学课程，具有一定的现代意义，但由于西学教职资源甚少，难以保证教学质量。此外，从学科设置上可明确发现，维护封建政权的经学科仍然是学生学习的核心内容，位列各学科之首，课程门类也最多，见表 1-3。

---

〔1〕 翦伯赞．戊戌变法资料丛刊（二）［M］．上海：上海人民出版社，1957：426.

〔2〕 陈元晖．中国近代教育史资料汇编——学制演变［M］．上海：上海教育出版社，1991：289.

〔3〕 田正平，商丽浩．中国高等教育百年史论［M］．北京：人民教育出版社，2006：81.

表 1-3 1904 年的《奏定大学堂章程》分科方案

学科	科目
经学科	周易学 尚书学 毛诗学 春秋左传学 春秋三传学 周礼学 仪礼学 礼记学 论语学 孟子学 理学
政法科	政治学 法律学
文学科	中国史学 万国史学 中外地理学 中国文学 英国文学 法国文学 德国文学 俄国文学 日本国文学
医科	医学 药学
格致科	算学 星学 物理学 化学 动植物学 地质学
农科	农学 农艺化学 林学 兽医学
工科	土木工学 机器工学 造船学 造兵器学 电气学 建筑学 应用化学 火药学 采矿及冶金学
商科	银行及保险学 贸易及贩运学 关税学

资料来源：周谷平，张雁．中国近代大学理念的转型［J］．高等教育研究，2007，28（10）：99.

（4）从京师大学堂的主要职能来看，《京师大学堂章程》第一章第四节规定："京师大学堂主持教育，宜合通国之精神脉络而统筹之。现奉谕旨，一切条规，即以颁行各省；将来全国学校事宜，请由京师大学堂将应调查各项拟定格式簿，分门罗列，颁发各处学堂，于每岁散学后，将该学堂各项情形，照格填注，通报京师大学堂，俟汇齐后，每年编订成书，恭呈御览。"可见，京师大学堂除了进行教育教学工作以外，还有作为中央教育行政机关主持全国教育行政事务的管理职能。但是这一职能缺乏具体人员、机制设置的支持，只是一种理想化的创想。到 1903 年，管理学务的职能归于学部[1]。

总之，从办学宗旨到管理人员构成，从课程设置到学校职能，都不难发现领导体制的表现特征：基本沿袭清初国子监的管理模式，具有十分突出的集权管理特征，维护封建统治地位是本学的根本目标；官本位价值取向占据主导，学术权力几无立足之处。

[1] 董宝良．中国近现代高等教育史［M］．武汉：华中科技大学出版社，2007：48.

第三节　民国初年高校的领导体制

辛亥革命后的十多年间，中国高等教育有了显著发展。据统计，到1930年，全国大学及独立学院有59所，比1912年增加了15倍；大学教员数从1912年的229人增至6212人，增加了27倍；大学学生数，从481人增至33847人，增加了70多倍[1]。这一时期，中国的高等教育体制经历了多次重要的改革，各高校也进行了有益的尝试，逐步形成了近代高等教育领导体制。本节将以民国初年的教育改革为背景，同时以北京大学为例，探讨高等教育领导体制的发展特征。

一、民国初年高等教育领导体制的演变

（一）南京临时政府的教育改革

南京临时政府成立后，即设立教育部，任命蔡元培担任教育总长，规划并领导教育改革工作。1912年9月4日，教育部公布了教育宗旨："注重道德教育，以实利教育、军国民教育辅之，更以美感教育完成其道德。"[2]这一宗旨与蔡元培所倡导的"自由、平等、博爱"思想一脉相承，彻底推翻了封建主义教育宗旨，为新式教育的发展指明了方向。在蔡元培的积极倡导下，教育部大力推行教育改革，并于1912年10月颁布了《大学令》。从大学内部的领导体制来看，《大学令》规定：大学设校长一人，"总辖大学全部事务"；大学设评议会，"以各科学长及各科教授互选若干人为会员，大学校长可以随时齐集评议会，自为议长"。相比于清末高等教育制度，《大学令》废除了忠君、尊孔的封建主义教育宗旨，试图建立较为先进的现代大学制度。

随后，临时政府陆续颁布了一系列法令，如《大学规程》《专门学校令》《专门学校规程》等。1913年，教育部将有关法令和规定进行整合，

〔1〕方增泉．近代中国大学（1898—1937）与社会现代化［M］．北京：北京师范大学出版社，2006：64.

〔2〕中国第二历史档案馆．中华民国史档案资料汇编（第三辑）［M］．南京：江苏古籍出版社，1991：22.

修改为“壬子癸丑学制”，初步形成了我国近代高等教育领导体制。该体制可以概括为如下方面：首先，在行政管理上，中央设教育部统管全国教育，教育总长直接隶属于大总统，部内设教育司，分管全国大学、专门学校及留学事宜；其次，在学科设置等方面，大学分文、理、法、商、医、农、工等科，设两科以上者方可为大学，仅设一科则称某科大学，大学设预科、本科及大学院；最后，在学校内部领导体制方面，大学分校、科两级管理，大学校长总辖全校事务，各科设学长一名，主持科内事务，独设一科的大学不设学长。值得指出的是，大学设立评议会，从各科学长和教授中选会员，校长为议长。评议会的职责是：审议各学科的设立与废止、学科课程、大学内部规则、学生试验事项、学生风纪事项、教育总长及教育咨询事件。各科设立教授会，以教授为会员，学长为会长，其主要职责是：审议学科课程、审查大学院生的学科成绩、审查学位申请者的论文水平、教育总长及大学校长咨询事件。可见，评议会和教授会具有充分的权力，它负责讨论、决策大学内一切重大事项，给予了教授们充分的民主治校权力，开启了我国高等教育史上“教授治校”的先河，开始致力于建立体现西方大学精神的具有自治权、学术自由思想的现代大学。这是当时进步的资产阶级民主人士为建立自由、民主的国家而在高等教育上所做的不懈努力。

虽然这一时期高校领导管理体制已初步形成，但具体的运行规范还比较模糊，实际的大学管理也没有严格按照相关法令实行。尽管如此，这些教育改革仍取得了很多积极的成果，使高等教育及其领导体制发生了深刻变化。这期间虽曾先后发生过袁世凯等人的教育复古运动，鼓吹尊孔读经的封建主义教育，但近代教育的先进思想、内容及领导体制等已被普遍接受和采纳。

（二）改革学制运动

1915 年以后，在新文化运动兴起和五四运动爆发的背景下，随着民族资本主义工商业的发展和西方教育思想影响的加深，一场新的高等教育制度变革运动逐渐显现，这就是全国教育联合会发起的改革学制运动。1919 年 4 月，蔡元培、范源濂、蒋梦麟等 24 人组成教育调查会，通过了《教育宗旨研究案》，指出教育应以“养成健全人格，发展共和精神为宗旨”。1922 年 9 月，教育部召开学制会议，并于 11 月以大总统名义颁布《学校系统改革案》，列出“七项标准”，与“养成健全人格，发展共和精神为宗旨”一脉相承。同时，经过全国教育联合会的讨论和强烈建议，北洋政府颁布《学校系统令》，即“壬戌学制”。1924 年 2 月，教育部公布了《国立大学校条例》，重新规范了大学教育的管理制度。

这次改革不仅对高等学校的称谓、学制和系科设置作了调整，而且对高校领导体制作了改革。在国立大学的领导体制方面，有如下变化：设校长一人，由教育总长聘任，总辖校务；设立董事会，负责审议学校规划及预算、决算及其他重要事项，董事会议决事项应由校长呈请教育总长核准施行；董事会由历任校长、部派董事及聘任董事组成，由校长召集，日常工作由校长处理；设立评议会，负责评议学校内部组织机构设置、各项章程及其他重要事项，由校长及正教授选择若干人员组成；各系科及大学院设主任一人，负责规划本单位教学工作。《国立大学校条例》的颁布实施，标志着中国高等教育由模仿日本、德国到借鉴美国的转变，但它并非盲从美国教育制度，而是中国教育界有识之士经过长期酝酿、集思广益的结晶。当然，由于该条例诞生于五四运动爆发后的实用主义哲学广泛传播的时代，明显地带有实用主义教育思想的影响。新学制的颁布和实施，标志着中国资产阶级新教育体制的确立。

（三）私立大学的管理模式

私立大学是中国高等教育体系的关键组成部分，在高校领导体制的变革中也扮演着重要的角色。1912 年中华民国成立后，政府颁布了一系列关于私立高等学校的成文法规，一方面改变了清朝末年对创办私立学校的放任态度，另一方面鼓励私立高校发展并为其提供政治保证。《专门学校令》明确规定：“凡私人或私法人筹集经费，依本令之规定设立专门学校，为私立专门学校。”《大学令》也规定“私人或私法人亦得设立大学”，“私立大学不得设大学院（研究生院）外，其余与公立大学一视同仁”。1913 年 1 月，教育部公布《私立大学规程》，详细规定了创设私立大学的有关政策。据《第二次中国教育年鉴》记载，1925 年全国有私立大学 13 所，私立专科学校 16 所，共计 29 所，占公私立高校总数 105 所的 27.6%[1]。其中许多私立高校办得卓有成效与特色，如陶行知先生创办的社会大学，张

[1] 教育年鉴编纂委员会．第二次中国教育年鉴（第二编六章）［M］．上海：商务印书馆，1948：124.

伯苓先生领导的南开大学，陈嘉庚先生创办的厦门大学，唐文治先生创办的私立无锡国学专修学校，以及潘序伦先生创办的私立立信会计学校等。

下面以私立南开大学为例，对其领导体制作一简单考察。

私立南开大学由严修、张伯苓等人于1919年创办。他们主张在立足本国的基础上，学习西方教育，吸收国外先进科学文化，率先引进西方教育体制、内容和方法，改革旧的封建教育。在高校领导体制方面，私立南开大学实行董事会（校董会）领导下的校长负责制。校董事会由9人组成，任期三年，每年改选1/3，可以连任。校长由董事会聘任，管理学校一切事务，学校还设立教授会和评议会。由于经费限制，行政机构精简，制度健全，人员精干，职责分明，内部运行效率很高。私立南开大学的领导体制和管理模式为高校办学实践提供了有益的指导和借鉴，在当时的高等教育发展中也扮演了重要的角色。

二、北京大学教育改革

北京大学的前身是清末的京师大学堂，1912年更名为北京大学，严复任第一任校长。虽然受到辛亥革命的影响，北京大学经过了一些资产阶级民主主义的改革，校园内注入了一些新鲜的气息，但它仍然是一所封建思想和官僚风气盛行的学校。在当时的北京大学里，学习被看作是日后升官发财的阶梯，鲜有潜心于研究的学者。1916年12月26日，蔡元培被任命为北京大学校长。他参照现代西方大学模式，提倡思想自由、兼容并包，对北大进行了卓有成效的教育改革，促进了北大思想的活跃、新思潮的传播和学术的繁荣。

蔡元培“教授治校”民主管理思想的产生，与他长期接受西方教育思想的熏陶、借鉴西方大学管理经验是分不开的。1905年，蔡元培加入了中国同盟会，受到“三民主义”的深刻影响，他在教育管理上也表现出强烈的民主倾向。1907年，蔡元培留学德国，对德国的高等教育系统进行了深入的观察和研究，后又到法国等欧洲国家游学和考察，更加深刻地体会到西方资产阶级的民主思想。他主张在继承古代文化遗产的同时，吸收、借鉴国外先进的教育理念。他认为，中国古代教育与西方教育应相互取长补短，提倡将欧美教育中的优秀思想借鉴到中国，并结合中国文化教育的特点，对封建旧教育进行改革。其中，德国“教授治校”制度对蔡元培产生了深刻影响，成为其提出的“教授治校”的范本。这也正说明了中国高等教育以及高校内部领导体制的形成，是与当时社会政治、经济、文化的发展变化以及由此引发的人们的教育思想观念的变化密切相关的。

对于当时北京大学的内部领导体制，蔡元培更是进行了大刀阔斧的民主化改革，实行民主办校、教授治校，推动了北京大学向现代大学的转变。当时的改革，应该说是经过了两个阶段。第一阶段，是 1917 年 1 月至 1919 年 12 月的初步推行阶段，以《国立北京大学评议会规则》和《国立北京大学学科教授会组织法》的颁布为标志，见表 1-4。第二阶段，是 1919 年 12 月至 1926 年的全面实施阶段，以北京大学《内部组织试行章程》颁布实施为标志，见表 1-5。

表 1-4 和表 1-5 所列内容，集中体现了蔡元培“教授治校”的思想。1925 年，蔡元培在《中国现代大学观念和教育趋向》一文中，对北京大学的“教授治校”制度的内涵进行了全面的概括：“这一改革，首先是组织了一个由各个教授、讲师联合会组成的更大规模的教授会，由它负责管理各系。同时，从各科中各自选出本系的主任；再从这些主任中选出一名负责所有各系工作的教务长；再由教务长召集各系主任一同合作进行教学管理。至于北大的行政事务，校长有权指定某些教师组成诸如图书委员会、仪器委员会、财政委员会和总务委员会等。每个委员会选出一人任主席，同时，跟教授、讲师组成教授会的方法相同，这些主席组成他们的行政会。该会的执行主席则由校长遴选。他们就这样组成一个双重的行政管理体制，一方面是教授会，一方面是行政会。但是，这种组织形式还是不够完善，因为缺少立法机构。因此又召集所有从事教学的人员选出代表，组成评议会。这就是为许多人所称道的北京大学‘教授治校’制。”[1]由上述可以发现，蔡元培“教授治校”的实质是分权与制衡，由教授会、行政会、评议会形成了三权分立的格局，使事务工作、学术工作和立法工作区分开来，使大学权力在各个层面上得以合理分配并有效制衡。

---

〔1〕 蔡元培．中国现代大学观念和教育趋向［M］//中国蔡元培研究会．蔡元培全集（第五卷）．杭州：浙江教育出版社，1997：312-313.

表 1-4 北京大学 1917 年 1 月—1919 年 12 月的内部管理体制

管理机构	性 质	权力范围	组成人员、任期
评议会	全校最高立法和权力机构	审议各科之设置及废止； 讲座之种类； 大学内部规则； 审查大学院生成绩及请授学位者之合格与否； 教育总长及大学校长咨询事件； 关于学生风纪事项	全部是教授； 校长、各科学长，各科选两名教授作代表； 任期一年
各科学长	分管各科事务	主持一科事务	
教授会	负责各学科内部教学工作	讨论、决议本部教授法之良否、本部教科书之采择； 参与讨论本部学科之增设及废止、应用图书及仪器之添置	每一部的教员，均为本部教授会的成员

表 1-5 北京大学 1919 年 12 月—1926 年的内部管理体制

管理机构	性 质	权力范围	组成人员、任期
评议会	全校最高立法和权力机构	审议各科之设置及废止； 讲座之种类； 大学内部规则； 审查大学院生成绩及请授学位者之合格与否； 教育总长及大学校长咨询事件； 关于学生风纪事项； 制订学校各种章程、法规； 校内各机关的设立、废止及变更； 各行政委员的委任； 学校的财政预算安排； 教授的聘任与辞退等	全部是教授； 校长、各科评议员由本科各选两名教授作代表，额数以教授全数五分之一为准； 任期一年

续表

管理机构	性　质	权力范围	组成人员、任期
行政会议	全校最高行政机构和执行机关	执行评议会决议，负责全校行政工作	由各行政委员会委员长和教务长、总务长组成； 校长兼任议长； 各行政委员会委员长以教授为限，任期一年
教务处	主持全校教务的常设机构	统领全校教务工作，主持全校学术行政事务； 增减及支配各学系之课程； 向评议会建议增设或废止学系； 向评议会荐举赠予学位之候补人； 关于其他教务上的事情	由教务长及各学系主任组成； 教务长由各系教授会主任推选； 任期一年（后改为固定职务）
总务处	管理全校事务工作	主管全校人事、财政等事务工作	总务处设总务委员若干，由校长委任；总务长由校长从总务委员中委任，仅限教授； 任期三年
教授会	负责各系教学工作	1919 年废门改系，各系成立教授会，负责各系教学规划工作，如课程设置、教科书采择、教学法的改良、学生选科的指导、学生成绩考核等	各系教员

资料来源：

董宝良．中国近现代高等教育史［M］．武汉：华中科技大学出版社，2007：126-127.

田正平，商丽浩．中国高等教育百年史论［M］．北京：人民教育出版社，2006：107-109.

曲士培．中国大学教育发展史［M］．北京：北京大学出版社，2006：263-264.

第四节 清末与民初高校领导体制的比较

从上述可见，中国近现代高等教育的萌发，是在世界资本主义潮流裹挟之下，在民族危机日益加深、民族精神逐渐高涨的内部驱动下被动做出的一种应急性选择。然而，它在现实层面上为中国高等教育的进一步发展做出了艰苦而具历史意义的探索，为中国高等教育迈向现代化奠定了初始基础。深入比较清末和民初的高等教育发展状况，可以发现二者在历史背景、变革路线和领导体制上存在明显差异。

在比较清末与民初高校领导体制之前，有必要探讨一下二者的高等教育在历史背景和变革路线方面的差异。

（1）历史背景的差异。清末高等教育萌发于鸦片战争失败、洋务运动和维新运动的历史背景下，当时的清王朝已经处于风雨飘摇、分崩离析之中，“救亡图存”是这一历史时期的显著特征，创办和发展高等教育实属无奈之下的救国之举；民国初期的高等教育发展于辛亥革命、新文化运动和五四运动的历史背景下，“反封建”是这一阶段的主旋律，高等教育发展具有明显的社会变革色彩。

（2）变革路线的差异。清末的高等教育萌发是清王朝为了延长和巩固统治所做出的被动选择，整个学堂的发展规划和组织设计主要是继承和灌输皇权意志，遵循着“自上而下”的变革路线；民国初期的高等教育发展具有内在的主动性，社会制度的现代化趋势是促进民初时期高等教育变革的根本动因，教育变革是顺应当时社会变革和经济发展而发生的，高等教育的发展是资产阶级革命后，由于民族资本主义快速发展对各类人才的需求而主动进行的改革，当时较为宽松的政治环境和文化氛围，使得这一时期的高等教育变革从一开始就具有“自下而上”的特点。

基于上述清末与民初高等教育发展背景和变革路线的比较分析，二者在高校领导体制方面存在着明显差异。

（1）领导文化差异。清末高校领导体制依然彰显着皇权忠君文化，渗透着封建主义思想，处处宣传“孔孟”之道；而民初高校领导体制开始借鉴西方的大学文化，开始宣扬“自由、平等、博爱”思想，主张废除“忠君”“尊孔”的封建主义教育宗旨。

（2）办学权和决策权的差异。清末高校的办学权完全集中于皇帝为首的统治阶级手中，清政府在学校的人事、财政方面具有绝对的控制权，学校决策权集中于效忠皇帝的“总监督”手中；民初高校虽然在办学权上仍受政府的控制，但高校已有一定的办学自主性，学校的决策权集中于学校管理者和教授的手中。

（3）组织管理模式的差异。清末高校的组织管理模式其实是封建制度的缩影，内在地承袭着皇权意志，其管理模式是封建王朝集权领导的延伸，是一个高度集权的直线式科层组织，旨在服务统治阶层，为其培养和选拔人才；而民初高校的组织管理模式具有一定的扁平性，学校管理权力得到了一定程度上的民主性分解，培养人才的宗旨开始出现从“服务皇权”向“服务社会”转变的迹象。

（4）学校管理主体的差异。清末高校的管理主体（如总监督等）依然是皇帝为首的统治阶级的代言人，直接效命于封建王朝；而民初高校的管理主体发生了明显的变化，以民族资产阶级和新型知识分子为主体的新型社会力量开始登上中国高等教育的舞台，以蔡元培、蒋梦麟等为代表的杰出教育家群体，在推进现代大学制度确立的过程中发挥了不可忽视的重要作用。同时，也可以看出，这段时期的高校内部领导体制开始具备了近现代大学制度的初步形态，大学自治、学术自由的观念影响深远，教授在高校管理中发挥着主要作用，这与清末的高校领导体制存在着显著差异。

清末民初的高校领导体制，堪为中国现代高校领导体制发展的滥觞。在这一时期，中国高校领导体制的运作形式和机制开始萌发并初具雏形，其领导体制的功能在大学教学与研究活动中也渐渐得以发挥。回顾和比较清末与民初高校领导体制的发展状况及内涵特征，不仅有助于梳理高校领导体制的初始发展脉络，也为探讨后来高校领导体制提供了历史依据。

第二章　国民政府时期的高校领导体制

国民政府时期的教育，是中国现代资产阶级教育发展的成熟期。较之清末、北洋政府时期，国民政府时期学校教育的制度日趋完备，观念日趋现代，内涵日趋丰富，方法手段日趋多样，走上了现代学校和教育的发展道路。据不完全统计，自 1912 年到 1949 年，正式公布的各级各类学校教育法令、规程就达 1500 个之多，其中大量是在国民政府时期颁布的，表明通过教育立法保障、发展和规范办学的战略意图。这一时期的中国教育达到了第一个发展的鼎盛时期，为未来中国教育的现代化奠定了基础。

从 1927 年开始的国民党统治时期到 1949 年新中国成立前的 22 年中（其中包括 8 年抗战），中国高等教育主要遵循了美国的教育模式，形成了半殖民地半封建性质的资产阶级教育。同时，在中国共产党创建的革命根据地中，苏维埃大学、抗日军政大学等新型学校相继产生，学校的领导体制更具中国特色。本章将从国统区和革命根据地的高校领导体制两个方面，对国民政府时期的高校领导体制作一探讨。

第一节　国统区的高校领导体制

国统区的高等教育呈现出一个曲线发展的过程，前十年是稳步发展，逐步定型；但抗日战争爆发后的一段时期里开始下挫。本节拟考察国统区各个时代背景下的教育概况，并以西南联大和黄埔军校为例，进一步探讨国统区的高校领导体制。

一、时代背景和教育概况

1927年4月，南京国民政府成立。在1927—1949的22年间，中国高等教育制度变迁大致有三个阶段：一是抗战爆发前十年。这一时期，国民政府确立了三民主义教育宗旨，并调整了1922年的壬戌学制，制定颁布了一系列法律法规，使高等教育管理走向统一和规范；二是抗战8年期间。根据抗战需要，提出了战略施政方针、教育政策，对高等教育采取了一系列适应战时需要的政策调整。尽管这类政策产生了一定影响，但基本上是为了应付特殊的社会环境而采取的应变举措，很难说是正常的制度建设；三是抗战胜利后4年，国民党统治开始日趋衰败，三民主义教育制度为新民主主义教育制度所取代[1]。

（一）抗战前高校领导体制

抗日战争爆发前，中国国内基本上处于比较稳定的政治局面，国民政府也有时间从事教育发展和文化建设，在高等教育领域也取得了一定成就。以《大学组织法》《大学规程》为代表，国民政府构建了一个种类繁多、比较完备的教育法律法规体系。据统计，在1930年至1945年的15年中，国民政府仅高等教育法规就有335项，立法比较重视稳定性和连续性[2]。再加上中央政权的逐渐稳固、财政收入的逐渐增多，国民政府对教育的投入显著增加，这一时期的高等教育获得了较大发展。

南京国民政府建立后，国民党一直注重加强对社会思想的整肃和控制，在教育领域实行“党化教育”，并实行中央集权管理。1927年5月，蒋介石在南京纪念“五四”大会上首次提出“党化教育”的思想，主张“以党治国”。随后，国民党政府教育行政委员会制订了《学校实行党化教育草案》，指出：“所谓‘党化教育’，就是在国民党指导下，使教育革命

〔1〕 田正平，商丽浩．中国高等教育百年史论［M］．北京：人民教育出版社，2006：141.
〔2〕 朱先奇．制度创新与中国高等教育［M］．北京：中国社会出版社，2006：44.

化和民众化。换句话说，我们的教育方针要建筑在国民党的根本政策之上。国民党的根本政策是三民主义、建国方略、建国大纲和历次全国代表大会的宣言和议决案。我们的教育方针应该根据这种材料而定，这是党化教育的具体意义。我们有了确定的教育方针，便要把学校的课程重新改组，使之与党义不违背又与教育学和科学相符合，并能发扬党义和实施党的政策。”〔1〕实际上，党化教育就是要使学校国民党化，将其意志强加于整个社会的过程。到 1927 年《浙江省实施党化教育大纲》提出以国民党训练党员之方法训练学生等措施，党化教育的政治化倾向充分显现，实际上已经成为国民党一党专政在教育上的体现。此举引起了当时教育界、知识界民主人士的纷纷不满和批评。不久，国民政府认为“党化”二字歧义甚多，便逐步以“三民主义教育”代替之。实际上，“三民主义”教育方针还是“党化教育”的延续，当时的教育仍未摆脱作为政治工具的困境。

1929 年，南京国民政府制定颁布了《大学组织法》和《专科学校组织法》。其中关于培养目标的表述分别为：“大学应遵照……国民政府公布之中华民国教育宗旨及其实施方针，以研究高深学术养成专门人才。”〔2〕即便如此，国民党政府并未放松对学校的实际控制，《大学组织法》就规定国立大学的校长要由国民政府任命。1934 年，国民政府修正《大学组织法》，将大学的评议会、教授会改为校务会和院务会，延聘的专家仅算列席，且“人数不得超过全体人数的五分之一”，等等，事实上已改变了蔡元培确立的教授治校制度。同时，国民政府通过行政高压手段控制了各公立学校的办学权，把国民党的势力渗透到教育界，并在各级教育机关和各学校中秘密建立特务组织，监视师生的言行，事实上控制了当时高校的领导权。

（二）抗战期高校领导体制

抗战爆发后，由于日寇对我国教育文化事业的疯狂破坏，大部分高校被迫迁移后方。当时，在 108 所专科以上学校中，由于遭占领、轰炸而被

---

〔1〕 高奇．中国现代教育史［M］．北京：北京师范大学出版社，1985：113.
〔2〕 李露．中国近代教育立法研究［M］．桂林：广西师范大学出版社，2001：52-53.

迫迁移、停办的，就达94所。在高校迁移过程中，中国高等教育史上出现了第一次大规模的高校联合行动，比如北京大学、清华大学、南开大学组建了国立西南联合大学。在经历了摧残磨难后，迁往大后方的高校开始逐步恢复。由于大后方入学人数的不断增加，高校的数量和规模也出现了明显增长。

这一时期国民政府进一步加强了对高校的干预和政治思想控制，继续实行“以党治校”。从1938年起，国民党在各高校设立国民党区党部与三青团分部。国民政府对学校的行政体制作了改革，规定学校行政领导人必须参加国民党，并拉拢教授加入国民党，从而确立了国民党对各高校的领导，实现了“以党治校”。1939年，国民政府开始在各校设立训导处，同时教育部颁布了《大学行政组织补充要点》，明确规定：“国民党区党部协助学校行政，三青团分团部协助学校训育，训导处执行区党部和三青团委托的事项，区党部书记可以列席校务会议。”[1]国民政府在建立“以党治校”的领导体制的同时，也尤为重视对大学教师的审核与管理。《大学及独立学院教员资格审查暂行规程》于1940年10月颁布，规定各大学已聘任的和准备聘任的教师均须呈报教育部，由教育部的“学术审议委员会”审查，并发给所谓审查合格证明书[2]。如此一来，国民党从学校行政、教师资格审查等各方面加强了对高校的控制。

（三）抗战后高校领导体制

抗战胜利后，国民政府的教育方针、政策基本按照抗战前和抗战中的规定执行。从抗战胜利到国民党结束对大陆的统治，学校教育基本上处于混乱之中。在高等教育方面，国民政府相继公布了《大学法》《专科学校法》《改进师范学院法》，修订了《师范学院规程》，并制订了《国外留学规则》等，不断限制高校师生的言行，加强了对高校的监视和控制，也严重影响了高等教育的发展。随着在解放战争中的节节败退及经济上的崩溃，国民党政府已无暇顾及教育，高等教育的发展也跌入低谷。

---

〔1〕 陈杏年．抗战时期国民政府的教育政策论略［J］．徐州师范学院学报：哲学社会科学版，1995（2）：12-17.

〔2〕 萧超然．北京大学校史（1898—1949）［M］．北京：北京大学出版社，1988：381-385.

二、黄埔军校的领导体制

黄埔军校是孙中山在苏联和中国共产党的帮助下创办的一所新型的革命军官学校，是大革命时期国共合作的产物。黄埔军校初期的管理体制，完全参照苏联模式，建立了校本部和学生队二级体制，校本部及专门管理机构构成黄埔军校的管理体制。黄埔军校的领导体制有其独特的一面，曾影响了中国共产党在民主革命时期的军校建设。

（一）领导制度

孙中山亲任校总理，蒋介石任校长，廖仲恺任党代表，组成校本部，构成黄埔军校的领导核心。校总理居于校长和党代表之上，并不负责军校的具体管理。校长统辖全校人员，总揽全校一切事宜，对于本校所辖各部处及各部队人员，有指挥、命令、考核、赏罚、任免及呈请任免之权。党代表监察校内行政，指导党务进行，并主持政治训练事宜，对于本校各部处及各部队的政治、训练事项，党代表与校长协力进行，两人所发命令，所属人员须一律执行之。黄埔军校领导体制的一个显著特点是突出政治，如专门设立党代表，这在当时的中国是绝无仅有的；同时规定“一切命令及发出之公文，凡未经党代表之共同署名者，概不发生效力”[1]。这一规定有利于发挥民主决策，避免军事主管独断专行。

（二）直属于校本部的管理机构

黄埔军校建校初期的管理机构包括六部：一是教授部，负责教授学生；二是教练部，负责学生的训育工作；三是管理部，主要负责军校卫戍、消防、监狱、禁闭、军纪等事项；四是军需部，负责学校的财政、粮服、采办、营缮等事宜；五是军医部，主管学校卫生工作；六是政治部，主管学校政治教育训练事项。由于管理机构简单，各部门之间常常发生互相掣肘等情况，因此学校在后期发展过程中不断对学校管理机构进行调整和改革。教授部和教练部曾合并为教官处，后改为教育部，设立教育长。教育长地位仅次于校长和党代表，负责全校的各项事务，可以代行校长和

---

〔1〕 国民革命军党代表条例［EB/OL］. ［2012－12－05］. http：//www. hoplite. cn/Templates/hpjh0084. htm.

党代表的职责。这些改革措施保障了学校的迅速发展壮大，提高了管理效率。

此外，黄埔军校还设立革命军事研究会作为咨询机构。该会成立于1924年7月1日，规定凡属中国国民党陆军军官学校毕业生，皆为会员。革命军事研究会属于咨询机构，涉及情报、时事、编制、调查、教育、兵器、器材、建设等方面的研究，它不仅表现为它能够促进学校的教学训练等各项工作的展开及改进，而且还能够为达到培训目标起辅助作用。学校的每一个学员或教官都将成为军队的指挥官或作战人员，甚至在校期间就是一个指挥员或士兵，这也为随后爆发的战争做了人员上的准备。从上述方面可以发现，革命军事研究会的设立有利于学校的建设和全面管理，对学校的决策、管理措施都有积极作用。

黄埔军校为中国革命培养了大批的军事和政治人才，其不断完善的领导与管理体制保障了自身的发展壮大。其突出政治和思想教育的领导体制，严格规定各教学环节并不断完善日常管理体系，使得黄埔军校成为中国近代高等教育史上辉煌的一页。

三、西南联大的领导体制

在这一时期的高等教育发展史上，最值得一书的是梅贻琦与西南联大。1937年8月，南京政府制定《设立临时大学计划纲要草案》，决定将北大、清华、南开三校组成联合大学。学校的最高行政领导机构为常务委员会，由三校校长和秘书主任组成，常委会主席由三校长轮流担任，一年轮换一次。常委会每周举行一次，研究讨论学校各项重大工作，比如人事安排、经费支配、专门委员会的设立或撤销、学生处分等。虽然当时的南京政府指派了张伯苓、蒋梦麟、梅贻琦三人为常委，但因张伯苓在重庆担任国民参政会副议长，蒋梦麟也因事而不能长期驻校，西南联大实际上由梅贻琦一人主持。这就为梅贻琦发扬清华优良传统、制订合乎实际的治校方略提供了空间。他始终以民主思想、学术自由为治校原则，对左右派思想兼容并蓄。1938年，校常委会决定：本大学各院、处长此后得列席常务委员会会议。这一决定更加充分地体现了西南联大集体领导与民主治校的精神。

梅贻琦在西南联大继续推行“教授治校”，常务委员会下设校务会和教授会，并受两者的制约。首先，校务会是学校的行政审议机构，由常务委员会委员、三校校长、各院长及教授代表13人组成，由校长主持。校务会的组成成员包括：“（1）常务委员；（2）常务委员会秘书主任；（3）教务长；（4）总务长；（5）各学院院长；（6）教授副教授互选之代表十一人（每学院至少须有代表一人）。”[1]校务会成员一年一换，除指定的代表外，教授、副教授代表由教授会开会投票选举产生。从组成人员看，校务会实际是一个教授代表会，教师们的学术地位始终得到尊重。校务会的审议事项包括：本大学预算及决算、大学学院学系之设立及废止、大学各种规程、建筑及他项重要设备、校务改进事项和常务委员会交议事项等。可见，校务会的主要职能是决议一切学校行政事务，针对教育和学术政策、学校长远发展、员工及学生切身利益等问题提出建议并制订具体实施或改进办法。其次，按照共同管理原则设立的教授会，是学校的咨询机构，由全体教授、副教授组成，由常委主席（校长）召集工作。教授会作为专职教师的正式代表机构，主要对学校的大政方针进行咨询、讨论并提出教师对学校建设发展的基本主张，其具体职责包括：“（1）教学及研究改进之方案；（2）学生导育之方案；（3）学生毕业成绩及学位之授予；（4）建议于常务委员会或校务会议事项；（5）常务委员会或校务会议交议事项。”[2]教授会不常开会，但可介入校内发生的大事。教授会虽然由校长召集和主持，但教授会成员也可以自行建议集会。总之，教授会的设立在促进教师参与学校管理、维护教师权益等方面起到了至关重要的作用。

同时，常务委员会下设有总务处、教务处、训导处及文学院、法商学院、理学院、工学院、师范学院五个学院，总务长、训导长、各院院长、各系主任均由教授兼任。由于常设机构和专职工作人员较少，在常务委员会领导下，设立了“图书设计委员会”“聘任委员会”“理工设备设计委员会”“战区学生救济及寒苦学生贷金委员会”等70多个专门委员会，其

〔1〕 北京大学，清华大学，南开大学．国立西南联合大学史料（一）［M］．昆明：云南教育出版社，1998：105.

〔2〕 北京大学，清华大学，南开大学．国立西南联合大学史料（一）［M］．昆明：云南教育出版社，1998：111.

委员由常委会根据具体情况聘请教授担任，没有报酬。各专门委员会的职责主要是组织教师参与管理工作，协助常委会分别办理各项行政、教学、科研事务和应急事宜。这类专门委员会，有的是常设，有的则是临时性的，在其任务完成后即行撤销。各专门委员会就其所辖事务向“校务委员会”、校长和行政部门提出自己的意见或建议。这些措施不仅精简了机构，还极大地调动了广大教师治校治学的积极性，凝聚了人心，使西南联大在十分艰苦的环境中培养了大批高素质人才，在中国高等教育史上树立了一座丰碑。

第二节　革命根据地的高校领导体制

一、时代背景和教育概况

苏区时期处于土地革命和国内战争的大环境下，为了土地革命的成功和反国民党军事“围剿”的胜利，“一切苏维埃工作服从革命战争的要求”成为党和苏维埃政府的工作方针，教育工作当然也不例外。1934 年 1 月，第二次全国苏维埃代表大会上毛泽东所作的报告中提出，苏维埃文化教育的总方针是：“在于用共产主义的精神来教育广大劳苦民众，在于使文化教育为革命战争与阶级斗争服务，在于使教育与劳动联系起来，在于使广大中国民众成为享受文明幸福的人。”〔1〕在当时的战争条件下举办普通的高等学校是非常困难的，这一阶段的高校以干部教育为主，主要培养党、政、军干部。苏区的高等学校主要有苏维埃大学、中国工农红军大学、马克思共产主义大学等。关于高校内部管理体制没有硬性规定，没有统一模式，“多是实行校长为首的校务委员会制，以体现民主管理的精神”〔2〕。比如，1933 年 8 月创立的苏维埃大学，就设立了以毛泽东、沙可夫、林伯渠等为委员的大学管理委员会，来领导全校工作。

〔1〕 人民教育出版社教育室．毛泽东周恩来刘少奇邓小平论教育［M］．北京：人民教育出版社，1994：10.

〔2〕 朱先奇．制度创新与中国高等教育［M］．北京：中国社会出版社，2006：53.

根据地高校实施“抗战教育”。1937 年卢沟桥事变，中国共产党深入敌后，在陕甘宁、晋察冀、晋冀鲁豫、华中等地区建立了抗日民主根据地。在《论新阶段》中，毛泽东提出，“实行抗战教育政策，使教育为长期战争服务”。此时高等教育的主要任务是为抗日战争培养军事、政治、经济和文化等方面的人才。在当时特殊的战争环境下，不允许开办所谓正规大学，必须实行新制度、开设新课程，以短期训练为主。不过，由于全国各地的革命知识青年受到中国共产党抗日路线的感召，满怀爱国热情纷纷来到抗日根据地，为了增加后备力量，根据地的大学教育有了很大发展，在延安地区就先后扩大、创办了十余所高等学校，其中有中国人民抗日军政大学、陕北公学、鲁迅艺术文学院、华北联合大学、延安自然科学院、延安大学等。这些高校虽然都坚持中国共产党领导，担负着培养“抗日民族先锋队”的重要任务，但在政治思想方面，决不搞专制，决不主张一个政党、一个主义。

基于民主集中原则的领导体制，学校管理与边区的民主政治相协调，如陕甘宁边区教育厅有关章程规定，学校必须建立校务会议、教导会议、事务会议、全校教职员和学生代表联席会议。这些会议都有师生代表参加，共同参与学校管理，研究决定学校一切重大事件。学校行政组织按照毛泽东“短小精干为原则”的指示，一般是设校长一人，总务主任一人，教务主任一人，训育主任一人，教员一人可兼数门课，校长主任都兼课，很少再设其他人员，突出了民主与效益管理两大特色。这一时期的军事学校一般实行政委负责政治领导、校长负责行政领导的体制（比如抗大，毛泽东为抗大教育委员会主席，林彪为校长），军校日常管理实行军事化管理；其他干部学校，大都实行校长负责制，也有个别实行党组织领导下的校长负责制（比如陕北公学，内部最高领导是党组，直属中共中央宣传部和组织部，成仿吾任党组书记兼校长），或是组成校务委员会实行集体领导（比如延安大学、陕北公学，在管理方面，校务委员会吸收教员、学生代表参加，实行民主管理，体制上实现校、院、系三级管理）。

解放战争时期，为适应全国解放后对各类专业人才和干部的需求，对原有的高校进行了整顿，各解放区的高校教育制度趋于正规化，成立了一些新型的高校，如山东大学、华北大学。解放区的高校一般都隶属于边区政府，学校党委受边区党委领导，学校行政划归边区高等教育委员会领导，但高等教育委员会不能对学校直接发布命令和指示，各学校仍然实行民主集中制基础上的校长负责制。

二、中国人民抗日军政大学及其领导体制

（一）中国人民抗日军政大学概况

中国人民抗日军政大学简称“抗大”，是一所培养抗日军政干部的学校，是抗日民主根据地干部学校的典型。抗大成立于1936年，前身是抗日红军大学。1937年，为适应抗日民族统一战线建立后的形势，红军大学更名为中国人民抗日军政大学，林彪任校长。抗日战争八年中抗大总校共办8期，每期学习时间约六至八个月，前两个月为预科，预科毕业后，依其自愿和学校的鉴定，分别分配到本科的政治队或军事队。毕业后，根据其学习成绩、工作能力及本人的志愿，由学校分配到各个战区去参加战斗，或分配到适当的地方从事抗日救亡工作〔1〕。抗大还先后在晋东南、晋察冀、华中、苏北、太行等根据地办了12所分校，培养了20多万名革命干部。

（二）中国人民抗日军政大学的领导体制

抗日根据地干部学校的领导体制，主要遵照中共中央《关于延安干部学校的决定》中的相关规定：“学校行政组织以短小精干为原则。学校内党支部的任务，是在保证学校教育计划完成的同时，纠正支部与行政并立的不正确现象。支部对学校行政的建议，可经党的路线提出，但不能出于干涉。在统一战线性质的学校内，应纠正党员包办一切的党化作风。”〔2〕根据此决定的精神，军事学校政治领导主要由政委负责，行政领导由正副校长负责。干部学校内的机构，一般设政治部（处）、训练部（处）、校务部（处），教学组织一般按班、排、连编制，或按期编制〔3〕，见图2-1。抗大作为根据地最高军事学府，由中共中央和中央军委直接领导，实行党组领导下的校长负责制。抗大建立初期，毛泽东兼任政治委员。同时，校

〔1〕胡琼．中国人民抗日军事政治大学研究［D］．武汉：华中师范大学，2006：26.
〔2〕中共中央关于延安干部学校的决定［N］．解放日报，1941-12-17（1）.
〔3〕董纯才．中国革命根据地教育史（第二卷）［M］．北京：教育科学出版社，1993：126.

部设校长、教育长和党总支书记各一名，分别由林彪、罗瑞卿和莫文骅担任。他们既是学校的领导干部，又是第一期的学员，当时学校专职干部仅有 14 人[3]。

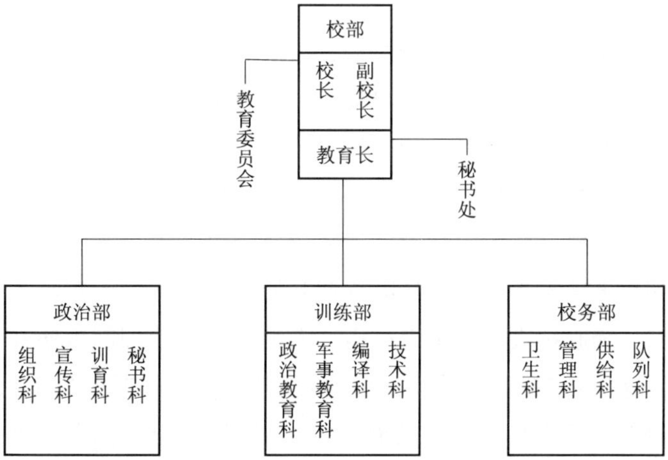

图 2-1　抗大行政组织系统图

资料来源：陕西师范大学教育研究所．陕甘宁边区教育资料（高等教育和干部学校部分，上册）[M]．北京：教育科学出版社，1981：210.

为了促进总校组织制度的健全，同时也为厘清不同领导主体在抗大的地位和具体职责，在不同时期，抗大还颁布了各级组织的工作条例及相关决定，以指导和监督各部门工作。如：1937 年 12 月 26 日，抗大颁布了政治工作暂行条例，内容包括《抗大政治部工作暂行条例》《组织科工作暂行条例》及《总支委工作暂行条例》等 8 个方面。这些条例详细而明确地规定了各机构及其人员的性质、职责及要求，使学校各部门的工作能够有章可循，人员各司其职，各负其责，明确了不同领导主体在工作中的关系。1938 年 6 月颁布的《抗大组织条令》，进一步完善和明确了学校的组织机构及其管理制度。1941 年 4 月，抗大总校第七期开学后不久，为使工作正规化，政治部成立了“干部教育委员会”。7 月，政治部又颁布《政治工作教育实施的几种规定》，明确规定了政治指导员的具体职责，并对汇报制度和检查制度也做出相应规定。工作条例的制订，大大促进了学校工作的正规化建设。1943 年 3 月，抗大总校返回陕北后，先后制订了《关于四、五、六三个月政治工作指示》和《校部暂行工作条例》。这些工作条例和相关决定的制订在加快抗大正规化步伐的同时，也理清了抗大各系统领导人员及其职责，突出了政治权力对抗大的影响，理顺了抗大政治、行政和教学几方面力量的关系，使三种权力代表各司其职，领导体制初步形成。

1937—1940 年，由于受战事影响，抗大总校的组织机构及人事安排时有变动。但总体来看，抗大的组织系统是随着学校的不断发展而逐步完善的，政治工作在抗大的地位也始终处于较为核心和重要的位置。抗大建立前期的组织结构相对简单，领导干部大多为兼职人员，但这些领导干部多数为中共中央领导，抗大在初建期就受中共中央和中央军委的领导。随着抗大声誉和知名度不断提高，从第三期开始，广大知识青年和各方人士纷纷涌向延安，奔赴抗大，其组织机构、人员编制和管理制度便开始逐步扩充和健全。这一时期，为贯彻执行《关于整理抗大问题的指示》，抗大特地加强政治工作机构在系统中的地位和作用[1]。至第四期，由于规模扩大，各项工作都走上正轨，学校组织机构也进一步健全起来。从图 2-1 可以看出，抗大此时的组织结构比较完备，整个组织系统已基本定型。

总之，抗大在办学实践中，坚持实行党组领导下的校长负责制，始终要求学校的一切组织与制度能够为“教育为中心”的口号服务，各部门遵循集体领导、科学分工与个人负责相结合的组织原则，实现各组织间的有机配合。虽然由于战事的不断变化和影响，抗大的组织结构也发生变化，但始终都以政委为学校的政治领导，校长为行政领导，两者各司其职。抗大此时的领导体制与当前我国高校确立的党委领导下的校长负责制很相似，加之其组织结构的高度灵活性，领导体制更具有科学性和先进性，这为抗大在特殊时期的稳步发展提供了保障。

三、延安自然科学院的领导体制

1940 年，抗日战争进入极为困难的时期。日本对华政策调整为以战养战、以华制华，进而推行治安强化运动；国民党汪精卫集团公开投敌叛国，蒋介石集团转向消极抗战、积极反共。日、汪、蒋三方势力都积极反

---

[1] 胡琼. 中国人民抗日军事政治大学研究［D］. 武汉：华中师范大学，2006：23.

共、限共，陕甘宁边区等抗日根据地遭受了空前损失和严重困难。为了走出抗战困境，培养抗战建国的技术干部和专门技术人才，中共中央决定：在延安自然科学研究院的基础上，创建延安自然科学院，培养理论与实践相结合的人才。

延安自然科学院，作为陕甘宁边区进行自然科学教学的最高学府，汇集了大批边区科学技术精英，如留德化学博士陈康白等，是自然科学学术活动的中心，许多学术报告会、讨论会、专题讲座都在这里进行。当时在中央的负责同志大多数都到该院作过指导，朱德、叶剑英、张闻天、徐特立、吴玉章等人还亲自兼任课程或到此作报告，边区教育专家徐特立担任院长（1940—1943 年在任）。延安自然科学院在延安经办了 5 个春秋，在艰苦条件下培养了大约 500 名优秀毕业生，其中包括武衡等中国杰出科学家、李伦等军队高级将领，同时也为边区的经济建设做出了巨大贡献，如马兰草造纸、新方法制盐和发现南泥湾等。“强国必先强教”，理工科高等教育从这里迈出了第一步。

在艰苦卓绝的环境条件下，延安自然科学院之所以取得不小的成就，除了党中央的高度重视和强力支持，一个非常重要的原因，就是我们党倡导的民主治校的原则。虽然从筹建伊始，延安自然科学院就直接处于党中央的领导之下，先后隶属于中央财政经济部、中央文委等党的机构主管，但是党中央在物色学校领导班子问题上，呈现出党领导下的“专家治校”“教育内行”治校的特点。从副院长、教育处长、行政处长到各系主任等主要部门领导的配备，无一不是很有经验的得力的业务专家和教育内行，这在当时根据地的其他学校是较少见的。而且，在建校之初，延安自然科学院就实行集体领导，设立了院务委员会，院长、副院长、处长参加，系主任列席，共同商讨学校大事。

时任院长徐特立先生是一位杰出的革命教育家，他博学多能，具有丰富的教学经验和宽广的国际视野。他的教育思想，是中国由旧民主主义向新民主主义和社会主义变革的时代的新思想、新教育的代表[1]。在徐特立的教育思想体系中，民主治校是他一生教育实践的指导思想。他强调教

〔1〕 郭大成．学习和继承徐特立教育思想［EB/OL］．［2010－11－12］．http：//www.bit.edu.cn/dqgz5/dxwhzt/xtljysx/62007.htm.

育是科学的、大众的、民族的教育，人民大众是教育的主人；强调民主办学是要把个人负责与民主管理结合起来；强调教学民主是民主办学的重要体现。他积极倡导学术自由，指出："自由思想是我们的教育政策，是学术研究自由，是学校里民主作风的表现，也是新民主主义教育和国民党法西斯教育的根本不同点。"[1]他还抨击过多种压制学术自由的错误。在他的领导下，延安自然科学院积极倡导民主治校，包括教学民主、学术自由、师生平等、学生自治等，使学校在非常困难的物质条件下，呈现出生动活泼的办学局面，也由此奠定了中国共产党科技事业的基础。

第三节　国民政府时期高校领导体制的比较与启示

基于上述，不管是国统区还是革命根据地的高校，其命运辗转变迁、曲折起伏，都与时代的风云变幻密切相关，都要被当时的政治经济形势所左右，都要为一定的政治需要服务，为一定的利益集团服务，由此形成的高校内部领导管理体制，自然就不是超然物外的纯粹的自由体，必然要符合当时当地的政治经济形势需要。

国统区与革命根据地的高校发展存在时空的异同性。首先，从时间维度而言，国统区与革命根据地的高校都面临"抗日救国"这一历史任务。1937年"七七事变"之后，日本发动了全面侵华战争，伴随着军事侵略和经济掠夺，日寇对我国教育事业进行了摧残和破坏，意欲将中国既有的文教成就摧毁殆尽，其中高等教育事业受害最为严重。面对"救亡图存"这一严酷现实，国统区与革命根据地的高校在战争环境中依然开展教学研究活动，为抗日战争不断培养和输送优秀人才。其次，从空间维度而言，国统区与革命根据地的高校又隶属于不同的政府领导，国统区高校主要由国民党政府领导（如"黄埔军校"，由国民党领导，但共产党人参与了许多校务管理和教务工作），革命根据地和解放区高校则直接由共产人领导。当然，国统区与革命根据地的高校由于服务对象的不同，必然带来高校领

[1] 武衡，谈天民，戴永增．徐特立文存（第三卷）[M]．广州：广东教育出版社，1995：281.

导体制的差异。纵观国民党的高等教育政策，具有鲜明的两重性：一方面国民党对高等教育进行了积极有效的改革，使国统区高等教育事业得到了一定的发展；另一方面，国民党又全面加强对高等教育的政治思想控制，试图利用抗战之机，实现高等教育的国民党化。而共产党则从抗战大局出发，始终让根据地的高等教育服务于“抗日救国”的民族需要。

国统区与革命根据地高校固然在当时抗日救国的教育目标存在相似性，但二者在领导体制上存在着显著的差异性。

（1）领导模式。国民政府在高校推行“党化教育”，并实施中央集权管理。国民政府在高校设立国民党区党部、三青团分部及训导处等，从学校行政、党、团、训导处四个方面加强对学校的控制，将国民党势力渗透到高等教育界，牢牢掌控了高校的领导权。而根据地高校积极推行“抗战教育”，虽然坚持中国共产党的领导，但在政治思想上不搞一党专政和一个主义。

（2）内部管理。由于国民党一党专政措施的压制，在高校内部管理体制上，呈现出上下不统一、不协调的局面：政府制定的教育管理措施，受到进步人士的强烈抵制，高校管理层实施的进步教育措施，也受到当权政府的不断压制。这就使得国统区高校的内部管理，呈现出亦进亦退、效率不高的特点。而革命根据地高校坚持民主集中制原则，强调集体领导、个人分工与民主管理相结合，推行学校管理与边区政府领导相结合，大力倡导民主治校，强调学术自由、师生平等和学生自治等。革命根据地高校领导体制能够遵循民主集中制原则，从而普遍具有民主自治的特点，形成了多方参与、民主管理的氛围，充分地激发了高等教育的活力，也取得了显著的成效。

在此值得指出的是，中国人民抗日军政大学（简称“抗大”）在长期的办学实践中，科学地总结和提炼出了“党组领导下的校长负责制”，即始终坚持政委作为学校的政治领导和校长作为行政领导的原则，两者既有明确分工又紧密协作，共同推动学校发展目标的实现。这一领导体制既符合中国国情和文化背景，又具有很强的科学性和先进性，对后来我国高校确立党委领导下的校长负责制具有重要的理论启示价值和实践指导意义。

第三章　新中国成立后的高校领导体制

新中国成立以来，为适应国内外政治经济形势的变化和需要，我国高等学校的领导体制从新中国成立初期的校长负责制到现行的党委领导下的校长负责制，经历了四个阶段的变化和调整，逐步建立起具有中国特色的高校领导体制。高校领导体制建设的道路不是一帆风顺的，而是在曲折中前进，在继承中创新，在探索中不断走向完善。本章将回顾和总结新中国成立以来我国高校领导体制建设的探索历程和基本经验，旨在考察领导体制变迁的逻辑脉络和发展特点。

第一节　初步选择期的高校领导体制

初步选择期是指从 1949—1966 年这一时期，属于新中国成立后巩固新生政权、恢复国民经济和建立社会主义制度的初期阶段。我党刚接管高等教育，改造原有的高校领导体制，初步确立了党委在高校的领导核心地位。初步选择期的高校领导体制，包括校务委员会制（1949. 10—1950. 4）、校（院）长负责制（1950—1958）、党委领导下的校务委员会负责制（1958—1961）和党委领导下的以校长为首的校务委员会负责制（1961—1966）共四个阶段。

一、校务委员会制（1949.10—1950.4）

新中国成立后，政府按照严格保护、维持原状、加以必要与可能的改良的指导思想，对高校采取先接管、接收、接办，然后予以改造的方法。这一阶段，高校的地下党组织结束了秘密工作状态，正式公开身份，但高校领导体制中党的组织还没有建立，实行的是行政领导体制，校长是领导的核心。

在管理体制上，各高校成立校务委员会作为临时性、过渡性的领导体制，行使管理学校的权力，维持高校教学秩序。校务委员会归由校长、教务长、秘书长及各院院长、教授若干人及讲助教代表、学生代表组成，校长为校委会担当主席，校务委员会为全校最高权力机关，主持全校教务，并商定全校应兴应革事宜，其运作采用民主集中制，主席有最后决定权，并对主管机关负责。这种体制与当时过渡期的政治背景是相适应的〔1〕。

二、校（院）长负责制（1950—1958）

新中国建立之初，亟需高等教育为政治、经济建设提供直接而有效的服务。所以，在教育制度上，与高度集中的计划经济体制相适应，国家实行了对教育的直接管理和干预，建立了党和政府直接领导的高等学校管理制度，高校的所有事务几乎都要听从于政府的直接指挥。为了提高高校服务社会经济发展的效率，中央决定实施校（院）长负责制。1950 年 2 月，《高等学校暂行规程》在第一次全国高等教育会议上获得通过，其中，明文规定：大学及专门学院采取校（院）长负责制，校（院）长由中央人民政府任命，代表学校。1953 年 10 月，政务院在《关于修订高等学校领导关系的决定》中进一步强调，要对高等学校实行统一与集中的领导。这种中央集权的高等教育管理体制，使得高校牢牢掌握在中央的统一领导之下，使校（院）长负责制在高校内部成为可能。

实施校（院）长负责制，突出了校（院）长的责任和权力。具体而

〔1〕 姚钦英．建国六十年来高校领导体制的演变与探索［J］．思想政治教育研究，2010（2）：6-8.

言，校长拥有对行政工作的决策权，统一指挥权和行政干部的任免权；校长对外代表学校，对内全面领导学校的行政工作；责任明确，决策程序少而迅速，效率较高。另一方面，党政之间没有形成协同和制约机制。原因在于，当时高校党员人数较少，学校党的领导实行党组制，学校中的党组织仅仅起到政治核心作用，对学校行政不起直接领导作用，与校行政之间没有领导或指导关系。就新中国成立初期的国情和校情而言，这种体制较好地适应了新中国建立初期高教事业恢复改造和发展的需要，对于稳定高校、迅速恢复正常教学秩序、推动高校调整改造起到了积极作用。但是，由于学校一切事务是校（院）长一人决定，缺乏有效监督，容易导致高度集权，造成高校管理脱离党的领导而偏失方向。

三、党委领导下的校务委员会负责制（1958—1961）

加强党对高校领导是当时面临的一项重要任务。1957 年 10 月，在反右斗争扩大化的影响下，毛泽东在党的八届三中全会上提出，无产阶级和资产阶级的矛盾，社会主义道路和资本主义道路的矛盾，仍然是当前我国社会的主要矛盾。1958 年 4 月，中共中央颁发了《关于高等学校和中等技术学校下放问题的意见》，将大部分高校下放到省、市、自治区领导，仅少数高校由中央部委直接领导，形成了中央统一领导、省级管理为主的两级领导体制，其目的在于进一步加强党对高校的集中领导。1958 年 8 月 12 日，毛泽东在视察天津大学时指出：“高等学校应抓三个东西：一是党委领导；二是群众路线；三是教育与生产相结合。”[1]根据这一指示，中共中央、国务院于 1958 年 9 月 19 日发布《关于教育工作的指示》，指出：“党的教育工作方针，是教育为无产阶级的政治服务，教育与生产劳动结合；为了实现这个方针，教育工作必须由党来领导。没有党的领导，社会主义的教育是不能设想的。教育是改造旧社会和建设新社会的强有力的工具之一。教育工作必须在党的领导之下，才能很好地为社会主义革命和社会主义建设服务，……在一切高等学校中，应当实行学校党委领导下的校

〔1〕 中央教育科学研究所．中华人民共和国教育大事记（1949—1982）［M］．北京：教育科学出版社，1984：229.

务委员会负责制；一长制容易脱离党委领导，所以是不妥当的。”[1]同时，为了加强党在教育事业中的领导，各级党委将一批干部派驻到教育机关和学校中去。这样一来，在高校内部管理方面，为了加强党的领导，取消了校（院）长负责制，所有高校实行党委领导下的校务委员会负责制，党委全面领导学校工作。

高校实行“党委领导下的校务委员会负责制”后，明确了高校党委的领导地位，保证了党对高校的领导和控制，同时又发挥了行政组织的领导作用。但是，在阶级斗争思想的引导下，党委全面领导、处理学校工作的趋势日益明显，以党代政、党政不分的问题逐渐暴露。而且，由于校务委员会实行集体领导的原则，校长在行政工作中的核心地位不易形成，执行中就不能很好发挥校长个人的作用，也导致行政工作没有具体的负责人，对高等教育事业的发展有明显的消极影响。

四、党委领导下的以校长为首的校务委员会负责制（1961—1966）

在中苏关系恶化及三年困难时期的背景下，从1961年至1965年，中央提出要对国民经济实行“调整、巩固、充实、提高”的方针。同时，在教育战线上，针对以前“左”的错误开始逐步纠正。1961年9月，中央对新中国成立十二年来高等教育发展的经验和教训进行了认真总结。为巩固成绩、纠正错误，保证党的教育方针的真正贯彻，中央批转了《教育部直属高等学校暂行工作条例（草案）》（即“高校六十条”），明确了高校党政领导班子的职责。

“高校六十条”调整了大学的领导体制，既注重加强和改善党的领导，又强调要充分发挥行政领导的作用。针对校党委的职能，“高校十六条”明确规定：党委会是学校工作的领导核心，对学校工作实行统一领导，主要任务是正确贯彻执行党的方针、政策，完成上级党委和行政领导机关布置的任务，做好思想政治工作和党的建设工作，主管学校的人事工作。同时“高校六十条”开始注意提升和突出校长及校务委员会的作用，对于校

[1] 中共中央、国务院关于教育工作的指示［EB/OL］.［2011-05-20］. http://news.xinhuanet.com/ziliao/2005-01/05/content_2419375.htm.

长和校务会的职权作了规定：校长是国家任命的学校行政负责人，对外代表学校，对内主持校务委员会和学校的经常工作；关于校务委员会则规定，高等学校设立校务委员会，作为学校行政工作的集体领导组织，学校工作中的重大问题，由校长提交校务委员会讨论、做出决定，由校长负责组织执行，校务委员会由校长、副校长、党委书记、教务长、总务长和系主任、若干教授及其他必要人员组成。最后，“高校十六条”强调，校长和校务委员会在校党委的领导下开展工作。

实行党委领导下的以校长为首的校务委员会负责制，高校党政分工比较明确，既坚持了党委的领导地位，党委领导得到加强，又肯定了校长的作用，行政系统的集体领导作用也得到正常发挥，在一定程度上加强了校长的权威，改变了过去党委“一竿子插到底”的领导方式，推动了高等教育事业的发展。但是，在当时的政治经济形势下，尤其是 1962 年的八届十中全会又重提“以阶级斗争为纲”，所以，“高校六十条”在实践中并未得到真正彻底地贯彻执行，并没有根本改变党委包办行政事务的局面。由于仍然强调集体领导，校长个人作用仍未得到充分发挥。

第二节　动荡徘徊期的高校领导体制

动荡徘徊期是指从 1966—1978 年这一时期，属于十年“文化大革命”时期和粉碎“四人帮”后两年的徘徊恢复期。在“文化大革命”时期，高校的行政领导及党组织陷于瘫痪，领导体制混乱，党对高校的领导遭到严重破坏，当时高校实行了“革命委员会制”的党的“一元化”领导。粉碎“四人帮”后的两年里，高校领导体制建设处于徘徊恢复期。动荡徘徊期的高校领导体制，包括革命委员会制（1966—1976）、徘徊恢复期（1976—1978）两个阶段。

一、革命委员会制（1966—1976）

从 1966 年开始到 1976 年，中国进入长达十年的“文化大革命”时期，教育领域也展开了一场“大革命、大运动、大批判”，1967 年上海

“一月风暴”后，造反派成立“革命委员会”作为最高权力机构。所谓“革命委员会”是由工人、解放军、干部、教师和学生代表组成并统揽了高校的一切事务，集党政组织职权于一身，实行党的“一元化”领导。

1968 年 7 月，工宣队、军宣队开始进驻高校，建立了工、军、革三结合的高校领导班子。1971 年 4 月 15 日，国务院在北京召开全国教育工作会议。其时正值“文化大革命”期间，张春桥、迟群等人控制了会议，全盘否定新中国成立十七年来的教育工作，会议出台了《全国教育工作会议纪要》。该《纪要》提出了所谓“两个估计”，即新中国成立后十七年毛主席的无产阶级教育路线基本上没有得到贯彻执行，大多数教师和新中国成立后培养的大批学生的世界观基本上是资产阶级的。从这“两个估计”出发，《纪要》把“文化大革命”前十七年教育战线的领导体制诬蔑为“黑线专政”，提出要进一步实行党的一元化领导，在党委统一领导下充分发挥工宣队的政治作用，要充分发挥工农兵学员上大学、管大学、用毛泽东思想改造大学（简称“上、管、改”）的作用。会议确定和重申了一整套政策：包括“工宣队”长期领导学校；缩短大学学制，将多数高等院校交由地方领导；让大多数知识分子到工农兵中接受再教育；选拔工农兵上大学、管大学、改造大学等。但另一方面，党的领导则被攻击为资产阶级的“管、卡、压”，是“资产阶级专了无产阶级的政”，要求自上而下地成立所谓“上、管、改”委员会，与党委分庭抗礼。这既破坏了党的领导，也颠倒了师生教学相长的关系[1]。这段时期的高等教育基本上处于停顿状态，新中国成立以来形成的高校教学组织、规章制度被全盘否定，行政系统处于瘫痪状态。

革命委员会制下的领导体制，推崇党在高校的一元化领导，实质是党政不分、以党代政，既严重削弱了党的领导，又阻挠了校长和行政领导职能的发挥，使高校领导体制遭受严重的破坏，高等教育事业遭受严重的挫折和摧残。

二、徘徊恢复期（1976—1978）

1976 年粉碎“四人帮”后，高校党的建设出现了转机。1977 年 11 月

〔1〕 周良书．新中国成立以来高校领导体制发展的历程与经验［M］．北京教育（高教），2011：16-19.

6日，中共中央转发了教育部党组《关于工宣队问题的请示报告》，工宣队全部撤出学校。但一方面，当时中央主要领导人执行“两个凡是”的指导思想，另一方面也由于10年积压的问题很难一时破解，这就导致整个国家发展陷入两年徘徊时期，而党在高校的领导也无法真正确立起来。1976—1978年，我国经历了“在徘徊中前进”的两年[1]，高校领导体制建设也处于徘徊恢复阶段。

第三节　过渡调整期的高校领导体制

1978—1990年这一时期属于高校领导体制的过渡调整期。1978年召开了党的十一届三中全会，实现了党的历史上的伟大转折，标志着中国进入改革开放的新时期，党在高校的领导体制也随之发生了重大调整，从而开启了高校管理的春天。过渡调整期的高校领导体制，分为“党委领导下的校长分工负责制”（1978—1985）和“部分高校实行校长负责制”（1985—1989年）两个阶段。

一、党委领导下的校长分工负责制（1978—1985）

“文化大革命”结束后，一切工作都在逐步恢复中，为了加快拨乱反正，使高等教育迅速走上正轨，加强党委在高校管理中的主要作用成为客观需要。1978年10月，教育部发布了《全国重点高等学校暂行工作条例（试行草案）》[2]（以下简称《草案》）。该《草案》是根据1961年颁发试行的“高校六十条”进行修改而成的。其中，领导体制方面做了较大变动，原规定的高校实行“党委领导下的以校长为首的校务委员会负责制”改为“高等学校实行党委领导下的校长分工负责制”。

《草案》详细规定了高校校长的工作职责：校长是国家任命的学校行政负责人，对外代表学校，对内主持学校的经常工作。高等学校设副校长

〔1〕 北京党史编辑部．改革开放新时期历史阶段划分的探讨［J］．北京党史，1998（3）：51.

〔2〕 潘敏．建国以来我国高校内部领导体制的演变及思考［J］．管理研究，2010（3）：11.

若干人，协助校长分工领导教学、科学研究、后勤等方面的工作。学校的教学、科学研究、后勤工作中的重大问题，一定要经过党委员会讨论，党委员会做出决定后，由校长负责组织执行。校长可召集由副校长、系主任、行政办事机构负责人和其他有关人员参加的校务会议讨论和处理日常行政工作中的重要问题，可在党委领导下定期举行师生员工代表大会，听取校领导的工作报告，讨论学校有关重大问题，对学校的工作提出批评、建议，对学校的领导干部进行监督。同时，《草案》还明确规定党委会的任务：高校党委会是中国共产党在高等学校中的基层组织，是学校工作的领导核心，对学校工作实行统一领导，其主要任务是：贯彻执行党的教育方针和其他各项方针政策；完成上级党委和行政领导机关布置的任务；做好思想政治工作；进行党的建设工作；讨论学校中的人事问题，向上级提出建议；领导学校的共青团、工会、学生会和其他群众组织，团结全校师生员工〔1〕。这一体制在一定程度上提高了校长的地位，明确了党委和行政的职责，有利于发挥校长的积极性，对于快速恢复高校秩序发挥了积极作用。同时，高校系一级也仿照学校领导体制，实行党总支领导下的系主任分工负责制。在学校基层采取这种领导体制，有利于将党委的决议通过系总支对系主任的领导得以贯彻，从而将党对高等学校的管理进一步扩展到高等学校的基层组织。

值得一提的是，为了改变高校管理中高度集权的管理体制，高校学术管理组织陆续得到恢复重建，教代会制度也初步建立起来。1978 年的《全国重点高等学校暂行工作条例（试行草案）》做出了“高等学校设立学术委员会”的规定，各高校开始纷纷成立学术委员会。1980 年后，各高校又开始设立学位评定委员会。同时，建立教职工代表大会制度也被提上日程。1980 年 6 月，全国总工会党组向中共中央书记处提交了《关于学校试建教工代表大会制度的请示报告》，经中央批准后，全国各高校普遍开展了试点。1985 年 1 月，教育部和全国教育工会联合颁布了《高等学校教职工代表大会暂行条例》，对高校教代会的性质、职权、代表、组织制度、工作机构等作了明确规定。同年 5 月，中共中央《关于教育体制改革的决

〔1〕 张一丹．我国高等学校领导体制发展分析［D］．苏州：苏州大学，2007：18.

定》指出：要建立和健全以教师为主体的教职工代表大会制度，加强民主管理和民主监督。此后，教代会制度建设进入全面发展阶段[1]。

实行党委领导下的校长分工负责制，是针对“文化大革命”时期以党代政现象而设置的，一方面强调了高校党委在学校工作中的领导核心地位，另一方面，也确立了校长的地位，发挥了校长负责的作用，明确了行政问题由校长负责，纠正了“文化大革命”时期党委“一元化”领导的体制，同时也纠正了对校长地位与知识分子作用的否定。党政职能得以分开，既有利于加强党对高校工作的领导，又有利于增强校长的责任感，对于克服当时高校内部管理的混乱局面起到了积极作用，促进了中国高等教育事业的恢复与发展。但是，由于当时的“左”倾思想还比较严重，在具体措施上不够细化，没有明确校长在行政组织中的核心地位，校长作用仍未能充分发挥，党政不分的现象仍然比较严重。同时，由于实行分工负责，也在一定程度上造成了各管一片、多头领导、政出多门，不能很好地协调各个部门并充分发挥各自的职能作用。

二、部分高校实行校长负责制（1985—1989）

党的十一届三中全会后，我国处于改革开放时期，在“解放思想、实事求是”方针的指导下，高校普遍开展了内部领导体制改革的探索和实践，党和政府及教育主管部门也加强了对这方面工作的指导。1984 年 10 月，中宣部、教育部在成都联合召开“高等学校校长负责制试点工作座谈会”，确定北京师范大学、北京工业大学、西北工业大学、同济大学、暨南大学、湖北大学等 15 所院校为试点单位，开始逐步推行校长负责制。

1985 年 5 月 15 日至 20 日，中共中央、国务院召开改革开放以来的第一次全国教育工作会议，在会议上讨论了教育体制改革的文稿。5 月 27 日，中央政治局开会讨论了《中共中央关于教育体制改革的决定》，该决定对高校的领导体制做出了明确规定：“学校逐步实行校长负责制，有条件的学校要设立由校长主持的、人数不多的、有威信的校务委员会，作为

---

〔1〕 杨德广. 60 年来中国高等教育办学体制和管理体制的变革［J］. 大学教育科学，2009（5）：5-12.

审议机构。”“学校中的党组织要从过去那种包揽一切的状态中解脱出来，把自己的精力集中到加强党的建设和加强思想政治工作上来。”[1]1988年4月27日，国家教委发出了《关于高等学校逐步实行校长负责制的意见》，要求高等学校必须按照党政分开的原则，逐步实行校长负责制；已经实行校长负责制的学校，要认真总结经验，逐步完善这一领导体制；尚未实行校长负责制的学校，要进一步理顺党政关系，加强行政组织职能，积极创造条件，条件成熟时，改行校长负责制。到1987年时，全国已有103所高校进行校长负责制的试点工作，其他高校继续沿用党委领导下的校长分工负责制至1989年8月[2]。

校长负责制强化了校长的责任和权力，比较充分地发挥了行政领导的作用，有效克服了党政不分、以党代政的弊端。但是，由于党委在高校中的领导核心地位没有明确，受资产阶级自由化思潮的冲击和国内外政治气候的影响，党对学校的领导在一定程度上受到弱化。随着1989年的政治风波、东欧剧变和苏联解体等重大事件的发生，加强党的领导又被提到了重要位置。

第四节　正式确立期的高校领导体制

正式确立期的高校领导体制是指从1990年至今。基于对1989年政治风波、东欧剧变和苏联解体的反思，党对高校的领导被重新放到了学校管理的核心。尤其是1998年《中华人民共和国高等教育法》得以通过，将“党委领导下的校长负责制”以国家法律的形式确定下来，这标志着经过十年的努力实践，党委领导下的校长负责制已基本形成。这一体制明确了党委领导和行政领导的关系，党委统一领导学校的全面工作，同时突出了校长的职权，体现了集体领导和个人负责的有机结合，党政各负其责又密切配合，有效促进了高等教育事业的健康快速发展。实践不断证明，这一

[1] 潘敏．建国以来我国高校领导体制的演变及思考［J］．管理研究，2010（3）：11.

[2] 姚钦英．建国六十年来高校领导体制的演变与探索［J］．思想政治教育研究，2010，26（2）：6-8.

体制是符合我国高等教育性质、特点和任务的独具特色的高校领导体制。正式确立期的高校领导体制，包括“党委领导下的校长负责制的正式确立”（1990—1999 年）和“党委领导下校长负责制的发展和完善”（2000 年至今）两个阶段。

一、党委领导下的校长负责制的正式确立（1990—1999）

1989 年政治风波促使全党对高等教育展开了深刻反思。同年 8 月，中共中央发出《关于加强高等学校党的建设的通知》，指出高等学校实行党委领导下的校长负责制。试行校长负责制的范围不再扩大，已经试点且收效较好的，可以继续试验。无论实行何种领导体制，党委都是学校的政治核心，全面领导思想工作，管理干部，同时支持行政领导独立负责的工作，力戒包揽行政事务。1990 年 4 月，党中央召开了改革开放以来的第一次全国高等学校党的建设工作会议，明确指出：总结改革开放以来的经验教训，一个基本认识就是，办好社会主义大学，党在高等学校的领导地位只能加强和改善，不能动摇和削弱；坚持党的领导，加强高校党的建设，是办好中国特色的社会主义大学的根本保证；高等学校实行党委领导下的校长负责制，是符合中国国情的领导体制。正是在这次党的会议上第一次明确提出了“党委领导下的校长负责制”这一命题。

党委领导下的校长负责制从文件规定到法律确认，经历了一个不断提升的过程。1990 年 7 月，在《中共中央关于加强高等学校党的建设的通知》中，第一次以中央文件的形式规定“高等学校实行党委领导下的校长负责制”。1991 年 5 月，中共中央组织部、国家教委党组配合中央的通知下发《关于进一步加强高等学校领导班子建设的通知》。至此，党委领导下的校长负责制，在理论和制度以及实践层面上已初步形成，高校党的建设进入了健康发展的新的历史时期。党的十四届四中全会之后，1996 年 3 月，中共中央下发了《中国共产党普通高等学校基层组织工作条例》（简称《条例》），这是我党历史上第一个高校党的建设的法规性文件。在此基础上，1998 年 8 月九届全国人大常委会四次会议通过了《中华人民共和国高等教育法》（以下简称高等教育法），从而使党委领导下校长负责制通过法律形式得以正式确立，其中第三十九条明确规定：国家举办的高等学校实行中国共产党高等学校基层委员会领导下的校长负责制。中国共产党高等学校基层委员会按照中国共产党章程和有关规定，统一领导学校工作，支持校长独立负责地行使职权。该法规定党委的主要职责是：执行党的路线、方针、政策，坚持社会主义办学方向，领导学校的思想政治工作和德育工作，讨论决定学校内部组织机构的设置和内部组织机构负责人的人选，讨论决定学校的改革、发展和基本管理制度等重大事项；而学校日常的教学、科研和行政管理工作，则由校长主持办公会议或校务会议处理。此外，该法还规定了教职工参与学校管理的权利，即高等学校通过以教师为主体的教职工代表大会等组织形式，依法保障教职工参与民主管理和监督，维护教职工合法权益。

作为民主监督的重要形式——教代会制度和校务公开制度也得到了充分发展。1999 年 3 月，全国教育工会下发了《关于推进校务公开工作的意见》（教工字〔1999〕11 号），其中指出：以校务公开为契机，推行教代会制度的完善和发展。具体而言，推行校务公开应坚持以教代会为基本形式和主要途径，切实通过教代会公开学校重大事务，进一步落实教代会的各项职权，努力作到：学校校长工作报告、学校办学思想、发展规划、重大改革方案、财务预决算等重大问题能够提交教代会讨论审议；学校提出的校内聘任、奖惩、分配改革方案的原则和办法等与教职工权益有关的重要规章制度能够由教代会讨论通过；学校提出的教职工住房和福利费管理使用的原则和办法及其他有关教职工福利事项能够由教代会讨论决定；学校行政领导干部能够由教代会进行民主评议和民主监督。最后还强调，要把能否真正落实教代会的各项职权作为衡量校务公开的一个重要标准，使校务公开真正取得成效；要善于抓住校务公开这个机遇，使教代会制度在深度和广度上得到完善和发展。随后，校务公开制度开始在高校逐步建立健全。教代会制度和校务公开制度既是对党委领导下校长负责制运行机制的具体补充，也是该领导体制的有效实现形式。

二、党委领导下校长负责制的发展和完善（2000 年至今）

20 世纪 90 年代以后，为了适应中国经济建设与社会发展的需求，一直稳步发展的中国高等教育迈开了跨越式的发展步伐。继 1999 年扩招 50

万人之后，普通高校的招生数连续几年大幅度上升，2004 年我国高等教育总规模已超过 2000 万人，跃居世界第一，2006 年招生人数 567 万，是 1998 年扩招前 108 万的 5 倍。全国各类高等教育总规模超过 2500 万人，更是创造了世界高等教育史的奇迹。高等教育毛入学率由 1998 年的 9.8% 提高到 2004 年的 19%，中国青年接受高等教育的机会在短短 6 年内翻了一番。经过几年的跨越式发展，我们的高等教育发展实现了从精英教育到大众化教育的过渡阶段，走完了许多国家需要十几年甚至几十年才能走完的高等教育大众化之路。这一数字在之后的几年里仍在攀升。2008 年高校在校生达到 2907 万人，毛入学率上升至 23.3%。高等教育规模的迅猛发展给学校的战略管理及日常管理带来了诸多困难，也给高校党委领导下的校长负责制提出了新的挑战。

面对高校党建工作的新形势、新任务和新要求，从国家到高校都进行了不断的探索。2000 年后的历次全国高校党建工作会议，都注重探索加强高校党建工作的新思路、新措施，使之更好地为高校的改革、发展和稳定服务。2002 年第十一次高校党建工作会议强调，高校领导要树立大局观念，自觉把学校工作放到全面建设小康社会、加快推进社会主义现代化的大局中，放到整个高等教育改革发展稳定的全局中去考虑，防止和克服本位主义和短期行为。树立法治观念，提高依法行政能力，坚持依法治校与以德治教相统一。2006 年第十五次高校党建工作会议强调：建设和谐校园，关键在于各级党组织。高校党组织要充分发挥核心作用，努力成为和谐校园建设的领导者、组织者和推动者；要紧密围绕高校发展这一主题，进一步规范高校管理；同时要坚持科学管理、民主管理、依法管理，完善管理体制，改进管理方式，运用现代管理科学的知识、技术、手段，把科学严格的管理和细致入微的服务结合起来，努力提高教育管理能力和服务水平。

中央领导对新形势下高校领导体制建设和完善十分重视。2009 年，在第十八次全国高校党建工作会议上，习近平同志指出，做好新形势下高校党建工作，要坚持和完善党委领导下的校长负责制，既充分发挥党委的领导核心作用，又切实保证校长在依法行政中的执行权力，努力提高高校领导班子办学治校能力。2010 年，在第十九次全国高等学校党的建设工作会议上，习近平再次指出，加强和改进高校党的建设，是促进高等教育科学发展、建设高等教育强国的根本保证，是全面贯彻党的教育方针、培养社会主义事业建设者和接班人的必然要求。要坚持和完善党委领导下的校长负责制，按照德才兼备、以德为先用人标准，把政治上坚定、业务上优秀、作风上过硬、广大师生认可的同志选配到学校领导班子中，特别要选好配强党委书记和校长，切实增强高校领导班子的整体功能，提高领导班子办学治校能力。

由上述不难发现，加强党的执政能力建设的重点是提高领导班子的领导水平和执政能力。高校领导班子要按照科学执政、民主执政、依法执政的目标要求，要进一步推进高校民主政治的制度化、规范化、程序化，健全民主制度，丰富民主形式，拓宽民主渠道，保障广大师生的各项民主权利；要进一步推进党委决策科学化、民主化，完善决策信息和智力支持系统，发挥学校教授委员会、学术委员会的智库作用，发挥“教代会”“党代会”作用，探索建立和完善高校党代会代表常任制，增强决策透明度和公众参与度；建立健全决策权、执行权、监督权既相互制约又相互协调的权力结构和运行机制。这些新的要求丰富和发展了党委领导下的校长负责制的科学内涵，成为在新形势下完善党委领导下的校长负责制的主要内容。

第五节　高校领导体制变迁的启示

高校领导体制是一个攸关高校稳定和发展的重大问题，一直以来受到学界和社会的高度关注。中国高校的领导体制先后进行了七次调整，每一次调整，在当时都引起了较大的波动和争议。1998 年，《中华人民共和国高等教育法》颁布，以国家法律的形式确定了在高等学校实行党委领导下的校长负责制，这给争议颇多的高校领导体制画上了一个句号。党委领导下的校长负责制既是历史的必然选择，也是对中国现实需要的客观回应。系统回顾中国高校领导体制的变迁过程，我们也得到以下启示：

其一，高校领导体制的发展受到特定历史背景下经济发展进程的影响和制约。一个世纪以来，中国高等教育的发展模式上经历了相当多次的转变，大致经历了封建政府严密把持——民主自由思潮下的初步兴起——国民党一党专政下的艰难迈进——新中国成立后的不断调整——改革开放后的兴盛壮大。这样一个不断曲折发展的过程，从世界高等教育发展历史来考察，恐怕也是绝无仅有的。与高等教育发展模式相对应的是，高校领导体制也经历了无数次的变革和调整。归根到底，上述变迁都与近代中国封建自然经济——半封建半殖民地经济——资本主义经济（包括官僚资本主义经济、民族资本主义经济）——新民主主义经济——社会主义经济此消彼长的发展变化有着密切联系，并受其制约。

其二，高校领导体制的变化，客观上与一定的政治变化密切相关。教育总是要从属于一定的政治并为一定的政治服务。教育作为一种社会活动，要为政治提供基本文明精神、人文价值、法律意识及人才支持等，从而促进政治的稳定和进步。比如以近现代高等教育发展而言，正是由于清末西方列强对中国的武力入侵导致的国家和民族危机，让国人认识到教育的重要性，才有了洋务学堂的兴起和后来一系列大学堂的建立，也才有了中国高等教育滥觞，当时学堂的领导体制其实是封建帝制的延伸。同样，高等教育的发展，也要与一定的政治形势相适应，这是高等教育规律的内在要求。作为支撑高校发展的领导体制，自然也要顺应高等教育的发展形势，产生不可避免的变化。如辛亥革命后，随着封建专制政权的倒塌，民主自由思想日渐深入人心，在高校的管理上，就萌现了以蔡元培等为代表的民主治校之风，以“教授治校”为核心的领导体制极大地促进了高等教育的发展。

其三，高等教育发展具有自身的客观规律，其领导体制不能以政治手段完全替代。政治和教育是同属于社会上层建筑的不同社会实体，各有其发生、发展、运行的思想体系和活动规律，二者虽然关系密切，但都不能相互代替和包办，都对对方承担着责任和义务。同时，教育还有其自身的特殊规律，有其相对独立的思想体系和活动规律，这个思想体系中不仅包含有体现政治意志的社会意识形态观念，也有体现教育性质和教育规律的教育思想和观念，还有体现人类社会发展规律的人的全面发展、人的个性自由发展、文化发展、科学发展等观念。这些，都不是能够用行政命令的方式来代替的，否则就会违背教育的发展规律，影响甚至制约教育的正常发展。那么，作为高等教育规律之一的内部领导体制，也同样不能完全由政治来决定，也要根据客观形势的变化探索其科学的实现途径。

其四，高校领导体制的确立，既要从本国国情出发，也要借鉴世界一流大学的成功经验。高等教育的发展，既要受处于不同经济发展阶段、不同政治文化背景的具体国情所制约，也要受高等教育本身发展规律的制约。从一定意义上可以说，一个世纪以来，中国高等教育发展模式的转换就是在如何认识和正确处理这一对矛盾的过程中艰难推进的。作为一个发展中国家，我们一定要根据国情来选择合适的内部领导体制，同时，也要放眼全球，汲取世界一流大学发展的经验。不能因强调本国国情的特殊性而拒绝遵循高等教育发展的一般规律，也不能因片面追赶世界高等教育潮流而置本国国情于不顾，这是我们回顾和总结百年历史所应深刻记取的经验教训。

其五，我国高校实行党委领导下的校长负责制是历史的必然选择。从前文可知，新中国成立以来，党和国家对高校领导体制的选择、确立经历了一个不断探索的过程。在探索过程中，我们逐渐认识到，高校实行党委领导下的校长负责制是科学总结新中国成立60余年来高校内部管理体制变革正反两方面经验教训的结果。与其他几种管理体制相比，它既能够强化党委的政治核心和领导地位，保证高校领导体制与国家基本政治制度、社会环境相适应，又能强化校长及行政组织在高校改革发展中的重要地位，从而保证党的路线方针政策的充分贯彻、落实。所以，实行党委领导下的校长负责制既符合我国政治、经济、文化发展和高等教育发展的规律，也符合高校的客观实际和高校未来发展的需要。坚持党委领导下的校长负责制并根据时代要求不断对它发展完善是我国高校内部管理体制的必然选择。

其六，贯彻执行党委领导下的校长负责制必须与时俱进。实践已经证明，高校实行党委领导下的校长负责制是坚持党对高校领导的根本要求，是保证高等教育事业健康发展的客观需要。但是，我们还不能说党委领导下的校长负责制就是完美无缺的制度，可以在任何时间、任何地点都为准绳。任何一种制度和体制在具体实施过程中，都可能暴露出这样、那样的问题与局限。高校在坚持党委领导下的校长负责制的同时，必须坚持与时俱进的原则，既要始终坚持解放思想，以改革创新的精神和科学的态度完善党委领导的手段、方式和途径，形成与高等教育发展相适应的理念、机制和模式，又要着力于提高高校领导班子的素质，紧密结合世情、国情和校情的变化，不断拓展领导干部的世界视野，不断增强高校领导班子的执政能力和治校理教能力，努力使高校领导干部成为社会主义政治家、教育家和管理专家，从而使具有中国特色的高校党委领导下的校长负责制更有利于推动高校未来的科学发展、和谐发展。

第二部分

理论篇

党委领导下的校长负责制是符合中国国情、蕴含历史发展逻辑并具有鲜明时代特征的高校领导体制，具有十分丰富的理论内涵和思想特征。系统分析党委领导下校长负责制的理论内涵、运行机制并从多学科视野中展开深入探索，这无疑是研究者面临的一项紧迫而重要的理论命题。“理论篇”主要包括四章：第四章，党委领导下校长负责制的理论内涵；第五章，管理理论与党委领导下的校长负责制；第六章，高层管理团队与领导体制运行：战略管理视角；第七章，高校党委领导下校长负责制的运行机理分析。

第四章　党委领导下校长负责制的理论内涵

党委领导下的校长负责制是新中国成立60多年来所形成的高校领导体制，越来越体现出其优越性和生命力。习近平同志在第十八次全国高等学校党的建设工作会议上指出："高校是汇聚人才的高地，是培养人才的基地，在国家经济社会发展全局中居于重要地位。做好新形势下高校党建工作，要坚持和完善党委领导下的校长负责制，既充分发挥党委的领导核心作用、又切实保证校长在依法行政中的执行权力，切实提高高校领导班子办学治校能力。"[1] 然而，高等学校要切实实行党委领导下的校长负责制，首先必须理清其理论内涵。本章主要从三个方面入手，剖析党委领导下校长负责制内涵及其中国特色。

第一节　党委领导和校长负责的理论内涵

党委领导下的校长负责制是我国大学管理的基本领导体制。在这一体制的保证下，我国高等教育取得了快速发展和巨大成就。然而，人们对这一领导体制内涵认识上的偏差及制度上的缺失，导致该体制运行中暴露出一些矛

〔1〕 刘一．习近平强调：全面加强和改进新形势下高校党的建设为高校培养优秀人才提供根本政治保证［EB/OL］．［2012-07-10］．http：//news. cctv. com/china/20091224/104237. shtml.

盾和问题。高等学校要切实实行党委领导下的校长负责制，必须准确把握其理论内涵。首先，我们必须深刻理解党委领导和校长负责各自的内涵。

一、党委领导

党的十四大通过的《中国共产党章程》规定“党的领导主要是政治、思想和组织领导”，这是由党的本质属性和历史使命所决定的。据此，高校“党委领导”就其内容上讲，应该是、且必须是党对学校实行政治、思想和组织领导。下面将对党委领导的内涵作一阐述。

（一）党委的政治领导，是党对高校领导的根本，是“党委领导”的核心

政治领导，包括三个层次内容：

1. 政治原则的领导

政治原则是政治活动过程中必须遵循的准则。坚持政治原则的领导，是党的政治领导的主要内容。党在社会主义初级阶段“一个中心、两个基本点”的基本路线，是新历史时期党的政治路线，也是全党全国人民必须遵循的政治原则。坚持高校党委的政治原则领导，就是要坚持用中国特色社会主义建设理论，统一师生员工的思想，不断增强贯彻执行党的基本路线的自觉性、坚定性，领导和组织广大师生员工为办好社会主义大学，为加快改革开放和社会主义现代化建设步伐贡献力量。

2. 政治方向的领导

政治方向是政治活动的目标、原则、规范的总和，是政治上的引导和导向。坚持政治方向的领导，是党的政治领导的基本内容。党的教育方针是“教育必须为社会主义现代化服务，必须同生产劳动相结合，培养德、智、体全面发展的建设者和接班人”，其中的“社会主义”就是教育的政治方向。高校党委的政治方向领导就是要坚定不移地贯彻党的教育方针，始终保持学校的社会主义办学方向，努力办好中国特色的社会主义高等学校。

3. 重大决策的领导

重大决策的领导是党的政治领导的具体内容，是指党和国家在政治、经济、思想、文化、教育各方面制定的具体方针和政策，并通过贯彻执行这些方针政策对政权机关和人民群众行使领导。高校党委的重大决策领

导，就是要根据党的基本路线和教育方针，学校党委在学校的办学方向、培养目标、发展规划、党的建设、德育工作、教学科研、行政管理和后勤服务等重大问题上做出符合学校实际的决策，并领导学校以育人为根本、以教学科研为中心顺利推进各项工作。

（二）党委的思想领导，是党对高校领导的基础和前提

思想领导的实质是坚持用马克思列宁主义、毛泽东思想，用中国特色社会主义的理论体系，用爱国主义、社会主义、集体主义思想教育人、培养人。高校党委的思想领导必须牢牢把握如下两个基本方面：

其一，坚定不移地坚持马克思主义在高校的指导地位。马克思列宁主义、毛泽东思想和中国特色社会主义理论体系是我们党的行动指南，高校党委的思想领导必须坚持这一根本原则。具体而言，党委领导成员要带头认真学习并更新理论知识，不断提高马克思主义理论修养水平，成为清醒、理智的马克思主义领导者；党委要坚持不懈地抓好教职工的政治理论学习和教育，切实加强和改进学生的马克思主义政治理论课教学，把增强师生贯彻实行党的基本路线和教育方针的自觉性、坚定性建立在科学理论的基础上；同时要以马克思主义理论为强大思想武器，旗帜鲜明地揭露、批判各种非马克思主义思想、资产阶级“自由化观点”。

其二，全面领导学校的思想政治工作。党委的思想领导，要通过党的宣传教育工作和思想政治工作来实现。在思想政治工作实践中，要坚持把德育放在首位，不断对师生员工进行党的路线方针政策的宣传教育，进行共产主义、社会主义、爱国主义和集体主义思想教育；要及时掌握、经常分析师生员工思想上存在的倾向性问题，开展群众性的自我教育，增强师生员工的主人翁责任感；要努力建立一支精干的、专兼结合的政工干部队伍，不断充实和提高政工队伍的素质，充分发挥政工队伍在思想政治工作中的主力军作用；要坚持用社会主义思想占领校园文化阵地，大力加强校园精神文明建设，不断优化育人环境；要切实加强对学校群众团体和民主党派的政治领导，充分发挥他们的独特作用，通过各种渠道和形式开展有效的思想政治工作。

（三）党委的组织领导，是高校党委政治领导和思想领导的重要保证

高校党委的组织领导，主要体现在以下三方面：

其一，坚持党管干部的原则，按照德才兼备的原则和干部队伍“四化”方针选拔、任用干部。要根据党的干部工作的方针、原则和政策，结合学校实际，积极推进干部制度改革，逐步实现党管干部的民主化、科学化和规范化的目标；要重视对干部的教育、培训和考核，不断提高各级干部的政治思想素质和领导管理能力，使他们成为在各自岗位上创造性地贯彻执行党委决策、出色履行职责的优秀干部。

其二，充分发挥基层党组织的战斗堡垒作用。高校党组织是按照民主集中制原则组织起来的统一的有机整体，必须十分重视加强基层党组织的思想、组织、作风建设，不断增强基层党组织的吸引力、凝聚力和战斗力，使之在各自的层次和范围内充分发挥战斗堡垒作用，成为党委组织领导的坚实基础。

其三，充分发挥共产党员的先锋模范作用。党员的先锋模范作用发挥得越好，党的战斗力就越强，党组织就能更好地发挥领导作用。高校党委要加强对广大党员的无产阶级党性教育和全心全意为人民服务的宗旨教育，时刻以共产党员的先锋模范作用去团结、影响和带动广大师生，推进高校的现代化和国际化建设步伐。

二、校长负责

我国高等学校实行的领导体制是党委领导下的校长负责制，但这一体制并非党委领导与校长负责二者的简单相加，要全面把握这一体制的精髓，有必要正确理解校长概念及校长负责的内涵。

（一）校长的概念

理解“校长”的概念是准确把握“校长负责”内涵的前提。《高等教育法》规定：“高等学校自批准设立之日起取得法人资格。高等学校的校长为高等学校的法定代表人。”这就从法律上确立了高校校长在高校中的法定地位，换言之，校长是高校的最高行政长官〔1〕。

（二）校长负责的内涵

根据《高等教育法》的规定，校长负责是指校长全面负责本校的教学、

〔1〕李逸凡．浅论党委领导下的校长负责制［J］．中共浙江省委党校学报，2007（6）：121.

科研和其他行政管理工作。在具体的工作实践中，校长行使下列职权：

（1）组织拟订学校发展规划，制订行政管理规章制度和年度工作计划并组织实施；

（2）组织教学活动和科学研究；

（3）组织拟订内部行政机构的设置方案，任免行政机构的负责人，推荐副校长人选；

（4）组织聘任与解聘教师以及内部其他工作人员，对学生进行学籍管理并实施奖励或者处分；

（5）组织拟订和执行年度经费预算方案，保护和管理校产，维护学校的合法权益；

（6）章程规定的其他职权〔1〕。除了上述执行权以外，校长的职权还包括对教学、科研和社会服务中有关事项的确定与调整，制订并组织实施教职工队伍建设总体方案及学生德育工作实施方案。

另外，对于学校年度财务预算及大额度经费的使用，重要基建项目、与国内外高校、科研机构、企事业单位及其他社会组织之间的合作项目等重大事项，校长要提出实施方案，供党委在决策时参考。从严格意义上说，“校长的这一职权属于提议权、执行权，是决策权的辅助权力”〔2〕。

校长作为学校的法人代表，对外代表学校，对内全面负责学校行政工作。“党委领导”从宏观角度实行方向性领导，而“校长负责”则是微观负责学校具体行政工作。可以说“校长负责”是落实“党委领导”的前提和关键，二者是相互依存、密不可分的关系。

第二节　党委领导下校长负责制的系统内涵

高校领导体制是一个有机整体，“党委领导”和“校长负责”是相互联系的动态系统。如何让一个复杂的系统科学、高效地运转，我们可以运

〔1〕 中华人民共和国高等教育法.1998年8月29日第九届全国人民代表大会常务委员会第四次全体会议通过。

〔2〕 彭宇文.中国高校法人治理结构研究［M］.北京：中国社会科学出版社，2006：153.

用系统论对其进行分析。在本章第一节，我们针对党委领导与校长负责的内涵分别作了界定，但是党委领导下的校长负责制并非二者的简单相加或合并，因此，我们要运用系统论的思想和方法将抽象的“党委领导”与“校长负责”置于具体的科学管理系统中，才能真正理解党委领导下的校长负责制的科学含义，并正确处理好“党委领导”和“校长负责”的关系。

在高校管理系统中，党委和校长处于不同层次，执行不同的功能。二者的地位和作用是由各自在该系统中的位置和功能来决定的。党委处于最高决策层，负责制定学校发展的战略性、全局性、根本性问题。责任与权利共同构成了党委在管理系统中的系统功能，决定了党委在高校中的核心领导地位；校长处于执行层，负有坚持党委领导、贯彻党委精神、落实党委决议、执行行政任务的责任，由此决定了校长在整个管理系统中必须接受党委的领导，处于从属地位。其中，校长的“执行”作用主要体现在两个方面：第一，要实现党委的各项重大决策、决议，必须通过校长来逐一分解并转化成具体的工作目标、行政措施和行为；第二，党委的重大决策、决议等目标的实现最终是通过校长负责的行政系统体现的〔1〕。

钱学森先生早在 1978 年在《文汇报》发表的《组织管理的技术——系统工程》一文中就谈到，信息反馈是系统的一个重要属性，任何一个决策都会或多或少地牵涉到一些信息反馈，信息反馈失灵就会导致管理混乱〔2〕。学校是一个复杂的动态系统，学校管理需要应用系统工程理论，强调信息反馈、多方参与（如党委领导、校长负责、教授治学和师生参与等），这是保证政令畅通、促进工作落实的有效手段。值得强调的是，发挥民主监督是高校管理系统的重要保障体系。无论是党委领导还是校长负责都应处于民主监督之下，保证党委领导下校长负责制这一领导体制运行的科学性、合理性。从系统论角度看，民主监督处于督察层，兼有对学校各项工作决策、行政措施和执行行为等情况的监督职能。关于以上对党委领导下校长负责制的系统分析，见图 4-1。

〔1〕 舒桂珍，吴若炎．改进党委领导下的校长负责制的系统论思考［J］．湖湘论坛，2007（1）：23-24.

〔2〕 钱学森，许国志，王寿云．组织管理的技术——系统工程［N］．文汇报，1978-09-27.

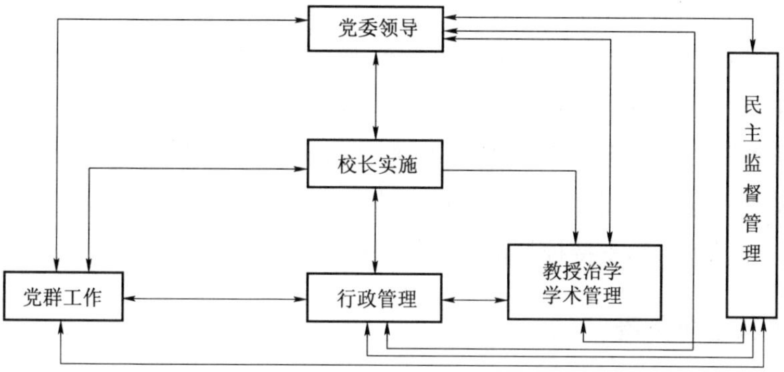

图 4-1 党委领导下校长负责制的系统内涵

资料来源：笔者整理。

在职权划分上，党委对学校发展把方向、抓大事，统领学校稳定、发展和改革大局，采用民主集中制原则做出重大决策，并支持校长独立行使职权。校长对外是学校的法人代表，对内是学校最高行政领导，在党委的领导下全面负责教学、科研和其他行政管理工作。学校其他党政部门和教研部门在党政的领导下，负责具体工作的贯彻执行。教代会是全校教职工的群众代表，是学校的主人翁，在党委的领导下参与学校管理并行使民主监督权。教授是高校学术的主体，全力发挥自身教学、科研等优势，参与治学，在学校的发展中起着不可替代的作用。

在彼此关系上，党委是高校的领导核心，各党政部门和教授、群众围绕建设好有中国特色的社会主义大学，相互支持和制约，是不可或缺的有机整体。其中党委作为统一领导核心，校长全面负责行政工作是关键，部门执行（党群、行政部门）落实是基础，教职工参与管理是根本，教授参与治学是保障，满足社会、经济和文化需求是办好中国特色的社会主义大学是目的。因此，党委领导下的校长负责制是一个整体的、系统的结构概念，下面将作一具体阐述。

一、党委统一领导

“党委统一领导”是我国高等教育制度的显著特点。党通过高校党委的领导实现对高等教育事业的领导。其中“把方向，抓大事，出思想，用干部”是党委领导高校全局的工作核心。党委对学校工作“统一领导”，校长在党委的统一领导下全面负责学校教学、科研和行政管理等各方面工作。党委的领导核心、政治核心作用，基层党组织的监督保证、战斗堡垒作用及各级党员的先锋模范作用是党委实现对高校领导的有力保障。同时，要改进党委的领导方式和工作方式，既要保证党委充分发挥领导核心作用，又要尊重和支持校长依法行使职权。

二、校长全面负责

“党委统一领导”要靠“校长全面负责”来落实。《高等教育法》明确规定，高等学校的校长全面负责本校的教学、科研和其他行政管理工作。具体而言，对内，校长向党委负责，执行党委的决定，保障工作的有效落实，向全校教职员工负责；对外，校长作为学校的行政一把手和法定代表人，向上级主管部门负责，向社会负责[1]。校长行使的职权包括组织拟订学校发展规划和年度工作计划，制订具体规章制度并组织实施；组织教学活动、科学研究和思想品德教育；拟订内部行政机构的设置方案；聘任与解聘教师以及校内其他工作人员；管理经费和校产，维护学校的合法权益等。“校长负责”的核心是对学校党委负责，既要尊重、自觉维护党委的领导，又要积极主动地参与党委的集体决策，贯彻落实党委的决策，并在自己的职权范围内创造性地开展工作。《高等教育法》明确规定，校长是高校的法定代表人，独立行使学校法人的权利，履行学校法人的责任，维护学校法人的利益。值得一提的是，校长的全面负责，离不开其他校领导和部门的通力合作，必须建立在大家做好各自分管或职责范围工作的基础上。校长在全面负责具体事务中行使行政权力，包括国家法律、政府意志、社会要求、学校规章等制定的强制手段，其形成的影响和支配大学内部成员和结构的一种强制性权力，其主体是校长及其行政管理结构[2]。行政权力是维持高校正常运转的主要力量，核心是提高工作效率，实现科学管理。

---

〔1〕 魏雷东．党委领导下的校长负责制是公立高校科学发展的必然选择［J］．学校党建与思想教育，2010（3）：26-27.

〔2〕 张坤其．试论高校行政管理与学术管理有效协调的模式建构［J］．内蒙古师范大学学报（教学科学版），2009（1）：58-61.

三、部门执行落实

学校党务、行政和各教学科研部门是贯彻落实学校党政决策、完成学校各项任务的职能部门和基本单位，发挥着执行落实和团结服务的承上启下作用。目前提高治校履职的行政力是高校的重要任务，其关键就是要克服行政权力泛化，尊重和强化学术权力的作用；管理重心要不断下移，实施扁平化管理；建设服务型部门，围绕教学科研中心，提供优质高效服务。上述变革举措有利于改变大学决策层和执行层主要集中于学校领导层面和职能管理部门的“重心偏上”现象，从而促进管理重心下移，将决策落实到基层。

四、教授参与治学

关于教授治学问题，学者们有着不同的理解。张斌（2009）认为[1]，教授治学是指在大学实行教授对学校的教学、人才培养和学术研究的民主管理，使之在科学研究、学科建设、专业设置、教学改革、招生考试和教学评价等学术领域行使其决定权力，以教师为本的教授治学是尊重知识和人才的根本体现。王菊等人（2009）指出[2]，理解和界定“教授治学”有广义和狭义两种取向，从广义上讲，“教授治学”是指教授从事具有研究属性的学术活动，即教书育人、科学研究、参与学术事务的决策等三方面内容；狭义的“教授治学”是指教授参与大学教学、人才培养和学术研究等学术事务管理，即教授在学术领域具有决定权。大学的生命在于学术上的进取，学术发展是大学欣欣向荣的源泉，因此，学术权力应保证学者、教师的学术活动充分有效地发展。教授治学应是一所大学科学管理的根本所在，确保教授在科学研究、人才培养中的重要地位，从而使学术权力得到充分重视和行使。譬如，北京理工大学在教授治学方面进行了很多有益的尝试，重视发挥“三个委员会”即校级学术委员会、学部学术委员会和学院学术委员会的作用，并注重在基层发挥学院学术委员会（主要由

---

〔1〕 张斌．教授治学的意义及实现途径［J］．教育评论，2009（1）：42-44.

〔2〕 王菊，厉以贤．国内高校“教授治学”制度设计述评（2000—2008）［J］．现代教育管理，2009（10）：45-48.

教授构成）的作用，避免“院长独大”。上述教授治学举措在促进学校学术繁荣和发展中发挥了积极作用。

五、教职工民主参与

广大教职工是学校办学的关键和依靠，是学校的主人翁。因此，需要高度重视和充分发挥广大教职工在高校民主管理和监督中的作用。大学民主管理是科学决策、开放办学的一个重要途径。办好一所大学，除了领导班子的科学决策外，一个关键条件是教职工参与。因此，办学过程是一个全体师生员工动态建构的过程，教师又是其中重要的一环。教师承担着教书育人、科学研究和传播新理念等重要作用。党委领导须以全体教师的利益为本，努力发挥党内民主，团结其他党派和无党派的教师，广泛征求教师意见，定期召开教代会、工代会，及时听取教职工对学校办学理念、教学、科研、财务、人事管理、后勤保障等方面的意见及建议，让广大教职工积极参与学校的改革和发展，确保学校工作健康运行。

第三节　党委领导下校长负责制的中国特色

邓小平同志曾指出：“我们的现代化建设，必须从中国的实际出发。……走自己的道路，建设有中国特色的社会主义。”[1]在建设中国特色的社会主义实践中，包括中国特色的社会主义高校领导体制的建设。党的十一届三中全会以来，随着我国改革开放的逐步深入，高校领导体制的改革也经历了长时间的探索和尝试。实践证明，党委领导下校长负责制的最终确立，是我国高等教育改革的必然选择。在世界 200 多个国家中，高等教育实行党委领导下的校长负责制仅为中国所独有，它与苏联的“一长制”“美国模式”“欧洲模式”“日本模式”都存在着本质的区别，已经成为中国特色社会主义事业的重要组成部分。其鲜明的中国特色主要表

〔1〕 邓小平．中国共产党第十二次全国代表大会开幕词邓小平文选：第三卷［M］．北京：人民出版社，1993：2-3.

现在以下几个方面。

一、党委领导下的校长负责制具有我国特有的理论基础和指导思想

历史的发展决定人的思想进而决定社会意识形态，这是马克思主义经典的历史和逻辑相统一的研究方法，不仅适用于复杂的社会事务研究，也同样适用于高校领导体制的研究。我国是社会主义国家，一直坚持以马列主义、毛泽东思想、邓小平理论、“三个代表”重要思想和科学发展观为指导思想。同样在这一历史、社会背景下，高等院校中的领导体制都必须与马列主义、毛泽东思想、邓小平理论、“三个代表”思想和科学发展观相一致。因此，党委领导下的校长负责制是以这些中国特色理论为基础的领导体制。高等学校是一个人才集聚、思想荟萃的圣殿，其主体是以青年教师和学生为主的知识分子群体。该群体的世界观、人生观、价值观也还未完全成熟和定型，容易凭热情和冲动行事。不同的学术观点、不同的思想流派争论是常事，但如果没有统一正确的指导思想，这种争论也会带来负面影响。高等学校的曲折发展史已经深刻表明：统一而正确的理论基础和指导思想是高校发展的必然保障。

二、党委领导下的校长负责制是党的领导在高校的有效实现形式

改革开放的总设计师邓小平同志高瞻远瞩，从十一届三中全会后就提出了改革党和国家的领导体制，有力地改善和加强了党的领导。《党章》规定：“中国共产党是中国工人阶级的先锋队，同时是中国人民和中华民族的先锋队，是中国特色社会主义事业的领导核心，代表中国先进生产力的发展要求，代表中国先进文化的前进方向，代表中国最广大人民的根本利益。党的最高理想和最终目标是实现共产主义”〔1〕。中国共产党是中国唯一的合法的执政党，其地位决定了党对中国特色社会主义事业的全面领导，包括政治、经济、军事、文化、科技和社会事业。因此，决定了高校必须接受党的领导。党委领导下的校长负责制实现了党对高等教育的有效领导。这充分体现了高等教育在社会发展和国家治理中具有十分重要的地

〔1〕 中国共产党第十六次全国代表大会部分修改，《中国共产党章程》2002 年 11 月 14 日通过。

位，同时也说明了党对高校领导的高度重视。当然，这种领导不是包办代替，而是引导和支持。

三、党委领导下的校长负责制确立了我国特有的办学方向和培养目标

党委领导下的校长负责制明确了我国高校的办学方向和培养目标。首先，我国是以公有制为主体的社会主义国家，作为上层建筑的高等教育，其办学方向必须要与其以公有制为主体的经济基础相适应，即办学要始终不渝地坚持社会主义办学方向，为全面建设中国特色社会主义和小康社会服务。同时，我国高等院校是以培养德智体美全面发展的社会主义建设者和接班人为目标的。党和国家要求高校把全面贯彻党的教育方针、培养社会主义建设者和可靠接班人贯穿于高等学校党组织活动的全过程，新时期加强对学生的社会主义核心价值体系的教育尤为重要。要认识到青年人是国家和社会的未来，培养学生成为有理想、有追求、热心社会公益、“实事求是，不自以为是”（徐特立语）的新青年。党组织在这个过程中应该积极创新工作思路，在建设和谐、稳定校园的大环境中不断发挥关键作用。

四、党委领导下的校长负责制有机融合了党的民主集中制和现代领导体制

民主集中制是民主基础上的集中和集中指导下的民主的结合，是党领导下科学有效的根本领导制度和组织制度。党委领导是党委领导下校长负责制的核心，应在民主集中制原则下坚持党委的领导，将决策权和执行权分离，这也是现代领导制度的发展趋势。党委对学校发展把方向、做决策，校长则负责具体实施工作，这有利于加强党委的集中领导、政治核心作用和校长独立负责地指挥行政系统。同时，集体领导、民主决策、有效监督有利于充分发挥领导团队成员智慧，又有利于对决策者进行有效的监督，避免决策者滥用职权。

五、党委领导下的校长负责制具有维护高校乃至全社会稳定的功能

我国是在经济文化相对落后的情况下进入社会主义社会的，面临着处

于社会主义初级阶段的长期性、建设社会主义的艰巨性、实行改革开放后的复杂性和同敌对势力斗争的严峻性等中诸多现实问题，而高等院校作为意识形态重要阵地的特殊性直接关系全社会的稳定大局。在 1989 年政治风波、东欧剧变和苏联解体等历史背景下，各高校实行党委领导下的校长负责制，加强了党对高校的领导，高度重视思想政治工作，为高等院校保证了 20 多年的稳定与快速发展，为建设和谐社会的宏观目标做出了突出的贡献。历史实践证明，高等院校必须加强党的领导，坚持社会主义办学方向，不可有丝毫松懈，稍有不慎，便会酿成大错，甚至引发动乱。

高等教育作为党领导下的社会主义建设事业中的一个重要组成部分，实行党委领导下的校长负责制，更能充分体现党在高等教育中的执政地位，它与中国共产党的执政地位相一致。众所周知，我国高等教育在中国革命和社会主义建设进程中发挥了至关重要的作用。从五四新文化运动到新中国成立，高等教育为我国培养了大批革命先锋和社会主义建设人才，在中国的现代化进程中发挥了不可替代的作用。随着知识经济的到来，国家之间的竞争关键在于知识的竞争和人才的竞争。谁拥有掌握着高科技的人才，谁就可以立于不败之地。高校作为知识创新和高素质人才培养的重要基地，更应坚定不移地加强党的领导作用。其目的在于，一方面，能保证高校的经济功能、政治功能和文化功能切实服务于社会主义现代化建设，推动高校在物质文明和精神文明建设中发挥积极的作用；另一方面，高等教育的进一步发展能促使党的执政地位得到有力的巩固，增强党的凝聚力和向心力。

第五章　管理理论与党委领导下的校长负责制

管理理论首先应用于企业组织的问题研究，同时也适用于其他一般性组织。大学作为一种具有公益性质的非营利性组织，有其组织形态和运行机制的特殊性，但也面临着与一般组织共同的问题。目前将管理理论应用于大学管理中，尚存在一些争议。这些争议大多源于对管理理论的误解。大学与企业相比，市场中“经济人”的假设等理论似乎有违大学的崇高理念，也与大学精神背道而驰。因此，完全按照企业管理理论分析大学这类非营利性组织的制度安排确有不足之处。不过，存在争议并不妨碍这些管理理论在大学管理中的应用，因为组织间具有相通性和互鉴性。

党委领导下的校长负责制是符合中国国情并具中国特色的领导体制。这种领导体制的存在是历史和时代的必然选择，它的确立有其客观性、合理性和科学性。本章主要从多维理论视角（委托代理理论、利益相关者理论和学习型组织理论）揭示党委领导下的校长负责制的科学内涵，并阐述管理理论在大学领导实践中的应用。

第一节　委托代理理论视野中的党委领导下校长负责制

我国大学实行的领导体制是党委领导下的校长负责制。在领导体制的实际运行过程中，自然地产生了一个类似于企业管理中的委托代理问题，即党委与校长的委托代理关系。共产党高等学校基层委员会统一领导学校工作，支持校长独立负责地行使职权，党委主要领导学校的政治思想工作，主抓学校的发展方向，而校长则实施党委的决定，这种委托代理关系在高校管理中是显而易见的。

一、委托代理理论概述

（一）委托代理理论的内涵

委托代理理论是过去40多年里契约理论进展的一大亮点。在20世纪60年代末70年代初，一些经济学家由于不满 Aroow-Debreu（1954）体系中的企业“黑箱”理论[1]，因而在深入研究企业内部信息不对称和激励问题的基础上发展出了委托代理理论。该理论的主要目的是研究在利益相冲突和信息不对称的环境下，委托人如何设计最优契约激励代理人(Sappington[2]，1991)。

经济学上的委托代理关系泛指任何一种涉及非对称信息的交易，交易中有信息优势的一方称为代理人，而另一方称为委托人[3]。在新制度经济学看来，人类任何合作行为，事实上都是一种委托代理行为。Pratt 和 Zeckhauser（1985）认为只要一个人依赖于另一人的行动，委托代理关系就产生了，采取行动的一方为代理人，受影响的一方为委托人[4]；这其实是广义上的委托代理。狭义上的委托代理关系主要是一种法律意义上的解释。法律上的代理，是指代理人接受委托人（被代理人）的委托后，以委托人的名义，在委托人授权的范围内，为委托人代办某些事务，而由此产生的后果则全部由委托人直接承担的一种制度。按照这种解释，一般意义上的上下级关系，雇主和雇员的关系就不是委托代理关系。由上述来

〔1〕 Arrow K J, Debreu G. Existence of an equilibrium for a competitive economy [J]. Econometrica, 1954, 22 (3): 265-290.

〔2〕 Sappington D E M. Incentives in principal-agent relationships [J]. Journal of Economic Perspectives, 1991, 5 (2): 45-66.

〔3〕 科斯·哈特，斯蒂格利茨，等. 契约经济学 [M]. 北京：经济科学出版社，1999：19.

〔4〕 Pratt J W, Zeckhauser R J. Principals and agents: The structure of business [M]. Boston: Harvard Business School Press, 1985: 37-51.

看，委托代理关系的过宽或过窄的理解都失之偏颇。过于宽泛的概念会减弱委托代理的针对性意义，同时在分析问题和具体操作上也不具有现实意义；而过于狭窄的概念又将委托代理关系完全纳入法学或法律的范畴，这样就失去了经济学分析上的意义。

（二）委托代理关系的构成条件

根据标准的委托代理理论，构成委托代理关系的基本条件或要素有如下五个方面：

其一，委托人与代理人双方一般应具有谈判、订立契约的行为能力。委托人须备的条件是能够在契约谈判之前进行一系列的权衡，并具有谈判、立约及履行的行为能力；代理人也必须具备谈判、签约及履约的行为能力，既能满足自身利益的要求，又能尽量满足委托人利益最大化的要求。

其二，委托人必须拥有控制权。一般情况下，委托人是财富的所有者或财富的代表者，拥有规定付酬方式和付酬数量的权力。这样，委托人一方才可以先确定一种报酬机制，激励代理人尽心尽责，努力实现委托人利益最大化的目标。

其三，代理人必须拥有信息优势。即代理人所拥有的各类信息比委托人多，更熟识基层组织的实际情况，更了解组织发展环境，所以代理人比委托人更可能带来组织绩效的提升。

其四，委托代理双方都面临市场不确定性风险且他们之间掌握的信息是非对称的。一方面，委托人不能直接观察代理人的具体操作行为；另一方面，代理人不能完全控制选择行为后的最终结果，因为代理人选择行为的结果是一个随机变量，其分布状况取决于代理人的行为。所以，如何确立对委托代理双方均有利的合同，是委托代理的核心内容。

其五，委托代理双方在其中一方违约时，可自由退出契约关系。如果委托人或代理人不能退出合约，而是被合约所“锁定”，那么这种委托代理关系是封闭的、缺乏效率的。

（三）委托代理中出现的问题

委托代理理论遵循的是以“经济人”假设为核心的新古典经济学研究范式，并有两个基本假设。其一，委托人和代理人之间利益相互冲突。委托人和代理人都是经济人，其行为目标都是为了实现自身利益最大化。在利益相互冲突时，代理人便可能利用委托人委托的资源决策权谋取自己的利益，即可能产生代理问题。因而，委托人与代理人之间需要建立某种机制（契约）以协调两者之间相互冲突的利益。其二，委托人和代理人之间信息不对称。由于委托人无法知道代理人的努力水平，代理人便可能利用自己拥有的信息优势，谋取自身效用最大化，从而可能产生代理问题。因此，委托人必须设计某种契约或机制，诱使代理人选择适合委托人利益的最优努力水平。

委托代理问题，是由美国经济学家阿道夫·伯利（Adolf Berle）和加德纳·米恩斯（Gardiner Means）于1932年提出[1]。他们发现大公司中存在所有权和控制权相分离这一事实，于是对传统的股东权益理论提出质疑。由两权分离带来的代理成本问题，即委托人怎样才能以最小的代价，使得代理人愿意为委托人的目标和利益而作出努力工作的问题，成为所有委托代理理论共同研究的中心问题[2]。K·J·阿罗（Kenneth J. Arrow，1921）从发生的时间将多样的委托代理问题简化为事前机会主义和事后机会主义两种类型，即逆向选择（adverse selection）和道德风险（moral hazard），并将这两类现象分别称作“隐蔽信息”（hidden information）和“隐蔽行动”（hidden action）[3]。

逆向选择是指代理人利用事前信息的非对称性所进行的不利于委托人的决策选择，这是人们隐蔽其“坏”的特征而出现的结果，因此也被称为“隐蔽信息”问题。即由于交易双方信息不对称和市场价格下降产生的劣质品驱逐优质品，进而出现市场交易产品平均质量下降的现象。

道德风险是指代理人借事后信息的不对称、不确定性以及契约的不完全性而采取的不利于委托人的行为，即指代理人利用信息优势而出现的“偷懒”行为，也被称为“隐藏行动”问题。道德风险问题又叫“道德障

---

〔1〕 阿道夫·伯利，加德纳·米恩斯．现代公司与私有财产［M］．甘华鸣，等，译．北京：商务印书馆，2005：3-11.

〔2〕 费方域．交易成本理论和委托代理理论之比较——威廉姆森交易成本经济学述评之四［J］．现代企业理论，2004（5）：38.

〔3〕 杨克瑞．教育制度经济学引论［M］．北京：中国言实出版社，2008：50.

碍”，在现实生活中，代理人的行为很难被委托人完全观察到，委托人也往往难以对他多所观察到的代理人行为提供足够的证据并进行完全的监督。代理人所具有的这些行为特性被称作不可观察性和不可证实性。因此，代理人会利用这两个特性追求自身效用最大化而忽略或损害委托人的利益。

在委托代理关系中，当利益相互冲突而信息对称时，委托人与代理人就能找到最优策略（契约），解决代理问题；当利益没有冲突，即使信息不对称，代理问题也不存在；而当委托人与代理人的利益相互冲突且信息不对称时，代理人的“道德风险”随之而生，从自身利益最大化出发，利用信息优势损害委托人的利益，即产生代理问题。由于委托人—代理人利益冲突和信息不对称的普遍性，代理人的道德风险屡见不鲜。代理问题的普遍性使委托代理理论不仅具有理论意义，更具有现实意义。

二、大学的委托代理关系分析

近年来，我国的部分学者把委托代理理论应用于高等学校的治理中来。从委托代理关系的基本原理看，高等教育领域也存在委托代理关系和代理人问题〔1〕。根据委托代理关系的基本含义和构成条件，高等教育领域应当存在以下委托代理关系，如图 5-1 所示。

从图 5-1 可以看出，我国高校存在多重的委托代理关系。在此，笔者主要讨论高校内部的校党委与校长的委托代理关系。按照《高等教育法》的规定，中国大学实行中国共产党基层委员会领导下的校长负责制，即共产党高等学校基层委员会统一领导学校工作，支持校长独立负责地行使职权，党委的领导职责主要是：执行党的路线和方针，坚持社会主义办学方向，领导学校的思想政治工作和德育工作，负责干部的选拔和培养管理，讨论决定学校组织机构设计和制度建设等重大事项。高等学校的校长作为学校行政负责人，对外代表学校，对内全面负责学校的教学、科研和其他行政管理工作。这一领导体制的设计集委员会制与首长负责制于一体。从大学的领导体制和校党委的职责可以看出，校党委对学校实施政治领导，还对学校学术事务实施有力的领导和监督。

---

〔1〕 李福华．高等学校资源利用效率研究［M］．北京：北京师范大学出版社，2002：135-136.

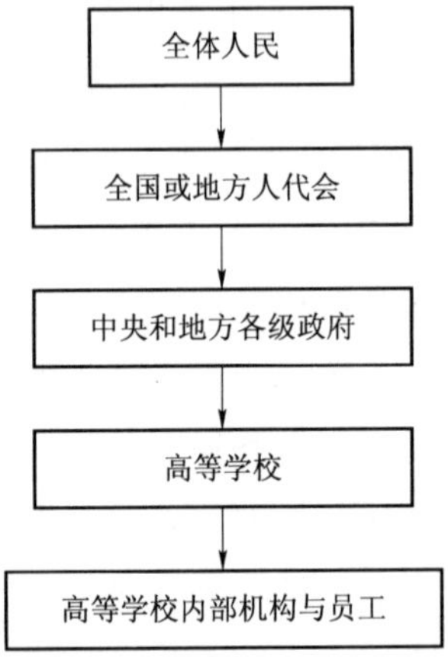

图 5-1　高等教育领域委托—代理关系示意图

资料来源：李福华．大学治理的理论基础与组织架构［M］．北京：教育科学出版社，2008：106.

（一）党委领导下的校长负责制可能出现的委托代理问题

在委托—代理关系中，由于委托人和代理人存在信息不对称、目标利益追求不一致等方面的问题，而且在委托—代理过程中又缺乏足够的信息和有效的监控手段，因此，高校的委托—代理问题就可能出现。这类问题主要表现为代理人的道德败坏和因逆向选择而导致的教育资源效率低下等现象。

“道德风险”是指代理人在道德层次上做出的不利于委托人利益最大化的行为。“道德风险”可以分为代理人的努力小于报酬的“偷懒”行为以及代理人努力的目的仅是追求自身利益最大化的机会主义行为。校长对外虽是学校的代表，但由于我国公立高校的所有权是国家所有，校长只拥有管理权。我国高校的校长主要由教授担任，“校长”从一定意义上讲是“教授”的第二职业，而不是“职业校长”；若不做校长，仍可继续当教授，行政约束和权力约束很难对“校长”形成真正的压力。因此校长对学校管理可能会缺乏积极性和主动性，容易出现“偷懒”行为。另外，校长还有可能为了一己私利而践踏公共利益，产生机会主义行为。对校长而言，在学校制订发展目标时，有可能为了使自己拥有较高声誉而把目标定得过高，这样无疑会对学校的发展不利；但有时也可能为了自己眼前利益而把目标定得过低，保守行事，这又可能导致学校错过发展良机。有的校长在任期内为了个人利益而急功近利，只重外部的“硬实力”，而忽视了内在的“软实力”，如将有限的教育资源用来盲目扩大规模，追求高档次的硬件设施，注重专业、博士硕士点的多和全，但忽视了师资、图书、人才培养等“软实力”的建设。另外，在选拔学校其他人员方面，领导者可能出现任人唯亲、忽视其能力的现象。

“逆向选择”是指代理人巧借业务需要，过度追求自身效用的行为。就我国目前的普遍情况而言，校长的合法性经济收入主要包括两方面，即校长以教授身份所获得的工资及福利待遇，以及担任校领导岗位所获得的岗位津贴。就前一方面看，校长的收入与一个同等资历和职务的教授并无差别；就后一方面看，即使是在经济发达地区，校长的岗位津贴相对于企业高级经理人年薪高达几十万甚至数百万元的高薪显得激励不足。对此，校长有可能为了个人利益的最大化而滥用职权，通过隐性的个人消费来获得内部的公平感，如高标准消费、挥霍公款等现象。“逆向选择”现象在近年来某些高校领导者的腐败行为中时有体现和反映。

上述情况虽然是少数人的行为，但是这种倾向应加以关注。

（二）高校党委领导下的校长负责制对委托代理问题的规避

党委领导下的校长负责制，是委员会制与首长负责制两种领导体制优势的耦合，体现了决策权和执行权的辩证统一。党委领导下的校长负责制具有多层面含义：它是一个党委领导、校长管理的体制，是一个党委负决策责任、校长负执行责任的体制，还是一个党委同行政既分权、分工相互制约又相互配合共同负责的民主政治体制；它是一个党委居于执政的主导地位、负主要责任的体制，是一个集体领导、民主决策的体制；是一个在行政管理层实行行政首长负责的体制〔1〕。总之，我国高校的党委与行政在领导职责、管理手段、工作方法等方面有不同，但是“党委领导”与“校长负责”在高校领导体制中紧密合作，相互协调，职责明确。这就避免了将党委的领导核心作用和校长的依法行政作用被削弱的风险〔2〕。

党委领导下的校长负责制对委托代理问题的规避主要体现在如下两个方面。

---

〔1〕 李明泉．关于“党委领导下的校长负责制”的思考［J］．国家教育行政学院学报，2005（7）：35-37.

〔2〕 杜玉银．坚持党委领导下的校长负责制的实践与思考［J］．高等农业教育，2006（7）：3-5.

其一，党委领导下的校长负责制存在内部制约机制，从而在一定程度上能够防范“道德风险”和“逆向选择”问题。从本质上讲，党委领导下的校长负责制的内涵是一个“集体领导”与“个人负责”的关系。一方面，我国高校的领导体制是坚持党委领导下的民主集中制原则，实行集体领导与个人分工负责相结合的制度，对于学校重大问题和重要事项，按照“集体领导、民主集中、个别酝酿、会议决定”的要求，遵循少数服从多数的原则，由党委集体讨论决定，所以就避免了党委书记一言堂的情况。另一方面，校长在党委的领导下，全面负责学校教学、科研和其他行政管理工作，但党委和校长、党委和行政的关系，是领导和被领导的关系。校长负责要通过校长办公会或校务会议的形式行使职权，重大问题须向党委汇报或集体研究，这也避免了校长一人专断的情况。

其二，党委领导下的校长负责制具有监督作用。党委在支持校长独立负责行使职权的同时，还必须加强对校长行政行为的监督，从而保证党委决策能正确贯彻执行。监督方式可以通过在校长办公会上发表意见，通过中心学习小组学习活动统一思想认识，通过领导班子的民主生活会开展批评与自我批评，也可以通过领导班子成员之间相互交换思想等方式。上述方式对学校行政运行和管理具有检查、监督作用。

在我国高校领导体制的运行过程中，不可避免地会产生代理问题。但由于党委领导下的校长负责制的特殊功能，能够使其委托代理关系中会出现的代理问题得到一定的规避，对校领导依靠自身权力谋求不正当利益具有防范作用，从而也证明了这种领导体制的科学性和必要性。

第二节　利益相关者理论视野中的党委领导下校长负责制

大学作为非营利性组织，是一个典型的利益相关者组织。大学的利益相关者包括：行政管理人员、教师、学生、校友、社会公众（纳税人）等。大学里每个利益相关者的利益都与大学的持续、全面发展息息相关。利益相关者理论最初来自企业管理领域。本节将基于利益相关者理论视角来阐述，大学组织如何通过党委领导下的校长负责制来平衡各利益相关者的责任和利益。

一、利益相关者理论概述

20 世纪 80 年代以来，随着经济全球化的发展及企业间竞争的加剧，公司治理和企业社会责任等问题成为人们关注和讨论的焦点。传统经济学认为，股东是企业的所有人，企业的全部活动都是为股东服务的，因此企业是股东实现利润最大化的工具[1]。而利益相关者理论则认为：所有受企业影响的利益相关者都有参加企业决策的权利，管理者负有服务于所有利益相关者利益的信托责任，企业的目标应该是促进所有相关者的利益而不仅仅是股东的利益[2]。利益相关者理论强调，企业是由多个利益相关者所构成的“契约联合体”：一方面，企业所有者不能仅仅局限于股东，所有的利益相关者如企业的雇员、供应商和债权人等都是企业的所有人；另一方面，企业的风险也不能仅由股东来全部承担，其他的利益相关者也在承担着企业的风险。利益相关者之间的权利是独立的、平等的，他们共同拥有企业的所有权。

自利益相关者概念提出至今，其概念表述甚多，学者们从不同角度对利益相关者进行了界定。作为利益相关者理论研究的核心人物之一，美国经济学家弗里曼于 1984 年给予利益相关者的经典定义是：“企业利益相关者是指那些能影响企业目标的实现或被企业目标的实现所影响的个人或群体。”[3]显然，弗里曼界定的是一种普遍的利益相关者，他强调的“影响”是双向的，不仅将影响企业目标的个人和群体视为利益相关者，同时还将企业目标实现过程中受影响的个人和群体也视为利益相关者，正式将股东、债权人、雇员、供应商、消费者、政府部门、当地社区等实体纳入利益相关者的行列。弗里曼的观点受到众多管理学家、经济学家的赞同，其给出的利益相关者定义也最具代表性。进入 20 世纪 90 年代以后，许多学者开始从狭义的角度来认识利益相关者。1995 年，Clarkson 认为：“利

---

〔1〕 胡赤弟．高等教育中的利益相关者分析［J］．教育研究，2005（3）：38-46.

〔2〕 Boatright J R. Contractors as stakeholders：Reconciling stakeholder theory with the nexus-of-contracts firm［J］. Journal of Banking and Finance，2002，26（9）：1837-1852.

〔3〕 Freeman R E. Strategic management：A stakeholder approach［M］. Boston，MA：Pitman，1984.

益相关者以及在企业中投入了一些实物资本、人力资本、财务资本或一些有价值的东西，并由此而承担了某些形式的风险；或者说，他们因企业活动而承受风险”，进一步加强了利益相关者与企业的关联，强调专用性投资[1]。

国内学者在借鉴国外研究的基础上，结合我国实际情况也提出了一些观点。以贾生华、陈宏辉（2002）为代表，他们认为“利益相关者是指那些在企业中进行了一定的专用性投资，并承担了一定风险的个体和群体，其活动能够影响该企业目标的实现，或者受到该企业实现其目标过程的影响”[2]。这一概念既强调专用性投资，又强调利益相关者与企业的关联性，其界定介于广义与狭义之间，可以说是 Clarkson（1995）和弗里曼（1984）所给界定的结合。

二、利益相关者理论在大学领导体制运行中的应用

（一）大学利益相关者的界定

高校作为特定的组织，与企业组织有区别也有联系。高校作为一个典型的利益相关者组织，对其利益相关者的分类也应根据其特殊性而定。在主要借鉴陈宏辉和贾生华（2002）关于利益相关者分类的基础上，笔者试图对高校利益相关者的概念结构进行探讨。根据利益相关者与大学的密切程度，将大学的利益相关者分为以下四个层次：核心利益相关者、重要利益相关者、间接利益相关者和边缘利益相关者，见图 5-2。

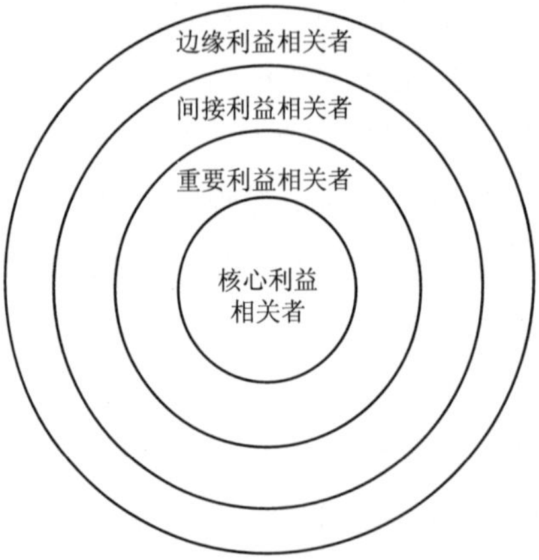

图 5-2　大学利益相关者关系图

资料来源：笔者整理。

1. 核心利益相关者

核心利益相关者主要包括教师、学生、管理和工勤人员。教

[1] Clarkson M A. A stakeholder framework for analyzing and evaluating corporate social performance [J]. Academy of Management Review, 1995, 20 (1): 92-117.

[2] 贾生华，陈宏辉. 利益相关者的界定方法述评 [J]. 外国经济与管理，2002 (5): 13-18.

师担负着教学、科研与提供社会服务的重要使命，没有教师，大学就不能存在。学校兴则教师兴，教师会因学校的发展而升值和荣耀，教师会因学校的发展而得到物质和精神上的回报。学生是教育服务的对象和产品，学校发展则意味着会有更高的人才培养质量，意味着学生更好的就业前景和未来回报。管理者和工勤人员是大学运行的组织者、协调者和服务者，大学发展则意味着他们会有较高的经济收入和社会地位，会受到人们的尊重，会获得物质和精神上的满足感。

2. 重要利益相关者

重要利益相关者主要包括校友和财政拨款者。校友是学校已经输出了的产品，但校友始终与母校有着深层次的联系。母校的发展意味着校友学习经历或文凭的升值，校友在不用支付额外成本的情况下自己文凭的含金量会大幅度增加，直接成为母校发展的获益者。由于大学教育的准公共产品性质，政府始终是大学教育经费的主要提供者。如果大学快速发展，则政府的财政拨款会发挥更大的效益，扩大国家的人力资本积累，增强国家的竞争力。否则，会导致国家资源的浪费，阻碍国家的发展进程。

3. 间接利益相关者

间接利益相关者是与学校有契约关系的当事人，如科研经费提供者、产学研合作者、贷款提供者等。科研经费提供者的直接对象是学校的科研人员，科研人员的水平和责任心是获得研究成功的重要条件，但学校的科研设施、管理水平和组织文化的积极性，有利于为科研人员创造良好的科研环境，有利于产生一流的科研成果，有利于发挥科研经费的最大效益，从而使科研经费提供者获得最大的收益。同样，学校的发展会给作为学校产学研合作对象的企业方带来一系列潜在的利益，会对企业和产品产生积极的广告效应，并在一定条件下转化为企业的直接利益。此外，学校的发展也能降低贷款提供者（如银行）的投资风险，保护了贷款提供者的合法权益。

4. 边缘利益相关者

边缘利益相关者主要包括当地社区和社会公众等。在信息和技术高度发达的当今社会里，大学已经融入了当地的社区生活，大学的影响已经扩散到社区生活的各个方面，对当地社区产生广泛影响。大学的发展会给当地社区带来各种利益，包括经济的和非经济的利益，如可以拉动当地消费，可通过大学研究成果转化和其他社会服务促进社区经济增长，也可以扩大当地社区的社会影响，提高社区的知名度。

（二）利益相关者理论视角下党委领导下的校长负责制

利益相关者理论的发展，经历了一个从利益相关者影响到利益相关者参与再到利益相关者共同治理的过程。随着利益相关者理论的发展，学术界对它的研究也从工商企业向公共部门渗透，开始向经济、政治、社会、管理和教育等领域扩展。其中，越来越多的学者开始将利益相关者理论应用于教育领域特别是在高等教育领域，对高校利益相关者参与高校治理进行了理论研究。

我国高校与世界其他国家的高校有较大的差异，这种差异主要体现在学校管理权力的高度集中和监督机制相对薄弱。依据《高等教育法》的规定，公立高等学校实行党委领导下的校长负责制。在这种领导体制下，高校的管理包含了三个方面的利益相关者。

其一，高校的管理者，主要由党委常委、校长、副校长以及各级行政管理者组成。党委常委、校长、副校长由主管部门的党组织决定任命，其中党委常委需在党内选举的基础上，由上级党组织任命；学校党委对学校干部有任免权，对重大事项有决定权，校长对行政、学术、教学和外事等工作有决定权。

其二，学术委员会。学术委员会主要由学校教学和科研岗位上的教师代表构成，作为学校的“咨询机构”“审议机构”，为学校的教学、科研发展提供保障，主要负责学校的学科和学术队伍建设、专业设置、教学科研改革、职称评审等重大学术事宜。

其三，教职工代表大会。教职工代表大会主要由教师和各级职工代表组成，居于参政与监督地位，对学校的重大发展事宜建言献策。

党委领导下的校长负责制包括了上述利益相关者，并对彼此的责权进行了清晰界定，这充分体现了该领导体制的科学性。

党委领导下的校长负责制，充分强调了高校管理者、教师、职工等重要利益相关者的权利和责任，而忽视了学生这一重要利益相关者以及其他次要利益相关者、边缘利益相关者。相对教师而言，学生作为受教育的主体，既是大学最重要的教育服务消费者，又是高等学校法人治理结构中核心的利益相关者。学生应该对学校的教育教学与教育管理工作尤其是涉及自身利益的活动有一定发言权。但《教育法》《高等教育法》都没有涉及学生参与管理学校事务的问题，更多的是强调学生应服从学校的管理。有关学生参与学校管理只在《普通高等学校学生管理规定》中有两条柔性表述，即“鼓励学生对学校工作提出批评和建议，支持学生参与学校的民主管理。学生对国家政务和社会事务的意见与建议，学校应负责向上级组织和有关部门反映”；“学生对有关切身利益的问题应通过正常渠道积极向学校和当地政府反映”。因此，从我国高等学校内部权利配置现状看，高校学生参政尚无制度支撑。另外，高校对家长这类次要利益相关者或边缘利益相关者的重视度也需要加强。

（三）基于利益相关者理论的高校领导体制改进建议

基于利益相关者理论，我国高校的党委领导下校长负责制有其合理性和科学性，同时也存在可以改进的地方，以进一步完善我国高校的管理工作。

根据高校管理工作现状，可从如下方面着手。

其一，坚持党委在大学管理中的领导地位，适当提高外部利益相关者在最高权力机关中的比例。譬如，可以在大学成立董事会，作为大学的最高权力机关，董事会在党委的领导下工作，增加由各方利益相关者代表，对学校的决策制定和“内部人”行为进行评议监督。

其二，发挥教职员工在大学管理中的作用。一方面，作为学校主体的重要构成部分，教职员工在最高权力机关中的地位要加强，要积极激励教职员工代表参与学校重大决策的制定；另一方面，要巩固加强教师代表在学术委员会中的中心地位，充分发挥教师在学术事务发展中的自主创新精神。

其三，学生作为大学的核心利益相关者，要充分体现学生在大学管理中的作用。

第三节　学习型组织理论视野中的党委领导下校长负责制

自从彼得·圣吉（Peter Senge）提出学习型组织理论之后，各领域的组织都在致力于使其发展为“学习型组织”。大学作为一个“学习”的组织，更应该贯彻这一理念，把大学这一组织发展成“学习型组织”，并坚持组织学习，使其成为真正的“学习”的组织。下面将对学习型组织理论视野中的党委领导下的校长负责制作一阐述。

一、学习型组织理论的概念内涵

学习型组织是“通过培养弥漫于整个组织的学习气氛，充分发挥员工的创造性思维能力而建立起来的一种有机的、高度柔性的、扁平化的、符合人性的并能持续发展的组织”。这种组织具有持续学习的能力，具有高于个人绩效总和的整体绩效。美国麻省理工学院教授、著名管理学家彼得·圣吉对企业组织作了大量的研究工作，在他的《第五项修炼——学习型组织的艺术与实务》一书中提出了五项修炼，即“自我超越、改善心智模式、建立共同愿景、团体学习、系统思考”[1]。

第一项修炼：自我超越。它是学习如何扩展个人能力，创造出组织预期的结果，并且营造一种组织环境，鼓励所有的成员自我发展，实现自己选择的目标和愿景。组织应强化个人对于组织是真正有益的观念并提供支持个人发展的组织环境。组织与成员之间应建立和谐、匹配与均衡的盟约关系。自我超越是学习型组织的精神基础。

第二项修炼：改善心智模式。所谓心智模式，简单地说就是我们每个人理解和看待周围世界的思维模式。这种模式是在长期的生活、工作和学习中形成的，是以个人的价值观与世界观为基础的。心智模式影响我们的认知方式，而通常人们不易察觉自己的心智模式以及它对行为的影响。因此，学习如何将我们的心智模式摊开，并加以检视和改善，有助于改变心中对于周遭世界如何动作的认知。对于建立学习型组织，这是一项重大的突破。

第三项修炼：建立共同愿景。共同愿景，即共同愿望的景象，是能感召组织成员的共同目标。它为学习提供了焦点与能量，并激发组织成员形成不断向前超越的力量。它要求正式组织领导和员工拥有共同的使命感，

[1] 彼得·圣吉．学习型学校：第五项修炼教育篇［M］．郭进隆，译．上海：三联出版社，2004：109-171.

组织领导必须愿意同员工交流个人观点，鼓励员工对未来做出卓越贡献，从而取代员工对改革的抱怨，以及对领导个人愿景的被动服从。

第四项修炼：团队学习。现代组织的基本单位是工作团队，学习的基本单位已由个人转变成团队。只有会学习的团队，才有可能发展成为善学习的组织。团队学习是建立在共同愿景和自我超越的修炼之上的。在一个组织中，只有共同愿景和有才能的组织成员还不够，还需要团队学习来转换对话模式及集体思考的技巧，从而促使产生一种完善的协调和一体的感觉，使群体的能力远远超过个人才能的总和。

第五项修炼：系统思考。这是五项修炼的核心和基础，其主旨在于心智转换：从着眼“部分”转为总揽“整体”；从把人视为无助的反应者转为将其看作改变现实的参与者；从对现状只作反应转为创造未来。“系统思考”要求人们树立全局的观念，形成整体动态搭配的能力和思维模式，运用系统观看待组织的发展，将问题置于系统中思考，从动态发展的各种要素中寻求新的动态平衡。

二、党委领导下的校长负责制中高校学习型领导团队的建设

在高校发展中，学习型领导团队建设一直受到各方面的高度重视。党的十七届四中全会从党的建设伟大工程和全面推进中国特色社会主义事业出发，提出了建设马克思主义学习型政党的任务。高校作为学习的最高殿堂，在建设学习型政党的广阔舞台上，也扮演着重要的角色。《国家中长期教育改革和发展规划纲要》也强调：加快建设中国特色现代高等教育，高校领导特别是书记、校长肩负重要责任；必须按照科学发展观的要求，遵循高等教育规律，把科学理论、科学制度、科学发展贯穿于高校工作的各个方面，使办学治校水平有一个大的提升。作为以学习为根本内涵的组织，高校领导班子建设也必须突出学习型特征，把高校领导班子率先建成“勤于学习、善于思考、勇于创造”，信念坚定、思想解放、视野开阔的学习型组织，才能更好地完成人才培养、科学研究、社会服务和文化传承与创新等四大根本任务，履行好大学的根本使命。

在党委领导的校长负责制下，各高校不断探索学习型领导团队建设的途径和方法，并在实践中取得了显著的成绩。这些成绩既体现了党委领导

下的校长负责制理论内涵与学习型组织理论的内在契合性，又反映了该领导体制的科学性。因此，有必要对该体制下的学习型领导团队建设实践作一总结。

（一）以健全的制度为学习型领导团队建设提供保障

建设高校学习型领导团队，关键是要建立健全一套科学完善、行之有效的规章制度。2010 年中共中央颁布了《关于推进学习型党组织建设的意见》，把学习制度建设放在重要位置，对健全集体学习、个人自学和学习考核等制度提出了明确要求。在这一文件精神的指导下，高校在构建学习型领导团队时应高度重视如下制度建设：

一是完善党委理论学习中心组制度。该制度需明确中心组的总体目标和主要任务，对学习主题、学习方式、参加人员、重点发言、考核办法以及贯彻落实等环节做出具体规定，对学习笔记、读书心得尽可能量化，努力把理论中心组学习制度落到实处，以保障学习型领导团队的建设。

二是建立校级领导理论研讨制度。新的形势和任务对高校领导团队的学习能力、理论素养、执政本领提出了更高的要求。按照科学理论武装、具有世界眼光、善于把握规律、富有创造精神的总体要求，党和国家重大战略部署与党的创新理论应是学习型领导团队的重要学习内容。

三是建立领导班子定期务虚制度。围绕办什么样的大学、如何办好大学、培养什么样的人和如何培养人等重大问题，采取举办形势报告会和专家讲座、学习考察等形式，引导领导干部从全局和战略高度分析高等教育改革发展的新趋势，探索高校面临的挑战和机遇，提高推动高等教育改革和发展的能力，从而在领导团队内部建立统一的愿景。

（二）在学习内容上突出重点，确保学习型组织建设的方向

随着世界范围内的科技和文化竞争日趋激烈，以信息技术为标志的新技术革命浪潮蓬勃兴起，这对高校领导团队的学习行为提出了更高的要求。高校党委需把创新学习内容作为建设学习型领导团队的重要内容来抓，从领导班子理想信念、领导能力、岗位职责等实际出发，在内容上重点强调如下三个方面：

一是理论学习。坚持把马克思主义基本理论和马克思主义中国化最新成果作为学习的基本内容，深入学习领会科学发展观的精神实质，提高运用马克思主义的立场、观点、方法解决高校改革发展中的实际问题的能力，不断增强领导班子政治素质、理论素养、思想水平。

二是实践学习。充分发扬理论联系实际的学风，坚持将中央和上级党委关于加强高校建设的文件、领导讲话、会议精神作为学习的重要内容，并结合学校发展实际进行认真研究和思考，科学准确地把握学校的发展思路、办学定位、改革举措。

三是超前学习。注重将当代最前沿的政治、经济、文化、科技、教育等方面的知识作为领导团队学习的重要内容，如推荐班子成员参加内外部高端培训，以优化党委班子成员的知识结构并提高战略思维、创新思维能力，提高复杂问题的解决能力。

（三）通过学习方式的不断创新，保证学习型领导团队建设的持续性

学习方式的创新主要表现在四个方面：

一是集中学习与个人自学相结合。坚持党委理论学习中心组学习制度，不定期地通过民主生活会、专题学习会、工作研讨会等形式进行集中交流讨论，达到互相启发、互相促进、共同提高的目的。同时建立领导班子成员自学制度，如学校党委每年有重点地向团队成员推荐学习书目，提出思考问题，布置年度学习作业，突出学习重点，注重学习成效。

二是不断加强与外部专家学者的交流。如定期邀请国内知名专家和学者，重点围绕高等教育改革发展、高水平大学建设等重要内容做专题讲座和辅导报告。同时，校党委组织党政领导团队成员到国内知名高校进行考察访问，学习借鉴兄弟高校成功办学经验；选派班子成员参加中央和上级党校的培训。

三是发展在线学习系统。随着现代网络技术的发展，高校也开始尝试建设在线学习课程，校领导可根据自身实际选择课程进行学习。

四是在实践中学习。如党委建立领导团队成员联系学院制度，规定班子成员每年到相关院系开展调查研究，使调查研究成为领导团队的必修课。

通过以上三个方面的尝试和探索，我国高校学习型领导团队的建设已初显成效，同时也存在一些不足，如有的高校领导对学习型组织的认识不够深入、学习被动等。总体而言，在建设高校学习型领导团队的过程中，团队成员的综合素质和领导管理能力在不断加强，为高等教育的改革发展做出了重要贡献。高校学习型领导团队的建设至关重要，同时如何将整个高校建设成为一个学习型大学，也是当今大学面临的重要挑战。关于学习型大学建设的内容，将在第十三章详细论述。

第六章　高层管理团队与领导体制运行：战略管理视角

随着经济全球化和竞争国际化步伐的不断加快，中国高等教育取得了前所未有的丰硕成果，教育规模跃居世界第一，目前正处于从高等教育大国迈向高等教育强国的战略转型期。为了早日实现成为世界一流大学和高水平大学的战略目标，越来越多的大学开始重视战略管理，这既是大学对外部社会经济环境变化的客观回应，也是大学内部管理创新与组织变革的必然需求。换言之，实施战略管理已是中国大学塑造核心竞争力并保持竞争优势的必由之路。然而，当今大学所面临的市场竞争更为激烈，所面临的不确定因素更为复杂。在纷繁多变的社会经济环境中，正确制订并有效实施战略目标，是对大学高层领导者的严峻考验：因为他们承担的战略使命更加艰巨，战略规划的内容更加多样，需要处理的信息更为繁杂，战略制定和实施越来越演变为一项共享性活动，大大超出了单个领导者的管理范畴和能力水平，领导者的工作方式发生了深刻改变，更多地需要以团队方式进行高效运作[1]。大学高层管理团队（Top Management Team，以下简称大学高管团队）不仅为战略规划和分析提供智力支持和方向指导，而且为战略实施与控制提供力量保障和监督机制。同时，大学高管团队是领导体制建设的重心，是领导体制运行的引领者、推动者和保障者。此外，

〔1〕 Hambrick D C. Fragmentation and the other problems CEOs have with their top management teams [J]. California Management Review, 1995, 37 (3): 110-127.

从本质上而言，领导体制运行就是推动大学战略在正确方向上高效、协调和持续实现的过程。为此，本文立足于战略管理视野，拟在厘清大学高管团队理论内涵的基础上，从纵向互动和横向契合视角探索高管团队的作用机制，以期为促进领导体制建设、大学战略管理实践和大学持续发展提供理论依据。

第一节　大学高管团队理论内涵的多维解析

在领导体制运行实践中，“大学高管团队”常常被称作“大学高层领导班子”。“高管团队”这一概念，最早源自企业战略管理研究领域。因此，汲取企业战略管理研究成果并结合大学组织情境，梳理和挖掘大学高管团队的理论内涵，显然是十分必要的。

回顾企业战略管理研究的历程，“高管团队”这一概念是在一定的历史背景下提出的。从 20 世纪 60 年代战略管理鼻祖安索夫（Higor Ansoff）的战略理论到 70 年代安德鲁斯（Kenneth R. Andrews）的 SWOT 模型，从 20 世纪 80 年代波特（Michael Porter）的“五力”模型到 90 年代普拉哈拉德（C. K. Prahalad）和哈默（Gary Hamel）的“核心竞争力”理论等，上述历程反映了战略管理研究取得了长足的进步，但战略决策主体缺失是上述理论的共同不足。为此，哈布里克（Hambrick）和马森（Mason）于 1984 年提出了“高层梯队理论”（Upper Echelons Theory）[1]，正式揭开了高管团队研究的帷幕，弥补了传统战略管理研究中决策主体缺失的不足。自此，研究者对高管团队的理论内涵及其与组织绩效的关系展开了卓有成效的研究。在大学战略管理日益受到关注并付诸实践的今天，作为战略决策主体——大学高管团队，其理论内涵有必要进行全面梳理和归纳。基于已有研究文献分析，我们认为，大学高管团队的理论内涵，可以从结构内涵、使命内涵和表现特征三个维度进行界定，见图 6-1。

---

〔1〕 Hambrick D C., Mason P A. Upper echelons: The organization as a reflection of its top managers [J]. Academy of Management Review, 1984, 9 (2): 193-206.

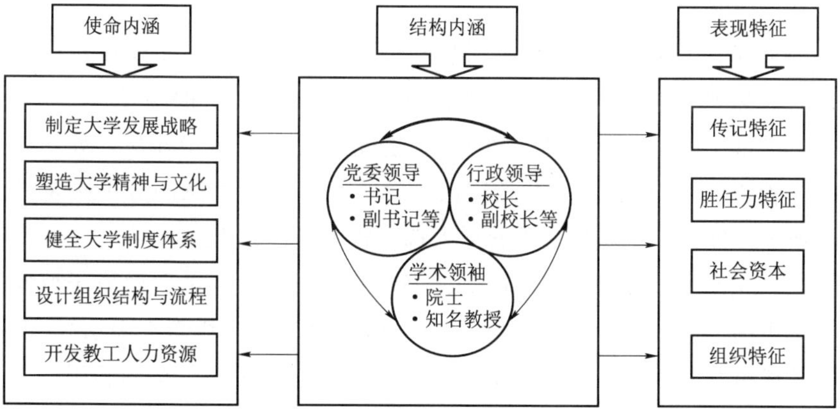

图 6-1 高管团队的理论内涵

资料来源：笔者整理。

一、结构内涵

在此，首先有必要回顾一下企业高管团队的概念内涵。研究者认为，高管团队是那些参与公司所面临的重大决策的高级经理们〔1〕，主要是指那些良性互动、认同组织目标、整合内外资源且高效协作的领导班子〔2〕；它由董事会成员及正、副总经理，以及其他共同参与战略决策的高层管理者所组成，通常包括 3～10 名成员〔3〕。基于上述概念并结合大学情境特征，我们试图对大学高管团队的结构内涵作如下界定：它是由参与战略决策并彼此良性互动的大学高层领导者和学术领袖所构成，包括党委领导者（如书记和副书记）、行政领导者（如校长和副校长）和学术领袖（如院士和知名教授）等，是以团队形态显现的大学的核心人力资本。简言之，理想状态下的大学高管团队是一个目标认同、彼此互信、角色互补、责任共担并有效沟通的学习型团队，它除了具有一般工作团队的特征之外，还

〔1〕 Bantel K A, Jackson S E. Top management and innovation in banking: Does the composition of the top team make a difference [J]. Strategic Management Journal, 1989, 10 (S1): 107-124.

〔2〕 Smith K G, Smith K A, Olian J D, Sims H P, O'bannon D R, Seully J A. Top management team demograph and Process: The role of social integration and communication [J]. Administrative Science Quarterly, 1994, 39 (3): 412-438.

〔3〕 赵峥，井润田 . 建立高层管理团队的时机分析 [J]. 管理评论，2005，17 (2)：17-21.

有其独特内涵：

一是拥有决策权和控制权。高管团队负责大学的愿景规划和目标制定，对大学现有管理和未来发展拥有至关重要的决策权和控制权。

二是基于职位分工。高管团队的任务分工是基于成员职位，如书记把向（把控方向）、校长治校和教授治学等，而一般性团队的分工则是基于任务所需技能，在团队内遴选合适人选，较少考虑其正式职位。

三是互动度差异。在团队内部，书记和校长所代表的党政班子彼此交流频率更高、互动强度更大（图 6-1 中结构内涵用粗线箭头表示），而上述党政成员与学术领袖之间的交流相对较弱（图 6-1 中结构内涵用细线箭头表示）。

二、使命内涵

著名管理学家德鲁克（Peter F. Drucker）在谈到非营利组织领导者的素质时指出："重要的不是领导的魅力，而是领导的使命，因此领导的第一要务应该是思考并定义组织机构的使命。"[1]同样，准确把握使命的含义是深入理解大学高管团队理论本质的必要前提。具体而言，从科层制角度而言，高管团队居于大学组织系统的顶端，拥有至高无上的权威；但从使命角度而言，大学高管团队处于大学内外环境的交汇点，要敏于感知各种信息和环境变化，肩负起"做正确的事"的使命。大学高管团队使命具体表现为：

其一是制订大学发展战略。高管团队既要准确识别大学所面临的挑战和机遇，也要全面评价大学自身所拥有的优势和劣势，运用系统思维制定富有前瞻性和现实性的战略目标。

其二是塑造大学精神与文化。高管团队要融合时代精神与大学发展历史，提炼核心价值理念与信念要素，确立大学师生认同的精神发展维度，通过灌输、宣传、培训和激励制度等手段确保文化理念能够外化为学校成员的行为习惯，并将大学文化不断传承和弘扬。

其三是完善制度体系。高管团队要建立健全师生管理、科研教学管

---

[1] 彼得·德鲁克．非营利组织的管理［M］．吴振阳，等，译．北京：机械工业出版社，2010：2-3.

理、财务管理、信息及设备管理等制度体系，完善教工专业职务晋升和学术专业选择等关键制度和路径，为战略实施提供制度保障。

其四是科学设计大学组织架构与流程。高管团队要根据大学战略的调整和教育环境的变化，通过战略评价、流程梳理、职能分析和岗位分析等技术手段，科学设计组织架构并优化组织流程，提高整个组织的运行效率和对外部环境的反应能力。

其五是构建科学的教师人力资源开发与管理体系。系统测评和遴选“人—职匹配”（尤其是个人价值观与大学文化相匹配）的教工，加强新入职教工的培训开发与职业生涯设计，建立分门别类的、科学的教工绩效管理与薪酬激励体系。

三、表现特征

按照“高层梯队理论”，高管团队的表现特征会影响战略选择和组织绩效。大学高管团队的表现特征可分为四个方面：

1. 传记特征，包括年龄、教育背景和任期等

具体而言，高管团队平均年龄越大，越可能回避风险，所实施的大学战略越可能较少发生变化，而年轻的领导者则可能较多地调整战略；教育背景包括正式教育与在职培训，一般可以反映出人的认知能力，因此团队的总体教育背景可能与灵活应变、信息处理能力存在正相关；高管团队的任期越长，其沟通与认知的一致性水平可能会越高。

2. 胜任力（competency）特征

胜任力特征是指个体成功担当某一任务角色所需的能力素质的集合，或是指一种与有效工作绩效相关的知识、技能与特质的集合，此外还包括性格、动机、经验和自我概念等。关于胜任力特征可分为同质性和异质性两个方面：同质性是指高管团队成员在知识、技能、性格和经验等方面的趋同化，而异质性则是指高管团队成员在胜任力特征上的差异化。一般而言，面对激烈竞争的环境，异质化团队的竞争力更强；面对相对稳定的环境，同质化团队的凝聚力更强[1]。

---

〔1〕 杨振辉．企业高层管理团队冲突研究［D］．天津：河北工业大学，2008：6.

3. 社会资本

以往研究忽略了高管团队行为的社会属性，即社会资本（social capital），社会资本是指个体通过社会联系摄取稀缺资源并由此获益的能力[1]，这里的稀缺资源包括权力、地位、资金、信息和机会等。在当前转型经济时期，一所大学的发展水平往往与高管团队成员是否拥有广泛的社会交往和联系有关。中国的大学往往隶属于教育部、相关部委及省市政府，若高管团队成员曾在上级领导机关任职或与之联系紧密，这就有可能通过纵向联系为该大学获取稀缺资源。

4. 组织特征

组织特征是指高管团队组织结构的特征及其运作过程中呈现的程序特征，包括规模特征、公开程度等。规模特征反映了高管团队的组织结构和组成关系，一般团队人数在 5～10 人之间。研究发现，高管团队的规模大小与团队认知一致性和决策效率呈负相关[2]。公开程度是指组织制度鼓励和保障开放交流的程度，在一个鼓励公开交流的团队中，成员之间能够彼此积极评价，理解和信任水平较高。

梳理完大学高管团队的理论内涵之后，亟待回答的一个重要的理论问题是：在大学领导体制运行和战略管理过程中，高管团队究竟扮演什么角色？其作用机制到底如何？显然，这是一个值得深入研究的理论问题，也是一个备受瞩目的实践问题。下面拟从纵向互动和横向契合两个视角，探索高管团队在领导体制运行和战略管理实践中的作用机制。

第二节　战略管理中高管团队与中层管理团队的作用关系：纵向互动机制

大学战略管理是一个多元主体参与、多重力量互动的复杂过程，若仅从高管团队去解释上述过程，则很难全面、准确地回答这一问题。研究发

〔1〕 边燕杰，丘海雄．企业的社会资本及其功效［J］．中国社会科学，2000（2）：87-99.

〔2〕 Keck S L. Top management team structure: Differential effects by environmental context［J］. Organization Science，1997，8（2）：143-156.

现，由高管团队和中层管理团队（Middle Management Team，以下简称中管团队）所构成的组织梯队在战略制定和实施过程中发挥着十分重要的作用[1]。大学的中管团队主要是由各职能部门管理者（如处长、副处长等）和各专业学院管理者（如院长、副院长、书记和副书记等）构成。从纵向管理角度而言，当高管与中管团队能够有效扮演角色并展开良性互动时，就能有效推动战略管理进程并提升效能，从而促进大学发展；否则就会延缓战略管理进程并削弱效能，阻碍大学发展的步伐。关于高管与中管团队的互动机制，见图 6-2。

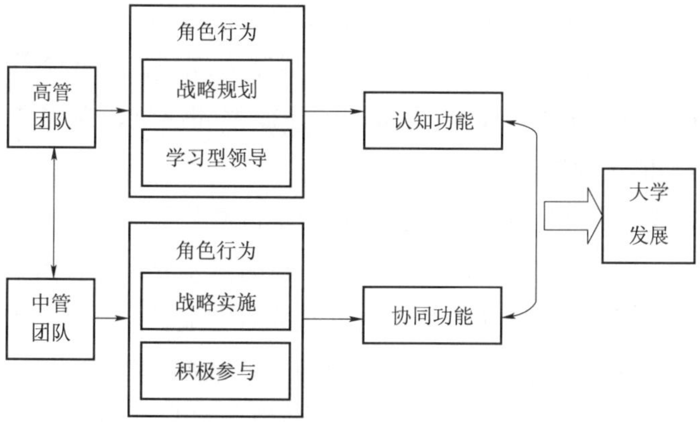

图 6-2 高管与中管团队的互动机制

资料来源：笔者整理。

一、角色行为

角色概念最早来自舞台用语。个体或群体都在社会舞台上占有一定位置并表现出特定的行为模式。社会或组织对处于一定位置的个体或群体都有一定的期望，而个体或群体按照社会或组织期望履行义务并行使权利时所表现出的行为模式，就是角色行为。在大学战略管理的纵向系统中，高管团队主要扮演着“战略规划者”和“学习型领导”角色，而中管团队则

〔1〕 Woolsridge B, Schmid T, Floyd S. The middle manager perspective on strategy process: Contributions, synthesis, and future research [J]. Journal of Management, 2008, 34 (6): 1190-1221.

主要扮演着“战略实施者”和“积极参与者”角色。

高管团队和中管团队在大学战略管理的不同环节上扮演着不同的角色。大学战略管理是大学组织识别内外环境变化、寻求成长和发展机会的过程，其目的是促进大学保持竞争优势并持续发展。大学战略管理主要包括战略规划和战略实施两大环节：前者是一种带有全局性的总体发展规划，包括战略指导思想、战略目标、战略重点和战略路线等方面的内容；后者是将战略规划转化为现实绩效的过程。

战略规划与战略实施之间存在着联系，又有根本性不同[1]：战略规划处于战略管理流程的前端，是在行动之前进行系统思考和力量部署，强调“做正确的事”，即目标的正确性；而战略实施则位于战略管理流程的后端，是在行动中管理和运用力量，关注效率和质量，强调“正确地做事”，即行动的正确性。

在上述战略管理过程中，尽管高管团队也参与了战略实施，中管团队也参与了战略规划，但二者的战略角色存在明显差异：高管团队的基本角色是战略规划者，中管团队的基本角色是战略实施者。同时，为了确保战略规划过程中的“正确决策”功能，也为了确保战略实施过程的“正确执行”功能，高管团队需要塑造“学习型领导”风格，中管团队需要培养“积极参与”的工作作风。

“学习型领导”和“积极参与”，是高管团队与中管团队在战略管理层面上表现出的另一组角色行为。

（一）学习型领导

面对激烈竞争的外部环境和国际化、信息化的发展趋势，大学管理的复杂化和差异化空前加剧，学习型领导便成为大学高管团队领导风格的必然选择。学习型领导是指领导者在领导实践中善于通过学习获取知识、传递知识和创新知识，并能运用新的知识和见解提出新的解决问题的方法，具有创造性的思维方式和领导能力，能够系统有效地解决动态变化过程中的实际问题，进而促进大学组织的持续成长和发展。换言之，高水平的学

---

〔1〕 刘向兵，李立国．高等学校实施战略管理的理论探讨［J］．中国人民大学学报，2004（5）：140-146.

习型领导意味着高管团队在战略决策中主动寻求中管团队的信息输入和反馈，积极整合中管团队的知识、创见和建议，更多地表现出同理心、聆听和系统思考的行为特征及“我行—你也行”的心理定位[1]。

（二）积极参与

高管团队在战略管理中发挥学习型领导的作用时，中管团队的积极参与是不可或缺的。中管团队作为高校组织管理系统的中间层，既有战略知识，又有实际操作知识，可以协调高层和操作层之间的活动，对战略管理具有重要影响。积极参与是指中管团队对战略规划和执行活动表现出浓厚兴趣、主动思考并能付诸实际行动。当中管团队的积极参与水平较高时，会敏锐洞察学习型领导的价值取向，会重视自身在战略规划和执行中的作用，主动加强与高管团队之间的沟通并提供有效信息、不同视角和创见，从而有效提升大学战略管理水平。

二、互动功能

战略管理的纵向系统是一个孕育战略、形成战略和实施战略的动态机制和过程，高管团队和中管团队除了扮演不同角色之外，还在战略管理的不同阶段发挥着不同的功能，集中表现为认知功能和协同功能。正是由于认知功能和协同功能之间的相辅相成和良性互动，进而推动了大学组织的发展。

（一）认知功能

高管团队处于大学战略管理的顶端，是组织应对外部环境和整合内部资源的“中枢神经系统”。研究发现，高管团队对于战略决策的认知会影响他们在决策过程中的行为，如同样的内部或外部因素在不同组织甚至同一组织内的不同管理者中可以得到截然不同的解释[2]。从认知心理学角度而言，不管是高管团队表现出的战略规划行为还是学习型领导行为，其本质上主要是在战略管理中发挥“认知”功能。面对日益激烈的外部竞争

---

〔1〕张建卫，刘玉新．健康、卓越与责任：企业家持续发展的理论与实践［M］．北京：中国社会科学出版社，2011：249-261.

〔2〕Pitcher P，Smith A D．Top Management Team Heterogeneity：Personality，Power，and Proxies［J］．Organization Science，2001，12（1）：1-18.

环境和纷繁复杂的内部情境，高管团队的认知能力面临空前的挑战。他们需要全面收集信息、形成准确判断和推理，进而做出科学决策并产生有计划、有目的的战略计划和实施行为，确保组织能够及时、有效地适应新环境。高管团队的认知功能表现为如下方面：

1. 注意和抑制

即只对与战略目标相关的任务信息和加工过程进行注意，但对与战略目标无关的信息和加工过程进行抑制。

2. 任务管理

将复杂性任务进行分解和分派，在不同任务之间转换注意力，整合有价值的任务信息。

3. 工作记忆

工作记忆是指对有价值和有效信息进行暂时的存储和加工。

4. 判断

基于高管团队彼此形成的交互记忆系统（Transactive Memory System，即团队成员之间形成的一种彼此依赖的，用以编码、存储和提取不同领域知识的合作性分工系统[1]），并结合当前任务情境和长远目标作出判断。

5. 决策

决策是指通过分析、比较，在若干种可供选择的方案中选定最优方案的过程。决策作为高管团队认知过程的高级功能，受到如下多层面因素的影响：

（1）个体层面的个体效用，是指团队成员能够为团队领导正确决策提供可预见性建议的程度；

（2）决策层面的决策熟识度，是指团队对决策所需信息的熟悉程度；

（3）互动层面的交互敏感性，反映团队领导能够准确权衡每个成员决策建议正确性的程度[2]。

（二）协同功能

在战略管理的纵向系统中，中管团队位于中间层，是联结高层与操作

---

〔1〕 Wegner D M. Transactive memory: A contemporary analysis of the group mind [M]. New York: Springer-Verlag, 1987: 185-208.

〔2〕 柯年满，王重鸣. 多层次团队决策理论及其进展 [J]. 心理科学，2003，26（3）：527-528.

层的“桥梁”和“纽带”。然而，在传统的战略管理视野中，中管团队的功能被排除在战略决策之外，其角色被界定为机械的信息提供者和单纯的战略执行者。随着大学国际化进程的加快，战略决策的挑战性和民主化要求日益增强，战略实施的全员化水平也在同步上升，中管团队的功能日益从过去的被动实施功能转化为主动协同功能。中管团队的协同功能表现为如下方面：

1. 进谏

进谏是指以促进组织战略发展为目的，以变化为导向，提出建设性建议、意见，或是提供组织面临的威胁或机遇方面的信息。上述行为是一种促进战略目标实现的组织公民行为（Organizational Citizenship Behavior，是指有益于组织但在组织薪酬体系中未曾明确认可的角色外行为）。研究发现，中层管理者在低风险战略决策过程中的进谏影响大于在高风险战略决策过程中的影响，其职业生涯的成功水平要高于没有进谏的同行[1]。

2. 变革

变革中层管理者拥有一定的权力资源，可在其职权范围内营造出一种变革氛围，鼓励教师及行政人员打破定势和传统，积极适应外部环境的变化。在现实情境中，这一变革行为有可能偏离高层领导者的设想。

3. 传达

传达是指中层管理者把学校战略的方向、内容、进程及细分目标等信息传递给所在部门的教工，使大家的工作行为与学校发展战略保持一致。

4. 共享

共享是指中层管理者在师资、教学研究、学生培养及公共物品等方面能够主动与其他中管团队成员实现资源共享，旨在寻求共同成长和发展，这种共享行为有助于打破学院或部门之间壁垒，促进学习型组织建设。

5. 执行

执行是中管团队最为传统的战略参与功能，即忠实践履高管团队的战略意图，在限定时间内保质保量地完成相关任务，成为促进学校总体战略

〔1〕 Chilit W K. An examination of the influence of middle-level managers in formulating and implementing strategic decisions [J]. Journal of Management Studies, 1987, 24 (3): 271-293.

目标实现的积极力量。

关于中管团队的重要功能，北京师范大学校长董奇教授在谈到“建设世界一流大学，需要有一流高校管理”时特别指出：“高校管理，赢在中层”[1]，看来不无道理。

以上阐述了高管团队的认知功能和中管团队的协同功能。为了实现认知功能和协同功能之间的良性互动，需要注意如下两个问题：

其一，要高度重视高管团队的集体智力（Collective Intelligence）。随着高校面临的外部环境日益复杂，其战略任务也日趋艰巨，高管团队集体智力的作用变得尤为重要。集体智力是指团队在完成多种多样任务中表现出的一般性能力，它并非是个体智力的简单总和。一项《科学》杂志的权威研究发现：群体智力是预测组织成功的关键要素，它与个体智力、群体凝聚力和满意度等因素无关，但它与团队的社会敏感性水平（Social Sensitivity）和交替发言频率紧密相关[2]。社会敏感性是一种社会认知，即站在对方立场体察、理解其处境、心情和想法的能力，也就是同理心或角色换位；交替发言频率体现了一个团队民主开放、多维交流的活跃气氛，有助于实现“头脑风暴”并产生创新性战略。

其二，要注重培养团队的认知灵活性（Cognitive Flexibility）。认知灵活性是一种灵活的转换心理表征，以及将反应定势转换到能够适应变化的或是不可预测的情境中的能力。当高管团队与中管团队都能认识到彼此的互赖共生关系并能开放交流时，就会呈现出认知灵活性状态，即打破各自陈旧的心智模式，融合彼此的信息和创见，开展全面系统的思考，进而能够迅速灵活地对变化情境做出反应，最终推动大学战略目标的顺利实现。

---

〔1〕 董奇．建设世界一流大学，需要有一流的高校管理［EB/OL］．［2013-05-04］．http：//edu. china. com. cn/2013-04/16/content_28560127. htm.

〔2〕 Woolley A W，Chabris C F，Pentland A，Hashmi N，Malone T W．Evidence for a collective intelligence factor in the performance of human groups［J］．Science，2010，330（6004）：686-688.

第三节 高管团队的战略规划与管理准备度的作用关系：横向契合机制

创建世界一流大学和高水平大学是各国政府与大学实现科教兴国、科教强国的理想与目标。从战略管理角度而言，“创建世界一流大学和高水平大学”愿景所包含的一个基本战略主题是促进大学组织的持续发展，这也是大学高管团队的战略使命。毋庸置疑，在大学高管团队中荟萃了各类学术精英和领导人才，其中，高瞻远瞩的团队，有之；艰苦奋斗的团队，有之；敏于捕捉机遇的团队，有之；善于制定正确战略的团队，有之。但是，能够将正确战略付诸实施并推动大学持续发展的团队，却少之又少。究其背后影响因素，可能多种多样，其中有一个共性原因就是，高管团队忽视了管理准备度（Management Readiness）建设。因此，大学发展战略与管理准备度相脱节，是大学战略失败的一大主因。下面，拟从横向契合角度考察高管团队的战略规划与管理准备度的作用关系。

一、管理准备度

首先有必要回顾一下国内外学者的相关研究成果。

（一）战略准备度的研究

美国哈佛大学商学院教授罗伯特·卡普兰（Robert Kaplan）等人提出了“战略准备度”概念[1]，即组织无形资产对战略目标实现的支持和驱动水平。实施任何组织战略都不可缺少三类无形资产：一是人力资本，即组织人员所拥有的能力和技能；二是信息资本，即组织的数据库、信息系统、才智和知识；三是组织资本，即组织文化、领导力、员工与战略目标的一致性及员工分享知识的能力。上述无形资产是支撑组织战略实施的关键动因。

---

〔1〕罗伯特·卡普兰，戴维·诺顿. 评估无形资产的战略准备度［J］. 哈佛商业评论，2004（3）：42.

（二）组织能力研究

中欧国际工商管理学院杨国安教授提出了“组织能力”概念[1]，即一个组织在某些方面能够明显超越竞争对手、为客户创造价值的能力，这是一种整体的战斗力。支持战略实施的组织能力包括三大要素：一是员工能力，即所有员工必须具备能够实施组织战略所需的知识、技能和素养；二是员工思维模式，主要指员工日常工作中的思维倾向和价值取向；三是员工治理方式，即组织为员工能力发挥所提供的管理支持和资源。

在传统管理理论滞后于管理实践的今天，卡普兰和杨国安的理论都给人以耳目一新的感觉，但二者的不足也值得关注。首先，战略准备度的概念内涵存在遗漏或归类不当，如该理论仅强调了员工技能，并没有考虑到员工意愿和价值观；领导力应归入人力资本而非组织资本。其次，组织能力的概念范畴略显狭窄。组织能力的提升，若仅从员工角度考虑，难免会显狭隘，还应纳入推动组织能力提升的技术创新体系（尤其是信息技术建设等）。

基于上述，笔者在此提出“管理准备度”这一概念。所谓管理准备度是指大学教工人力资源和组织设计体系在支持和驱动大学战略实现的表现水平，它包括教工准备度和组织准备度。具体而言，教工准备度是指在驱动大学战略实施过程中，教师和行政人员在能力（如科研与教学能力、管理能力）、价值观和工作意愿等方面的整体表现水平；组织准备度是指在支持大学战略实施中，组织架构、流程和技术创新体系（如信息技术等）所表现出的综合效能。

二、战略规划与管理准备度的契合

战略规划和管理准备度是驱动大学持续发展的两大关键要素。换言之，大学持续发展水平主要是取决于战略规划与管理准备度的契合水平，二者的契合水平越高，大学持续发展水平越高；二者的契合水平越低，大学持续发展水平越低，可用公式表示为：大学持续发展=战略规划×管理准

---

〔1〕 杨国安．组织能力的“杨三角”：企业持续成功的秘诀［M］．北京：机械工业出版社，2010：17-19.

备度。具体见图 6-3。

管理准备度与战略规划的契合。在战略管理实践中，战略规划具有前瞻性，而管理准备度则呈现滞后性；战略规划具有权变性，而管理准备度则有相对稳定性；战略规划具有突变性和间断性，而管理准备度则呈现渐进性和连续性。可见，战略规划与管理准备度存在着不平衡、不对称的关系，因此在二者间构建动态的契合机制显得至关重要。

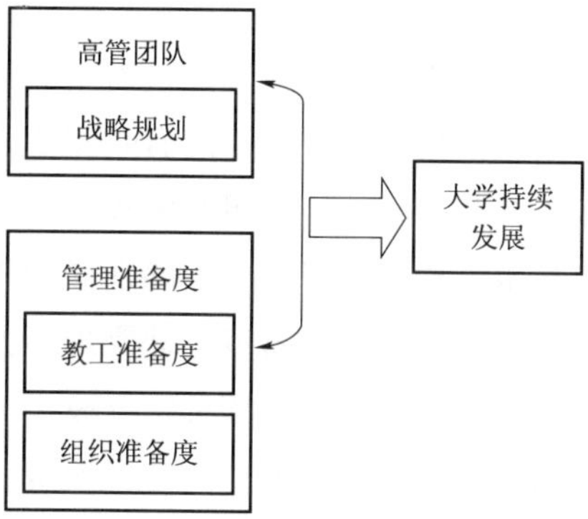

图 6-3　高管团队的战略规划与管理准备度的契合机制

资料来源：笔者整理。

（一）教工准备度与战略规划的动态契合

这二者间的关系，好似“水与船”的关系：水涨才能船高，船高有赖水涨。教工准备度建设是一项全员参与、共同提升的系统工程，它不仅要提升教师的准备度，还要提升各级领导者和行政管理人员的准备度。为此，可从如下方面着手：制订教工准备度提升的前瞻性规划，为未来大学战略发展超前储备、培育教师和管理队伍；建立教工准备度评估体系，定期盘点和测评，以确保教工队伍建设的持续性；完善教工准备度建设的配套措施，提供强有力的制度保障。

为了提升教工准备度，北京理工大学在“强师兴校”战略的指导下，采取了如下举措：实施各类高级人才计划（如“徐特立特聘教授计划”“千人计划”等），打造高层次人才队伍；构建多层次培养体系（如校内基础研究基金、优秀青年和杰出青年支持计划等），培育中青年教师队伍；采取多途径培养举措（如中层管理者国际化能力提升计划、基层管理干部培训计划等），培养职业化管理队伍，促进领导干部从“双肩挑”转向“全管理”。

（二）组织准备度与战略规划的动态契合

大学战略决定着组织准备度，而组织准备度也支持着大学战略的有效实施。大学战略与组织准备度应是动态匹配关系，孤立地制订大学战略或提升组织准备度都是无效的，只有将两者视为一个有机整体，才能促进大学持续、健康的发展。因此，需要从如下途径切入：设计支撑大学战略发展的组织结构，确保战略的有效实施和组织资源的最佳配置；塑造支撑大学战略并基于价值链的组织流程，提升大学的核心能力和竞争优势；引用信息技术，构建支撑大学战略发展的技术创新体系。

为了增强组织准备度，北京理工大学在“三服务”理念（即“干部为教师服务，教师为学生服务，全校为人才培养服务”）的引领下，采取了如下措施：宣导服务取向，建设服务型机关；精简管理机构和流程，提高服务效能；实施资源倾斜，服务教学科研一线；建立校学术委员会和学部制度，实施管理重心下移和扁平化管理，发挥“教授治学”作用，强化学术权力。

由以上分析不难发现，高管团队在管理准备度建设中扮演如下角色：

1. 构建组织准备度，成为设计师

设计工作是一项针对组织要素进行有效整合的系统工程，不仅要设计组织战略、结构和流程，还要设计组织发展愿景、价值取向和学习系统。首先，高管团队要回归设计师角色。领导者不需要冲锋陷阵，也不要将自己置身于行动中心，更不需要以“救世主”身份出现，而是要成为幕后英雄，并能高屋建瓴地设计组织。其次，组织设计要有前瞻性。领导者要及时发现组织运行中的隐性问题和潜在障碍，设计一套科学程序和方案，把此类问题消除在萌芽状态，即要扮演“运筹帷幄者”，而不是一个“收拾残局者”。

2. 提升教工准备度，成为开发师、传道者和仆人

作为开发师，高管团队要致力于建设战略性人力资源管理体系，不断汇聚学术大师和领军人才，打造创新型教师队伍和职业化管理团队；作为传道者，高管团队要时时处处宣导和灌输组织的价值观、使命和愿景，将其渗透和内化于教工、学生的内心并转化为一致的行为；作为仆人，高管团队要牢记“服务教师福祉、服务人才培养目标”的价值理念，不仅要率先垂范，依靠诚信正直的精神形象发挥表率作用，还要建立与组织价值观和愿景相一致的制度体系，以确保上述价值理念能够付诸实践并有效实现。

第七章 高校党委领导下校长负责制的运行机理分析

自从1998年《中华人民共和国高等教育法》正式通过以来，党委领导下的校长负责制运行至今已十余年时间，它对保持我国高等学校的稳定，促进高等教育的发展做出了重要贡献，但也在不同程度上存在一些运行问题。本章从党委领导下校长负责制的运行现状和问题入手，并从组织整合理论视角对上述问题进行分析，最后从情境理论视角对促进这一体制的有序运行作了阐述。

第一节 高校党委领导下校长负责制的运行状况

一、运行状况

由于各个高校的历史、传统和环境各有差异，管理团队成员的素质、个性和风格也各具特色。因此，从党委领导下的校长负责制的运行状况来看，这一体制在不同高校的运行中产生了不同的效果。总体而言，这一体制运行集中表现为以下两种形式：协调型和摩擦型。

（一）协调型

党委领导下的校长负责制的有效运行，一般表现为党委和行政相互协调，书记和校长相互配合、相互支持。党委在坚持集体领导原则之下对有关学校发展的重大事项做出决策，支持校长在其职权范围内行使职责；而校长充分尊重党委的决策。协调型高校通常具有如下特点：首先，党委成员和行政人员，尤其是党委书记和校长能够正确理解这一体制的真正内涵和重大意义，能够妥善处理“党委领导”和“校长负责”的关系，从而在实践中把自身行为有效地融入这一体制中。其次，党委书记和校长对自身的定位具有清晰的认知。书记对领导什么、领导到什么程度、如何领导和领导谁，能做到胸有成竹；而校长对负责什么、负责到什么程度、怎么负责和向谁负责，也能做到心中有数。因此，双方能够做到各司其职、各负其责、互相配合。最后，党委书记和校长要不断向思想修养高、学术水平高、政治觉悟强、大局观念强、团结意识强的境界迈进。双方能够互相理解、互相支持。在实际工作中，如果党政之间出现观点分歧和冲突，双方能够开诚布公、坦诚交流和通力合作，寻找解决问题的最佳方案。这样的领导团队拥有强大的凝聚力和战斗力，从而能够带领学校不断发展壮大。

（二）摩擦型

摩擦型的高校，通常存在以下若干表现：一是党委包揽一切，党委书记甚至直接行使校长的职权，以党代政，校长成了党委的附属物；二是校长个人决断一切，学校党委成了摆设，集体领导空泛化；三是书记和校长各自形成自己的势力范围，争权夺利，领导班子的集体凝聚力、战斗力也因此丧失。党政关系不协调，既影响了党的政策在高校中的贯彻执行，也影响了学校的稳定和发展。产生上述摩擦的原因主要有三点：首先，党委书记和校长对这一领导体制的内涵认识不清，都认为自己应该是学校的第一负责人；其次，由于认识不统一，工作中的分歧长期得不到解决，从而导致摩擦累积并不断深化。《高等教育法》规定，事关学校的重大事项必须由党委会讨论通过。然而，究竟何谓“大事”？《高等教育法》并未做出明确规定。因此，领导成员在“大事”的责权利上会产生认知差异和分歧。最后，党委书记和校长的素养、胸襟有待提高。党政关系不协调，经常出现摩擦主要是党委书记和校长缺乏沟通、协作的意愿，缺乏合作的精神，不能从党和国家的高度以及学校发展的高度来思考和解决问题。

以上两种类型集中概括了当前党委领导下的校长负责制在各个高校中的运行状况。当然，如果说“协调”和“摩擦”是领导体制运行水平的两端的话，大多数高校应处于二者间的某一水平上。领导体制的运行问题已对高校的规范管理和科学决策带来了较大挑战，因此有必要进行深入剖析和总结。

二、存在问题

实践证明，党委领导下的校长负责制在高校的管理工作中发挥着不可替代的作用，是一个具有中国特色且行之有效的领导体制。但由于它在各高校的实践效果存在差异，因此也在不同程度上存在着若干问题，主要表现为以下几个方面。

（一）高等学校行政化、学校领导官僚化的倾向

在我国，高等学校一直是执行党的路线、方针、政策，宣传党的意识形态的重要阵地。在某种程度上，高等学校就是政府行政体系在大学系统内的延伸。一方面，这对于保证高等学校的社会主义办学方向，培养社会主义的建设者和接班人具有重大意义；但另一方面，如果党和政府对高等学校的领导和管理不善，也容易导致高等学校机关化、学校领导官僚化的现象发生。大学虽然需要政府的管理，但大学并不等同于行政机关，两者在管理理念和方式上存在着显著差别。行政机关作为典型的科层组织，实行以权力为中心的“科层制”管理。然而大学是培养人才、创造知识的地方，如果将政府的管理机制迁移至大学管理中，往往会带来诸多问题：其一，主体错乱。大学主体本应是教学、科研人员及学生，行政人员是为教学、科研服务的；而当前一些大学行政人员却成为学校的核心角色，教学、科研人员成为被动执行行政命令的工具。学术委员会和教职工代表大会的作用得不到充分发挥。其二，价值观错乱。高校若以行政人员为核心，就会导致高校的学术权力被极大地忽视；学校不以教师的学术成果评价其取得的成就，却根据行政职位进行片面评估，这就会导致教师追逐权力，而忽视教学科研等核心任务。其三，资源严重浪费。教育行政化使学校花费大量的人力、财力和物力在与教学科研无关的事上，使得本来就有限的经费无法投入在最需要的领域。

（二）党政关系不协调，管理效率低下的倾向

党政关系的根本在于政治权力和行政权力的划分与分配。如何使政治权力和行政权力相互协调、相互匹配，是我国高等院校领导体制变革的根本目标。在党委领导下的校长负责制之下，党委和校长的职权是根据《高等学校基层党组织工作条例》和《高等教育法》进行明确划分的。一方面，这些法律和条例明确了坚持党委领导下的校长负责制不动摇；另一方面，它们也进一步强调了校长的法人地位，党委需要支持校长独立负责地行使管理职权。在上述两项原则的结合之下，最终构成了以书记为代表的政治管理体制和以校长为代表的行政管理体制，它们共同构成学校领导权力的二元结构。但由于权限划分不够细致，在权力实施过程中也缺乏必要的监督机制，容易使管理者在理论和实践中对党委和校长负责的含义产生模糊的认知，导致党委和行政的职责不够明确〔1〕。

在高校管理实践中，党政关系不协调，容易在决策过程中出现以下现象：党委操作行政层面的具体事务，校长过分依赖党委决策；党委领导不力、校长独断专行；党政之间各持己见、政令不一等。党委领导和校长负责的冲突和矛盾，导致党政不分、以党代政，行政工作责任不明，机构运转不灵，工作效率不高的问题，削弱了党对高校的领导，也制约了行政管理的权力。同时，一些主观因素也会影响政治权力和行政权力之间的协调。在高校管理中，书记和校长分别是党委领导和校长负责的主要执行者，由于领导个体在个性、能力、价值观、管理方法、经验等方面的差异，他们对这一体制的认识也会有所不同；而在实际的管理中，两人分管不同的部门，接触不同的人群，对重大问题的理解和主张也必定有所差异。如果双方缺少深入地沟通与交流，不能开诚布公、相互支持与合作，就会产生冲突和摩擦，甚至出现权力一边倒或相互争斗等现象，影响学校正常的管理工作和校园氛围。另外，高校的这种二元领导体制实际上包括党委和行政两个运行系统：党委有党委书记、副书记，党委办公室、组织部、宣传部、团委和工会等机构；行政有校长、副校长，校长办公室、教

〔1〕 陈海春．准确定位各司其责规范运行——西北大学校长孙勇谈党委领导下的校长负责制［J］．中国高等教育，2004，（11）：12-14.

务处、学生处、人事处、财务处和后勤处等机构。这两个系统如果协调不好，就会出现工作重叠、职责不分、机构臃肿、人浮于事等弊端，致使组织系统运营成本增加，管理效率低下。

（三）学术权力和行政权力失衡的倾向

高等学校是一个有着规范的层级结构的行政组织系统，其本质上更是一个研究学术、培养人才、创造知识的学术机构。然而，在现实的办学过程中，由于高校的学术研究与行政管理具有不同的运行方式以及价值取向，两者之间时有冲突与矛盾发生。其中较为普遍的现象是，大学内部的学术权力和行政权力失衡，主要表现在以下三个方面：

首先，在高校管理中，行政权力的泛化致使学术权力被弱化。由于目前我国仍然按照行政机构的定义来设计大学的内部组织结构，因此，也会相应地遵循行政组织的方式对校、院、系进行权力分配、确立隶属关系。如此一来，将势必导致大学中的学术组织（如学术委员会等）或者泛化为行政组织，执行某种行政职能，或者沦为一种“虚位”组织。

其次，学术权力在大学管理中被边缘化，很难发挥实际的作用，这与上一点是紧密联系的。学术权力一般主要集中在系、实验室或教研室，而在学校层面上，除个别领域，如职称的评审、学位的授予由学术性组织负责以外，高校的学术权力在很大程度上已经被行政权力所取代。这主要是因为高校校务委员会、教代会制度还不够完善，学者及学术组织缺少影响决策的制度化渠道，参与决策的途径和方式有限，不能构成对行政权力的有效制约，反过来，这也极大地影响了专家和学者们的积极性和创造性[1]。

最后，学术权力在一定程度上也会影响行政权力“按章办事”的原则。由于学术知识的专业性、学术权力的分散性和民主性以及学术组织的自治性，学术权力更多地追求个人学术水平的提高与本学科领域的发展，很难兼顾全局利益。如果学术权力在非学术事务中发挥作用的意志过于强烈，如近年来提出的“教授治校”观念，就会不可避免地与行政权力发生冲突，影响行政权力按行政规则进行管理和决策的实施原则。

---

〔1〕 钟秉林，张斌贤．大学如何协调学术权力和行政权力［N］．中国教育报，2005-02-04（4）．

（四）学生和教师群体被忽视，缺少民主监督的倾向

高校的核心职能在于知识的创造、传播与应用，而这些职能的最终执行者就是高校的教师和学生，高校的管理应以为教师和学生提供更好的教学与学习环境为重要目标之一，服务于广大师生。同时，教师作为高校办学的主要力量，学生作为教育的消费者，其利益都与高校的管理和运行息息相关。在现行的党委领导下校长负责制的领导体制中，虽然规定了学生和教师群体在学校管理中应发挥民主监督作用，然而却没有制订相应的措施和制度对其权利进行保护。在高校的实际运行中，教师和学生往往被视为政策和指令的被动接受者和执行者：一方面，由于师生群体处于高校管理的最底层，很少参与到学校政策的制定和重大事项的决议中，因此其利益无法得到根本的体现和保障；另一方面，师生也缺少有效的渠道进行相关政策执行效果的监督、反馈和建议。这两点结合起来，便容易导致高层政策脱离民意民心，引起教师和学生的不满以及抵制情绪，从而势必影响高校正常的运行秩序。

（五）缺乏社会参与，高校与社会的有效联系和合作受到制约的倾向

随着我国高等教育改革的稳步推进，现代高校逐步走向社会的中心，其社会服务职能日益凸显，高校与社会的联系日趋紧密。现代高校的治理中已有一定程度的社会参与，并且也已取得一定的成效。但不可否认的是，我国社会力量参与高校治理的总体水平还比较滞后，其原因主要在于，社会力量的参与受到了诸多因素的阻碍。

首先，我国的高等教育发展一直都是在政府的主导下运行，高校管理体制改革的重点也只是纵向关系的调整，即“中央—地方—学校”三者之间的权力分配，因而，介于政府和高校之间的社会力量，并没有充分的机会参与到这一管理过程中。

其次，社会参与高校治理缺乏相应的参与体系和保障机制。当前我国诸如高等教育中介组织之类的社会参与机构还相当不完善，社会对高校的监督机制、评估机制及反馈机制尚未建立起来，使得社会参与的内容及其途径都很不健全，不能发挥社会参与的固有效能。

最后，由于个人、企业、公益性组织等与高校之间缺乏了解和沟通，其参与多呈间接性，直接参与尚未深入展开，参与的深度远远不够。当前

已有的社会参与尚处于临时性、短暂性的松散状态，缺乏长期的综合效应，参与的重点也主要放在直接带来利益的教学、科研上，而很少涉及教学改革及教学质量评价等方面。

第二节 组织整合理论视角下党委领导下校长负责制的失灵机理

所谓“整合”是指“由部分结合而生成具有特定功能的有机整体的过程或者状态”[1]，一个特定系统的整合可称为组织整合，具体是指组织中组元（即最基本的构成单元）之间相互作用，形成或维持系统整体，以实现各部分之间较为稳定的关联过程与状态，其本质即是一种动态化的系统。在运行过程中，系统功能的发挥是由组织整合驱动的，因此，组织整合理论从组元、结构、运行、功能和环境等系统概念要素之间的关系展开，来阐释组织作为一个有机整体，实现高效运行的内部机制。具体而言，组织整合理论包含非完全整合原理、三元整合理论、三层设计理论等内容，它们分别从不同角度对组织整合理论进行了延伸和解读。下面将结合具体的理论，对党委领导下校长负责制的失灵机理进行探讨。

一、基于组织整合性质与程度的失灵机理

在非完全整合原理基础上，整合程度与整合状态的分支理论得以建立。按照一般系统论原理，个体需要的满足在很大程度上都是通过组织整合实现的。组织整合的性质是指系统组元参与整合的情况，可以分为完全整合和非完全整合。所谓完全整合是指在一个系统中，所有组元的利益、目标、功能等趋同化、一体化。然而，对于以人作为重要组元的社会系统而言，由于利益的多元化、人格的复杂性和非完全理性，管理者不可能将系统的全部资源都利用起来实现完全的整合，因此总会存在独立于整体之外的个体利益，从这个角度出发，社会系统中非完全整合的存在是必然

[1] 李习彬，李亚．政府管理创新与系统思维［M］．北京：北京大学出版社，2002：78-79.

的，在某些情况下甚至是必要和有益的[1]。

社会系统中的非完全整合原理大致包含以下内容：非完全整合现象广泛存在于社会系统的组织整合过程中；这种现象的多少与系统组元同质化程度的高低密切相关，同质化程度高，非完全整合现象较少；反之，非完全整合现象则相对较多。非完全整合使得一般社会关系中总是客观地存在着密切关联同时又相对对立的两种功能和利益：一是组织整合形成的整体功能和整体利益，它由管理者直接控制；二是部分所具有的、未被整合的、独立于系统整体的功能和利益。为此，若无视非完全整合的存在，短期内或许可以增加系统功能，但长期压抑部分个体利益或需求的结果只能更大程度地减弱系统功能；充分尊重与系统整体利益不相一致的个体利益，正视并巧妙运用非完全整合因素，可以最大限度地挖掘系统组元潜能，客观上为系统整体功能发挥做出更大贡献。

大学组织包含着广泛的系统组元，如政府、学校行政管理人员、教师、学生、校友、社区人士、捐资人等，他们代表着不同的利益诉求。根据参与大学治理的能力、责任感和意愿等，他们在资源配置、财政预算、人事决策、专业设置以及其他事务方面参与大学的决策及管理，在大学治理结构中各得其所，各行其责。但在以上众多的系统组元中，由于政府与学校之间存在着密切关系，这一矛盾日益凸显，具体表现为：政府重视对大学的控制而轻视对大学的监督，导致学术权力与行政权力的失衡现象日益加剧，使大学的独立自治颇受影响。

首先，学术权力和行政权力是主、客体不同且内容迥异的两种权力。作为高校权力的重要组成部分，应该实现学术权力和行政权力的分离。部分渗透的非完全整合的模式，生硬地将两者整合，将导致两者实际边界模糊不清，引发矛盾。一般认为，学术权力是由学术人员或学术组织所拥有的影响他人或组织行为的一种权能。学术权力植根于高深学问，其合法性源于专家学者的学术水平和学术能力。行政权力是大学行政机构及行政人员依据国家法律、政府政策、学校规则的授权而拥有的影响和支配内部成员和机构的一种权力形式。行政权力植根于层级组织，其合法性在于法律

〔1〕 汤敏轩．转型中国公共政策失灵研究［M］．北京：西苑出版社，2010：79.

的明确授权和组织的正式任命[1]。而学术权力与行政权力主体与客体的交叉重叠，甚至实现方式的交织，导致在大学内部学术事务与行政事务往往交织在一起，甚至一些学术事务决策后又要通过行政系统去实施，致使学术事务纳入行政系统的职责范围，成为行政权力客体，若把握不当，这将容易带来权力的冲突。

其次，来自政府授权的行政权力和大学自治性行政权力的完全整合，导致大学的自治难以实现。事实上，大学中的行政权力实际包含了两个不同的部分：一是国家行政权，二是大学的自治性行政权。前者源于大学与政府的职能分权，后者根植于大学作为科层组织自身的需要。而在大学中学术事务涉及了学术权力和学术权利：学术权力本质上就是大学的自治性行政权力，而学术权利则是学者个人所享有的权利，主要指大学成员所享有的学术自由权，教师的研究自立、学术自由及学生的学习自主等。过去将“行政权力”视为正式权力，“学术权力”视为非正式权力的划分是一种非常片面的做法。由于大学的行政权力存在两种不同的性质，因此，大学所从事的事务也可分为两个方面：一是大学要完成与学术有关的自治行政事务；二是大学要接受国家委托、执行国家任务。前者称为“大学自治行政事务”，后者称为“国家委办事务”。当大学完成自治行政事务时，国家行政权只能对大学进行合法性监督，不能直接干预大学。大学办学自主权是国家行政权力的边界，国家行政权力的行使必须坚持法律优先原则与法律保留原则，以有利于大学办学自主权为条件；当大学完成国家委托事务时，属不具独立权力的国家机关，国家行政权不仅对大学进行合法性监督，还要对大学进行合理性监督，大学自治性行政权力以国家行政权为边界，大学只有在从事与教学、科研有关的活动，才具有自治性行政权。自治性行政权的行使不得危害公共利益，国家行政权是公共利益的代表。区分大学中性质不同的两种行政权力是防止国家行政权力泛化，真正实现大学自治的关键。

现代大学的治理结构是关于政府和社会力量如何参与大学管理的制度探索。如前所述，大学组织包含着广泛的系统组元，如政府、学校行政管

---

〔1〕 周光礼．重构高校治理结构：协调行政权力与学术权力［J］．中国高等教育，2005（19）：8.

理人员、教师、学生、校友以及其他广泛的社会群体，如社区人士、捐资人等，因此，治理理论主张公共事务的管理权限和责任要从传统的政府垄断中解放出来，形成一种社会各界共同治理的局面。所以，现代大学治理结构的关键在于寻求大学、政府和社会力量的协调与平衡，建立多元治理的格局。

二、基于三元整合理论的失灵机理

三元整合理论是关于组织整合方式的分支理论，其基本假定是：任何社会系统都是通过三种“元整合”方式及其组合来进行组织整合的，即集中控制行为、规范行为与子系统自主行为[1]。这里对“控制”进行广义理解，任何有目的的试图影响对象系统状态变化的主动作用，都称为控制。规范也是一个含义广泛的概念，一定的社会系统（组织、群体）中，被人们普遍接受并受其约束的行为准则或规定均为规范。其中，集中控制行为是系统的管理者做出决策并组织实施的行为；规范行为是依自然形成的惯例或人为做出的统一规定而发生的模式化行为；子系统自主行为，是由子系统根据自身及其环境的具体情况做出决策并组织实施的行为。三元整合理论认为：在任何社会系统中，每个层次上的组织整合一般均含有这三种元整合方式，三元行为的相互作用和巧妙组合使社会系统成为一个有机整体，并在复杂多变的环境中表现出高度的适应性和创造性。

从三元整合理论视角看，在某一体制中，三元行为的具体内容和它们之间的关系决定了社会系统具备的功能、稳定性和发展特性。结合我国高校当前内部运行的情况可以发现，高校领导体制存在的主要问题之一在于：基于规范的民主参与和监督机制尚未真正建立。

高校属于知识分子和优秀学生的荟萃之地，学术空气浓郁，民主意识浓厚，参政议政强烈，但当前学生与教师群体参与决策和管理的普遍性、真实性和深度还远远不够。教师、学生、职工的地位不明确，他们只有义务和责任，但权力和权利很不清晰。尽管设置了工会、教代会等各种组

[1] 李习彬，李亚．政府管理创新与系统思维［M］．北京：北京大学出版社，2002：191-220.

织，但同“教授会”“教师团体”等名称并不相符。同时，虽然学生也是大学的“内部人”，但由于长期以来没有对他们的权利给予相应地重视和关注，导致学生主体地位的缺失和空位，权利处于“悬空”状态，他们也因此成为学校的弱势利益相关者。在这种情况下，从精神和文化层面上要真正建立现代大学制度几乎是难以实现的。

推进民主建设，实行民主办学，既是坚持教育以育人为本、以学生为主体，办学以人才为本、以教师为主体的迫切需要，又是领导班子及其成员想干事、能干事、干成事的重要基础，更是提升领导班子民主办学水平的有效办法。在推进民主办学进程中，应紧紧抓住以下重点：

1. 民主决策

决策前，主要或分管领导应开展好调研工作，或由专门工作组调研论证，或召开班子成员务虚会议等。与此同时，还应建立健全领导、专家、群众决策咨询机制，以保证科学性、合法性和现实性。

2. 集中民智

要认真执行教代会、工代会制度，并充分发挥其作用，辅之以书记信箱、校长信箱、校领导接待日、群众意见箱等形式与途径，广泛听取和吸纳师生员工的意见与建议。高校最大的主体是学生，让大学生主体意识逐渐觉醒，自觉形成责任、自制、真诚、公正、合作、宽容、友爱等价值观，从而实现他们的自主学习、自主管理和自我发展，这才是教育的终极目标。让当代大学生参与学校民主管理，是扩大高校民主化程度的必然要求，是提高高校民主管理实效的必要途径，是加强和改进大学生思想政治教育的有效手段，是实现教育终极目标必不可少的重要环节。

3. 畅通渠道

建立健全如下制度：联系学院、部处、党外代表人士制度，与专家教授、离退休老同志、学生代表、各民主党派和无党派人士座谈、通报、走访制度，群众提案意见和信访举报答复处理制度等。上述制度的真正落实，有助于确保师生员工主人翁地位得到体现，各项工作合民意、顺民心、集民力[1]。

---

〔1〕 曾正德．高校领导班子建设被遮蔽的视域及其对策［J］．江苏社会科学，2009（S1）：92.

三、基于三层设计理论的失灵机理

三层设计理论是关于系统组织整合层次的分支理论，该理论将组织整合状态分为三个层次[1]：决定管理职能和总体权力格局的管理体制，为实现管理职能提供组织保证的机构设置，为管理职能落到实处提供操作规则的运行机制，见表7-1。所谓“体制”是指社会系统中人们之间的权利关系格局，这一格局能够决定社会资源的配置。“结构”是指组织内部子系统的划分及其功能分配，是体制的具体化。“运行”是指针对分工与配合预先做出的规定，通常也可以叫做运行机制，即人们做事的规则，如程序、标准、原则等。

表7-1　组织整合的三个层次

组织化层次	体制层次	结构层次	运行层次
界定	权利关系格局	子系统分工	对分工与配合的约定
针对问题	能够做什么	谁去做	如何做
层次间的关系	作为结构设计的框架	为运行提供前提	在结构的基础上发挥作用

资料来源：李习斌，李亚．政府管理创新与系统思维［M］．北京：北京大学出版社，2002.

从三层设计理论的角度审视，高校政治与行政分治的完整内容实际上也包含三个层次：从管理体制上，实现政治与行政职能的分离；在机构设置上，政治职能和行政职能分属于不同层面，行政机构应执行政治系统制订的政策与规范，不应该掺杂其他利益集团的私利。实际上，政治与行政职能分离、机构分设比运行过程中的依法行政更为基础、更为根本，而在这三个层次中，管理体制中政治与行政职能的分离又从根本上决定了制度能否合理运行。

充满活力的高校学术机制，应该实现权力的相互平衡和制约。基于公立高校党委在我国目前所取得的政治、经济合法权力，其必然成为公立高校的最终责任者和代言人，这种不可替代的责任，意味着它应该义不容辞地承担

〔1〕 李习彬，李亚．政府管理创新与系统思维［M］．北京：北京大学出版社，2002：145-160.

公立学校的至高权——决策权，明确学校发展战略、制订发展政策规划等。明确公立高校党委会的决策权，是实现高校权力平衡的关键一步。基于党委会的决策权，校长向党委负责就是要认真完成党委会的各项决策任务，实现党委会制订的各项战略意图。但这种负责绝非是承担党委会的决策责任，因为这种责任认识不仅是不合理的，也是校长所承担不起的。之所以明确向党委负责这种意义，正是要突出校长的行政权，使其不受外在干预地享有自主的行政执行权力。但在这个问题上，我们不仅面临着责任方向不明的问题，而且也存在着严重的责任内容不清的问题，即校长的行政权力不自主，更多地被党委会事无巨细的决策所涵盖和淹没，党政关系的不协调直接导致了管理效率的低下。党委领导下校长负责制的清晰关系应当是一种权力的上下、决策与执行的关系。但在现实中，这种模式却更多地演变成分工平行的关系。平行分工各管一方，看似分权，但这种分工式的分权绝非政治学意义上的分权〔1〕。一种体制的分权意在权力的平衡与制约，防止权力独断专行而腐败。仅仅是分工式的分权，往往导致分别专断，甚至官官相护，相互包藏，无法形成制约关系。行政权之所以要与决策权相分离，其意义正在于通过行政过程来检查、检验决策，防止决策弊病，避免既是运动员又是裁判员模式的利益过分集中。我们认为当前党委领导下的校长负责制的基本意义在于，要明确校长工作是对党委决策负责，进而让党委决策为校长行政自主负责赢得空间，实现决策与行政的权力制约。

除此之外，由于大学的存在是社会多方利益需求的综合反映，高校的组织结构也是多元的，有党委会、校长办公会以及教代会等复杂的管理机构。在我国人民民主专政的社会主义背景下，公立高校主要体现了这三种力量，即举办者、管理者和以学者为主的实际拥有者。除了以上所提到的政治与行政权力的矛盾问题，我国现行权力结构的明显不足还表现在这三种权力关系没有形成应有的权力平衡与制约机制。在反对权力专断斗争中，仅仅有决策与执行的分离是不够的，还需独立的监督权。这是因为，仅仅是决策与行政的分离并不足以保障二者的有效运行，更应提防运行方式的蜕变，即权力的合谋。权力结构上虽然设计了二者的监督制约关系，

〔1〕 杨克瑞．中国高校的权力结构与监督模式［J］．清华大学教育研究，2010（2）：86.

但正如现代博弈理论所揭示的，多次博弈后的结果就是走向二者的合作，权力制约蜕化为权力相敬，结果依然是有违制度设计的初衷。因此，具有至高无上地位的独立监督权是十分必要的，而最好的监督应当是来自环境内部的监督，即利益相关者的监督，因为外行领导内行式的监督只能走形式，不可能发挥真正的监督价值。由此看来，在高校内部，除了党委领导和校长行政权力格局之外，最大的一支权力力量就是教代会，这恰好充当了一股天然的监督力量，成为实施监督权的最佳载体。从三层设计理论出发，只有平衡了这三种力量之间的关系，才能从根本上达到组织整合的和谐状态，即在体制、结构和运行这三个层次上都实现了权力的制衡与必要的监督。

第三节　情境系统理论视角下高校领导者的科学决策

党委领导下的校长负责制是我国高校管理实践的理性选择，任何机制在实践过程中都会不可避免地产生多样化的问题，但正是通过这些问题的分析和解决，才能使这一管理体制与我们的管理理念实现更紧密的接轨。面对当前这一领导体制在运行过程中出现的机制失灵问题，以上组织整合理论视角为我们分析问题和深化认识提供了全新的思路，但同时也有必要从情境系统理论视角加以补充和完善。

高校党委和校长作为高校组织的领导者，是党委领导下校长负责制的关键实践者和推动者。党委的决策及校长执行决策将对高校发展乃至整个高校的情境系统产生十分重大的影响。一方面，高校的发展深受领导者价值观、思维方式、气质和行为等因素的影响；另一方面，高校领导者作为整个情境系统中的个体，其发展也会受到整个高校情境系统的深刻影响。可见，综合考虑整个高校发展的情境系统因素，利用系统性思维进行科学决策，并在执行决策的过程中充分考虑动态变化的情境因素，不仅是高校领导者自身发展的内在要求，也体现出领导者对高校组织和社会系统发展的责任担当。

高校领导者有必要深刻地认识发展情境理论和生态系统理论，准确把握高校发展所面临的情境因素，并了解自身和所在组织的生态系统，进而为自身、组织和系统的动态平衡发展做出科学决策，使党委领导下的校长负责制运行更加顺畅。

一、科学认知高校领导者发展的情境因素

高校领导者的发展面临着比以往任何时候更复杂、更多变和更具挑战性的社会现实：经济全球化，高校现代化和国际化，追逐组织利益的诱惑性和道德性等一系列因素都对高校领导者提出了更高的要求。不少高校领导者在应对上述挑战过程中，陷入了“失衡发展”的困惑或困境。其中一个重要原因在于，他们对自身所处的发展情境和系统因素缺乏科学的认知。

我们试图从发展心理学理论的角度，对失衡的困境进行全面的分析。作为心理学理论体系的有机组成部分，发展心理学研究对促进高校领导科学认知情境因素，推动其科学决策具有十分重要的理论价值。发展心理学者在研究个体心理发展的过程中发现，单一情境因素对个体发展的影响作用具有局限性，从而开始关注系统性因素的综合作用，并强调发展中的个体与其所生活的生态环境间随时间所发生的交互作用。在诸多研究成果中，Lerner（2002）的发展情境论〔1〕和 Bronfenbrenner（1979）的生态系统论〔2〕可谓两大代表性理论。上述理论在促进高校领导全面、准确地认识发展情境系统及科学决策方面，能够起到“他山之石，可以攻玉”的良好借鉴作用。

二、洞悉高校领导者的发展情境

发展情境论是一种揭示人的发展过程和发展规律的理论观点（Lerner，1983）〔3〕。该理论包括如下主要观点：

〔1〕 Lerner R M. Concepts and theories of human development (3rd) [M]. London: Lawrence Erlbaum Associates, 2002.

〔2〕 Bronfenbrenner U. The ecology of human development [M]. Cambridge, MA: Harvard University Press, 1979.

〔3〕 Lerner R M. A “goodness of fit” model of person-context interaction [A]. In D Magnusson, V L Allen (Eds.), Human development: An interactional perspective. New York: Academic press, 1983.

（一）情境具有丰富的理论内涵

情境是指由影响个体发展的各种影响因素所构成的交互作用系统。情境结构包括物理环境、社会成员、发展中的个体和时间维度等因素。

（二）个体与情境的交互作用

个体不单纯是环境中一个纯粹的机械性成分，其本身也是他人发展的重要社会背景，并持续地与其他水平的情境因素发生动态的交互作用。

（三）匹配优度模型（the Goodness-of-Fit Model）

该模型是用来解释人类如何实现良好发展的一种范式，匹配对象是指个体自身特征（人格、价值观、态度和技能等）与所处情境（物理与社会环境、重要他人等）。二者之间建立的匹配优度模型良好，则会促进个体及所处情境的发展，反之，则损害个体及所处情境的发展。

（四）人的可塑性

该理论认为，人具有可塑性或可调控性，即人持续地处于发展变化过程中，且不断受到情境因素的影响〔1〕。

基于 Lerner 的发展情境论的理论实质，结合高校领导者这一特殊对象及其所处情境，可以提出一个“高校领导者发展情境模型”，见图 7-1。

该模型主要包括如下内容：

（1）高校领导者身处自然环境之中。作为自然环境中的一个分子，高校领导者与其他所有社会成员一样，他们不仅要对高校自然环境建设肩负责任，还要对超越于高校外的社会和自然环境发展担负责任。《地球宪章》的这段话值得高校领导者思考并付诸行动：“我们必须认识到……我们是人类大家庭中的一员，共同生活在地球这个社区里，同呼吸共命运。我们必须联合起来，为打造一个以尊重自然、普及人权、经济公平与和平为基础的可持续发展的全球社会而努力。为了达到这个目标，我们，地球上的人类，都必须对彼此、对更广大的生命群体、对未来的后代宣告我们的责任。”〔2〕

（2）高校领导者处于民族文化和全球化经济环境之中。首先，高校领

〔1〕 张文新，陈光辉．发展情境论：一种新的发展系统理论［J］．心理科学进展，2009，4（17）：736-744.

〔2〕 戴维·迈尔斯．社会心理学［M］．侯玉波，译．北京：人民邮电出版社，2006：484.

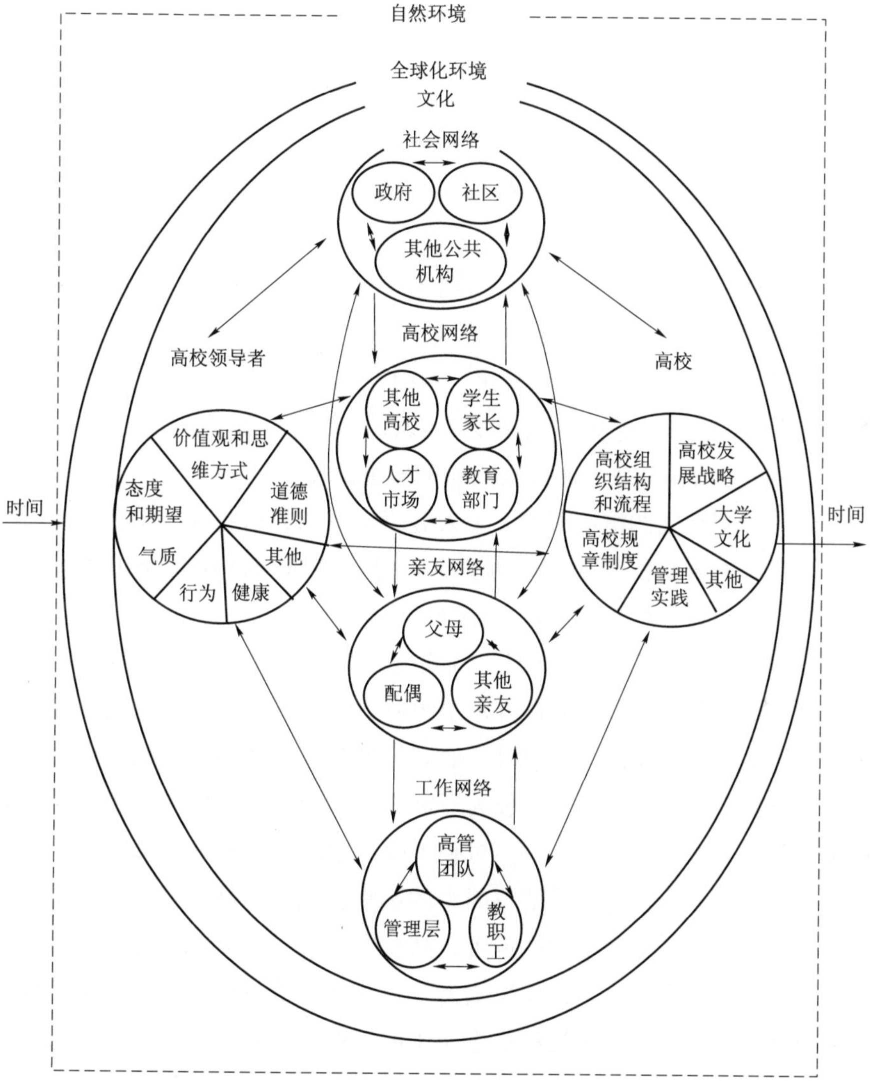

图 7-1　高校领导者发展情境模型

资料来源：笔者整理。

导者作为重要的社会成员，其身上必然被打下特定民族文化的烙印，承载着本民族成员的价值取向和心理期许；同时，高校领导者又是全球一体化经济中的重要分子，引领高校为社会输送所需人才，必然受到经济全球化浪潮的影响。其次，高校领导者与社会情境之间存在紧密的互动作用。一方面，作为社会精英人士，高校领导者的行为会影响到其他社会情境因素，如亲友网络（父母、配偶、孩子和友人等）、工作网络（高校高管团队、管理层和教职工等）、高校网络（其他高校、学生家长、人才市场、教育部门等）和社会网络（政府、社区和其他公共机构等）；另一方面，作为一名社会分子，高校领导行为又会受到其他社会情境因素（如工作、亲友、高校和政府等）的影响。

（3）高校领导者特征与高校情境的匹配。具体而言，高校领导者个人特征（如价值观、思维方式、信念、人格、能力和行为等）与高校情境（如高校发展战略、高校组织文化、组织结构、流程、规章制度和高校教职工能力等）的匹配度越高，那么高校领导和高校情境就可能良性发展，反之，则会损害高校领导和高校组织的健康发展。

（4）时间维度的情境因素。个人健康水平、家庭变故、国家宏观经济政策、管理创新和技术变革等因素，都是随着时间推移而变化的情境变量。这些因素都会对不同发展状态的领导者产生不同的影响。

“高校领导者发展情境模型”的实践价值在于：告知每一位发展中的领导者，要时刻洞悉和理解自身及组织所面临的情境因素，并把握自身发展与情境之间的交互作用；同时，他们的思考和行动必须要从情境因素出发，不能脱离情境而好高骛远或为所欲为。高校领导者作为高校发展情景模型中的重要组成部分，一方面对整个模型中的各要素发展都可能产生重要影响，另一方面也将深受情境因素的影响，尤其是高校发展的影响。因此，作为高校运行机制中的决策者，高校党委会需要充分考虑情境系统因素，科学合理地做出决策；校长则需要在执行决策过程中根据情境变化而调整具体实施策略，为决策提供进一步的反馈，进而形成一个动态高效的决策制定和执行系统。

每一位高校领导都应从发展情境的不同层次和水平上去反思个人和高校组织的行为，从更宏观和更长远的视角去审视个人、组织和社会的现在与未来，采取更理智、更科学的行动去呵护自然、建设高校并承担社会责任，致力于促进个人、组织与社会及自然环境之间的和谐发展。显然，“高校领导者发展情境模型”应该成为指导高校领导者进行科学决策和管理实践的方法论，并内化为其深层的价值准则和思维方式，这无疑对高校领导者的个人素质提出了更高的要求。

三、理解高校领导者的生态系统

个体无法孤立存活，每个人都生活在相互作用的社会生态系统中。高校领导者作为一个个体，也存在于相互作用的复杂生态系统中，这构成了生态系统论的重要基础。

美国康奈尔大学心理学教授布朗芬布伦纳（Bronfenbrenner，1979）提出了著名的“生态系统论”（Ecological Systems Perspective）[1]，成为当代发展心理学领域的重要理论之一。布朗芬布伦纳在其理论模型中，将人类赖以生存，并与自身相互作用的不断变化的环境称为行为系统。该系统分为4个层次，由小到大依次为：微观系统（microsystem）、中观系统（mesosystem）、外观系统（ecosystem）和宏观系统（macrosystem）。具体而言，微观系统是指个体活动和交往的直接环境，主要指家庭等。中观系统，是指各微观系统之间的联系或相互作用，若微观系统之间有较强的积极交互作用，个体发展可能实现最优化；相反，若微观系统之间出现消极交互作用，则会产生负面结果。外观系统，是指那些个体并未直接参与但对其发展产生影响的系统。宏观系统，是指更为广泛的文化、亚文化和社会环境。此外，布朗芬布伦纳认为，个体是在不同层次的生态系统彼此顺应（Accommodation）的过程中不断成长和发展的。

基于布朗芬布伦纳生态系统论的理论内涵，我们认为，高校领导发展的生态系统从外到里也依次包括四个子系统：

（1）宏观系统，是指高校领导所处的更为广阔的社会、经济和文化背景或亚文化中的社会机构、意识形态等，这是距离高校领导发展最远的影响因素；

（2）外观系统，它包括学生家长、社区、社会支持系统、其他高校、教育部门、媒体和政府等，该系统并不直接对高校领导发展产生影响，但它通过作用于微观系统而间接影响高校领导的发展；

---

〔1〕 Bronfenbrenner U. The ecology of human Development［M］. Cambridge，MA：Harvard University Press，1979.

（3）中观系统，是指各子系统之间的交互联系和作用，颇为典型的中观系统如政府与高校关系、媒体与高校关系、社会需求与高校的关系等；

（4）微观系统，这是高校领导生活、工作和体验到的直接环境，如家庭、学生、教职工等。

高校领导身处“个体—组织—社会”这一复杂的生态系统内，无时无刻不受到各种因素和系统的相互作用与影响。具体而言，高校领导个体内因素之间、个体与家庭之间、个体与组织之间及个体与社会之间，组织与社会需求及教育部之间，高校与社区及政府其他部门之间等，均存在着不同程度、不同性质的互动与作用。如果这种互动循着整体的、本质的、均衡的、协调的方向发展，将会给个体、家庭、组织和社会发展带来诸多积极影响；否则，如果这种互动沿着局部的、表象的、失衡的及失调的方向发展，将会对各方面产生诸多消极后果。关于高校领导者发展的生态系统模型，见图 7-2。

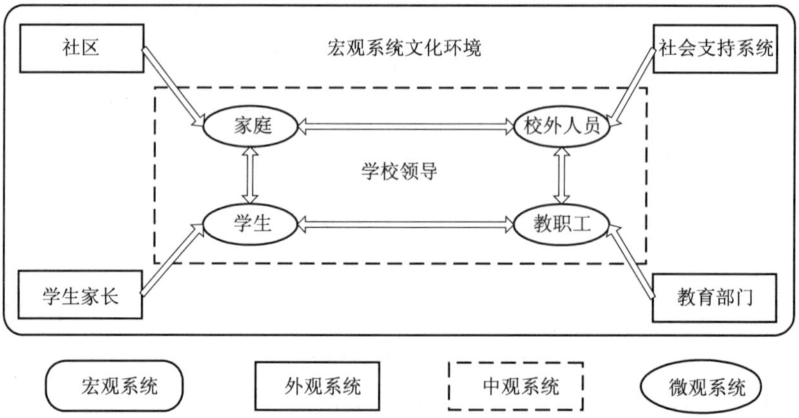

图 7-2　高校领导者发展的生态系统模型

资料来源：笔者整理。

每个人都是社会生态系统中的一个分子，没有人可以自成一体，大家彼此命运相连，责任共担，须臾不可分离。英国社会学家斯宾塞指出，在所有人实现自由之前，没有人能够真正地获得自由；在所有人实现安全之前，没有人能够真正地获得安全；在所有人实现幸福之前，没有人能够真正地获得幸福。可见，高校领导者不仅身处宏观、外观、中观和微观这几大生态系统中，并且其发展与生态系统存在着密切的相互作用。为了个人的发展，高校领导者有必要对整个生态系统中的个体、组织和社会负责，并综合考虑四大系统的需求和利益。具体而言，在对高校进行领导的过程中，遵循党委领导下的校长负责制运行机制，平衡多方利益，做出科学合理、系统全面的决策，是一名高校领导者必须肩负和履行的责任。

四、基于系统思维观的反思

Lerner 的发展情境论和 Bronfenbrenner 的生态系统论虽然是发展心理学的理论思想，但对高校领导的健康发展具有重要的理论指导意义，同时也为高校党委领导下校长负责制的运行机制提供了科学启示价值。

这两大理论包涵着丰富的系统思维理念，不仅有助于增进中国高校领导者科学认知情境系统，而且有助于改善其思维方式，提升其系统性思维能力。基于发展情境论和生态系统论，在深入反思领导体制运行过程中的“失灵”问题后发现，这些问题的背后原因或多或少都与系统思维观的缺失有关，主要表现为领导者从局部的、表象的和眼前的角度来思考组织问题并做出决策，进而引发一系列消极的后果。

发展情境论和生态系统论对高校领导者思维和行为方式的一个重要启示在于，高校领导者要不断更新自身的心智模式，紧追时代发展步伐，由过去的“从局部着眼，从个别着手”转向当今的“从全球着眼，从局部着手”，善于从不同水平的情境因素和不同层次的生态系统角度去思考问题，在系统思维观的指导下去采取更科学、更理智和更符合高校发展愿景的行动，并最终实现科学领导高校发展，合理决策，使高校运行机制更加顺畅。

总之，高校领导者一方面要为自身的健康发展而努力，使自身决策更加符合高校及社会发展需求；另一方面，也要意识到自己的决策、行为对高校及社会发展的重大影响，努力与组织面临的情境因素和自身发展的生态系统形成良性互动，共同发展。

第三部分

实证篇

以往针对党委领导下校长负责制的研究主要停留在理论探索和经验总结的层面上，鲜见严谨规范的实证研究。所以，在此前理论研究的基础上，针对领导体制的运行机理开展实证研究无疑具有独特的科学价值。“实证篇”主要包括四章：第八章，高校党委领导下校长负责制的现状调研；第九章、第十章，高校管理团队冲突对团队绩效的作用机制分（一）、（二）两部分，分别探讨冲突管理方式的调节作用和团队信任的中介作用；第十一章，高校管理团队冲突与组织公民行为的关系。

第八章　高校党委领导下校长负责制的现状调研

第一节　问题提出

1998年，《中华人民共和国高等教育法》以法律的形式确立了我国公办高校实行党委领导体制下的校长负责制。高等学校党的委员会统一领导学校工作，支持校长按照《中华人民共和国高等教育法》的规定积极主动、独立负责地开展工作，保证教学、科研、行政管理等各项任务的完成[1]。同年，国家教委发布了《关于高等学校逐步实行校长负责制的意见》，规定了校长负责制的具体内容：校长对学校工作全面负责，党组织对学校工作起保证监督作用，教职工和学生参与民主管理和监督[2]。校长对外作为法人代表，对内主持并开展学校的行政工作，拥有对行政工作的决策权、统一指挥权和行政干部的任免权。党委领导下的校长负责制是我国高等教育领导体制的核心内容，党委的领导在我国高等教育中处于领导地位、核心地位，统一领导学校工作。领导体制为大学的稳定和发展提供了组织保

〔1〕 中国共产党普通高等学校基层组织工作条例（2010年修订）［EB/OL］.［2012-8-20］. http://cpc.people.com.cn/GB/64162/71380/71387/71589/5527096.html.

〔2〕 向富国. 制度视角：高校党委领导下的校长负责制［D］. 成都：四川大学，2007.

障，在大学现代化和国际化进程中发挥着重要作用。

然而，在领导体制的实际运行过程中，广大教师、管理者对党委领导下校长负责制内涵、作用等问题的认识如何？其主观态度和倾向如何？显然，有必要通过实证调研来回答上述问题。为此，笔者拟对党委领导下校长负责制的运行现状开展实际调研。

第二节　研究方法

一、样本选取

本研究选取了陕西和北京 9 所高校教师和管理者为研究对象，其中男性 153 名，女性 133 名；年龄在 30 岁以下 21 名，年龄在 31~40 岁 133 名，年龄在 41~50 岁 104 名，年龄在 51 岁以上 28 名；职称在副高级及以上 181 名，中级 95 名，初级 10 名；职务在副处级及以上 90 名，中级 69 名，初级 27 名；共产党员 202 名，民主党派 9 名，群众 75 名；工龄在 5 年以下 25 名，工龄 6~10 年 71 名，工龄 11~20 年 108 名，21 年以上 82 名。

二、研究程序

本研究采用问卷调查的方法，从大学党委的内涵和必要性、党委的功能和作用、党委领导的状况、党政关系和有待完善之处，共计 7 个项目进行了问卷调查。问卷共回收 289 份，回收率 83%，剔除无效问卷 3 份，有效问卷共 286 份。

第三节　研究结果及分析

一、研究结果

（一）对党委领导校长负责制内涵的认知

调查结果显示（见图 8-1），部分高校工作人员对我国现行高校领导体制的基本内涵不了解，76%的人清楚地了解高校领导体制是党委领导下的校长负责制，仍然有24%的人对我国现行党委领导体制的基本内涵概念混淆或者概念不清，其中认为高校是由党委书记和校长共同领导的比例达14%。探究其主要原因有：调查中专业课教师占有一定的比例，非高校管理人员对高校的领导管理体制关注不够；学校开展专项学习较少，一线教师忙于教学，忽略了学校领导体制的学习；部分管理层和行政人员虽然从事该项工作，但却不了解学校的领导体制。所以，高校有待进一步完善一线教师关于学校领导和管理体制的学习，这要求高校对基层的一线教师和部分行政工作人员开展相关的学习，使其明确学校的领导体制、具体分工和运作机制。

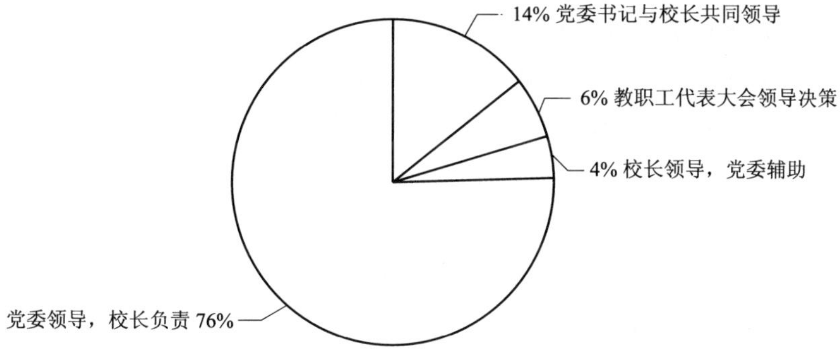

图 8-1　对党委领导校长负责制内涵的认知

（二）对高校党委领导必要性的认知

由于部分人对现行高校领导体制的基本内涵认识不明确，必然影响对坚持这一体制的必要性认识。从图 8-2 分析结果可以看出，认为在大学现代化进程中应该始终坚持党委领导的人数显著大于其他比例，反映出高校在党委领导下的20多年来取得了显著成效。首先，我国是社会主义国家，高校应该坚持社会主义方向，其性质决定它是为社会主义事业培养接班人的。其次，共产党是中国的执政党，高校坚持党的领导符合我国的基本国情，只有坚持党的领导才能有力地保证高校办学基本路线方针政策的制定和执行。最后，高校坚持党委的领导是共产党领导地位的重要体现，是大学现代化进程的根本途径，可保持高校与党委思想一致，保持社会和国家的思想稳定统一，有效地防止独断专行、以权谋私的现象。

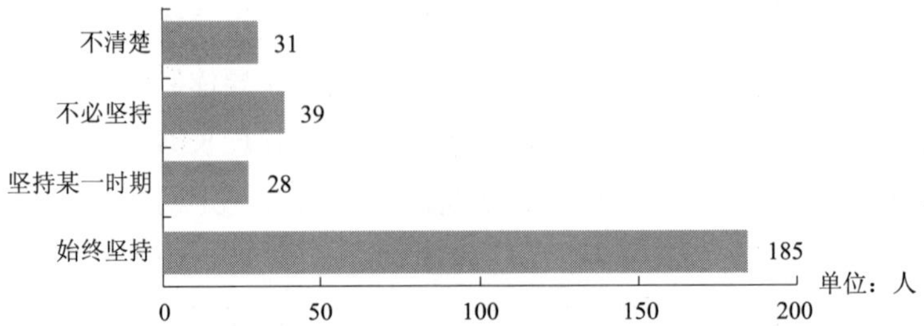

图 8-2　对高校党委领导必要性的认知

调查结果显示，部分教师对坚持党委领导的必要性有不同意见，总结有如下主要原因。第一，一部分人认为思想意识必须与现实保持一致，否则是僵化的，高校的领导体制应该与时俱进，特殊时期特殊处理，应该随着社会的特殊环境和时代的改变而改变。第二，与国外部分名校对比，许多学者认为大学应该去行政化，由教授治校、保持学术自由。第三，高等教育注重通识教育，和政治意识形态没有密切关系，关键是以教育为本，党委领导不符合教育规律，党的方针政策可通过哲学、社会学的教师授课、讲座来传播，大学应具有更开放的环境，这样对马克思主义哲学及社会主义理论等自身的研究和突破也更有益处。

（三）对党委职能的认知

基于调查结果，大家对高校领导体制中党委的主要职能各持己见，仅从单一维度去理解党委主要职能，“出好思路”与其他三项职能存在明显落差；持“把好方向”和“管好干部”观点者无明显差异，均明显高于“出好思路”、低于“抓好大事”，如图 8-3 所示。此外，部分教师认为党委职能还应包括以下几点：第一，党委应该注重培养群众团结的素质，引领社会主义核心价值取向和正确的舆论导向。第二，做好学生和教师的政治思想工作、基层党建干部工作、反腐倡廉和安全稳定工作。第三，加强对行政工作的监督工作和制定长远发展的方针政策。第四，大力

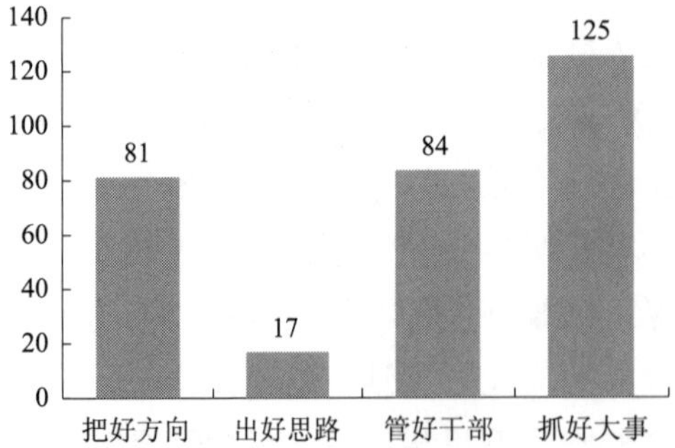

图 8-3　对党委职能的认知

开展党风廉政建设、思想政治宣传和师德建设等。

通过调查分析，党委的思想引导工作有待改善。据此，反思高校党委开展工作的思路和方向：首先，应从宏观层面和微观层面着手，避免避重就轻的现象。其次，党委的主要职能是多维度的，在纵观全局的前提下，对特殊情况进行特殊处理。最后，党委应组织一线教师认真学习和贯彻相关会议精神。

（四）对党政关系不顺的认知

调查结果显示，学校党政关系不顺的原因主要有以下几点：第一，50%的人认为，在工作开展过程中党政分工不合理，权责不分明，目标不明确。第二，30%的人认为党政领导人不能合理地处理好个人关系，不团结、争权夺利、各自利益和立场冲突较大。第三，20%的人认为党政领导人对党务工作的认识不够，缺乏沟通、配合，见图 8-4。此外，可能与领导者个人处事风格相关。

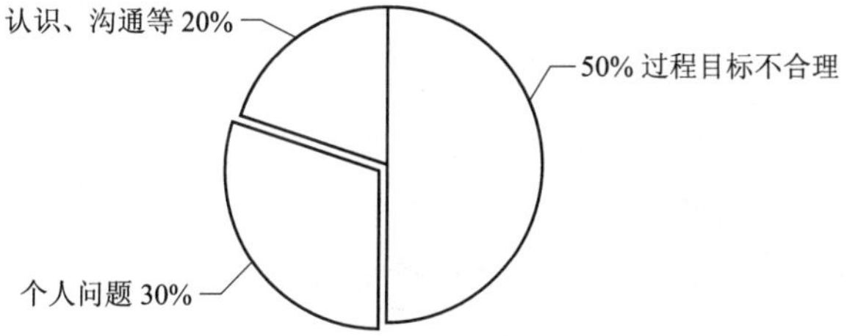

图 8-4 对党政关系不顺的认知

（五）对党委领导下校长负责制的作用认知

调查结果发现，认为党委领导下校长负责制对学校发展和管理的作用“较大”的比例高于其他比例，见图 8-5。肯定了党委在制定高校重大思想方针和推行改革时的积极作用，同时该模式可相互促进，相互制约，各司其职，保持人才培养的政治方向，提高重大事务决策的科学性。分析党委领导下的校长负责制对学校发展和管理所起作用较大的主要表现有：第一，党委领导下的校长负责制对高校管理较为集中，效率较高。第二，领导体制对保证办学的社会主义方向，培养社会主义事业接班人，保持校园稳定起到了较大作用，但实践中出现了党政不团结、以党代政等情况。第三，党委领导下的校长负责制所起的实际作用取决于不同学校、不同时期

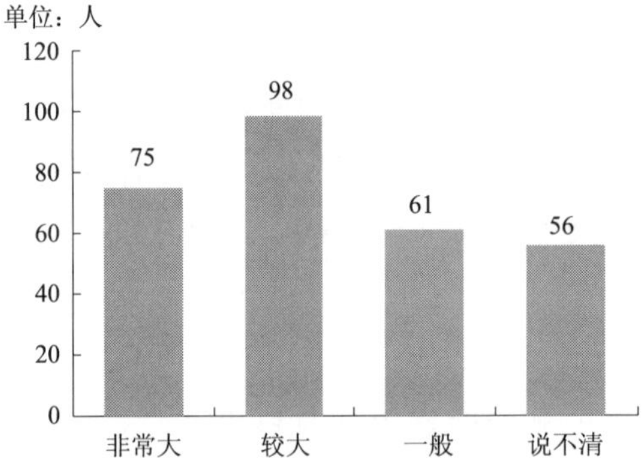

图 8-5 对党委领导下的校长负责制作用的认知

的基本特征，具体问题具体分析。第四，学术的行政化、政治化色彩过浓导致党政管理较乱、相互越界管理的现象。对此，必须明确党委体制的内涵，明晰坚持该体制的必要性以及如何有效实施该体制，在建构一个基本框架概念的前提下，才能理性地分析党委领导体制的作用，全面理解高校党委领导体制。

（六）对改善党委工作方式的认知

基于研究结果，我国现行的党委领导下的校长负责制存在的问题包括：领导能力、民主作风、沟通制度和调查研究四个方面，见图 8-6。

首先，应切实加强和改进党委在高校工作中的民主作风，增强与各党派人士和普通群众的联系。其中一线教师作为高校发展的中坚力量，广泛听取一线教职工的意见更有利于学校的长远发展，不了解基层实际情况而做出的决策，有可能出现执行效果与政策目标南辕北辙的现象。大学是民主的基地，教师是教育资源中最为重要的一环，党委应加强大学民主建设，尊重和聆听教师的意见和建议，让教师广泛参与学校决策，因此贯彻党委优良的民主作风在今后高校党委工作中显得重要而急迫。

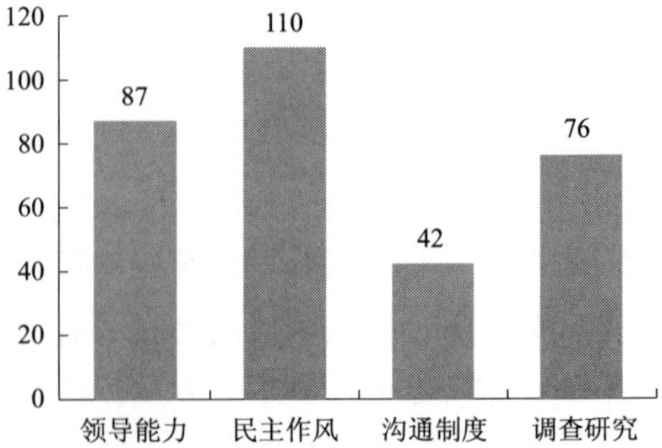

图 8-6 对改善党委工作方式的认知

其次，领导能力。作为领导层最重要的是具有超强领导力的团体来制订正确的目标，采取有效的措施，确保目标完成；大学发展的关键在于方向，方向把握的关键在于领导能力，而党委主要领导的能力关乎高校的成长和发展，包括党的政治工作能力，党的理论和行政管理的理论掌握能力。因此，完善党委在高校中的领导方式、提升领导水平的建议，对提高执政能力，更好地发挥其领导和服务功能尤为重要。

再次，调查研究。调查研究是各项路线方针政策制定和贯彻的前提。党委应大力开展党委领导走进基层，了解基层存在的实际问题和各种需求。大学发展方向和思路均应该建立在调查研究基础之上，现在的问题是盲目照抄西方教育方式办学，脱离了中国国情谈教育。

最后，沟通制度。目前沟通制度不够通畅，教师对学校制定的决策不能及时了解，沟通有助于化解矛盾，调动工作积极性。从实践来看，管理层的团结与否，战斗力强弱与否，关键在于党政之间的沟通，在沟通中推进学校发展。建立与基层完善的沟通制度，才能获取一线信息，制订正确的方针政策。

（七）对高校构成主体的认知

高校构成主体包括党委、行政、教师、学生、家长、校友及社区代表等。经调研如图 8-7 所示，在大学现代化和国际化进程中，学校应该加强的各方面的力量存在明显差别。

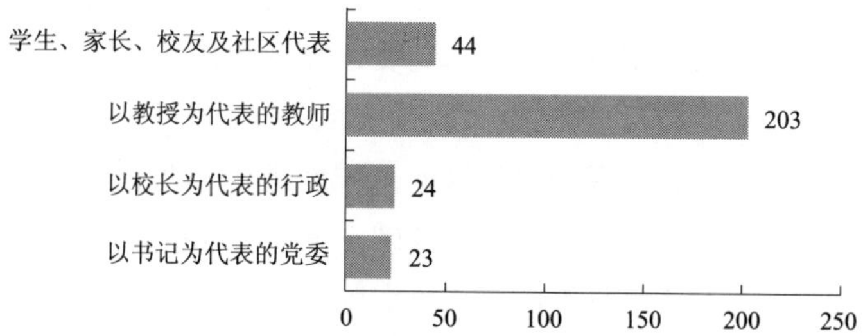

图 8-7　对高校构成主体的认知

基于调研结果，认为以“教授为代表的教师力量应该得到加强”的人数超过总数的 50%，更多的人强调教授治校，恢复高校的学术自由。究其原因有如下四个方面：

第一，培养新时代的创新人才是学校的第一职责，高校在迈向现代化和国际化的过程中，只有不断加强以教授为代表的教师力量，才能迎合现代化、国际化的发展趋势。

第二，教师是学校办学的主体，是教学和科研的核心力量，学校发展的力量源泉，更是学校实力的根本体现，要充分发挥教师的作用。

第三，高校实现现代化、国际化的主体是教师，学校是学术共同体，教授是学术的物资载体，有好的教师才会有好的学生，应更多给予教师科研和教学的自由，避免教学科研行政化、形式化。

第四，应加强高校优秀的师资力量。高校一般有教学、科研、教学与科研、管理、后勤五个部分。中国教育家陈鹤琴说“没有教不会的学生，只有不会教的老师”，这对教学型教师提出了明确的要求：会教书、教好书，让学生能听懂、会运用，这是一个良性的循环。此外，高校是科学技术创新的源产地，在这里孕育了一大批高新技术人才和科研人员，这对科研教师提出了明确要求：有科研，懂科研，能科研，这样的教师带出来的学生才能继承老师的精髓，在科研这片沃土里开花结果。一个高校拥有教学和科研的优秀教师，何愁培养不出优秀的学生呢？教学和科研的充分结合，终能服务社会。

二、简析

此次问卷分别从坚持党委领导的必要性、党委的基本内涵、党委的主要职能、学校党政关系不顺的原因、党委领导下的校长负责制对学校发展管理的作用、当前学校党委最需要加强和改进的方面以及在迈向现代化、国际化进程中学校应该加强的力量这七个维度进行了调查。得出的现象和结论真实可信，本文在调查结果分析基础上进一步分析并提出建议。

中国高校实行党委领导下的校长负责制已有20余年，在高校管理的道路上一直摸索着前进，取得的成绩也是不容置疑的。当然，在看到这些成绩的同时，应该反思这20余年的领导方式是否有欠缺和改进之处。数据表明，近八成的高校工作者十分明确我国现行的高校领导体制的基本内涵。据此，有待加强党委宣传和党委开展党内学习，确保每一个教学工作者明晰学校领导体制。只有明确现行的高校领导体制的基本内涵才能对是否应该坚持党委的领导做出明确的选择。近六成的人认为在大学现代化、国际化进程中应该始终坚持党委的领导，而有四成的人认为应该某一时期坚持或者不坚持，引发了对现存党委领导体制的问题的探索。

从调查发现，许多人仍然对什么是党委领导，什么是校长负责分不清。领导：是指由组织赋予权力的领导者，按一定的方向，为实现预定的目标，采用一定组织形式和方法，率领、指挥、引导、协调、控制被领导者完成预定任务的一种行为和活动的过程[1]。党委领导下的校长负责制是高等学校内部领导体制，不是高等学校内部管理体制。在现实生活中，党委如何领导，校长如何依法行使职权值得我们思考，某些大学存在党政分工又分家或党政一体，分不清谁应该思想指导，谁该行政管理。这也是为什么现行党委领导下的校长负责制对学校发展管理不能起到有行之有效的原因。

调查中也发现，党委在领导能力、民主作风、沟通制度、调查研究四个方面均有待加强。没有较好的领导水平，不能保持从群众中来到群众中去的优良作风；党委同校长为首的领导班子不能有效地沟通，导致许多路线方针政策得不到有效的贯彻执行，许多决定也并没有基于对基层的调查了解就颁布执行，使得最后预想和结果有出入。其中学校力量尤其应该加强以教授为代表的教师队伍。邓厚勇（2006）指出，在高校党委领导下的校长负责制环境中，发挥教授参与治校作用，书记主抓政治问题，以保证党的领导；校长主抓管理，以尽快建设世界一流大学；教授主抓学术，以便成为本专业的学术权威[2]。

在当前大学迈向现代化和国际化的进程中，本调研具有一定的启示价值。基于调研发现，笔者提出了如下思路和建议：

1. 明晰党政工作关系

通过本研究和以往的研究发现，书记和校长在高校管理过程中存在一定的矛盾[3][4]。正确处理好书记和校长在学校领导和管理过程中的关系对全面开展学校各项工作具有重要作用，这要求书记和校长“党政分工不分家”，即书记和校长在实际工作中各司其职、各尽其责，但在目标制订和落实方面，要保持思想和行动上的高度一致。高校党委要把主要精力放

〔1〕 毕宪顺．高等学校教授委员会制研究［J］．中国行政管理，2008（2）．

〔2〕 邓厚勇．试论高校党委领导下校长负责制的实现形式［J］．贵州民族学院学报：哲学社会科学版，2006（4）：143-145．

〔3〕 陈海春．准确定位、各司其责、规范运行——西北大学校长孙勇谈党委领导下的校长负责制［J］．中国高等教育，2004，（11）：14-16．

〔4〕 臧树良．议党委领导下的校长负责制若干关系的处理［J］．中国高等教育，2011：30-32．

在抓方向、议大事、管全局上，努力提高驾驭全局的能力。既要保证党委充分发挥领导核心作用，又要尊重和支持校长依法行使职权，即处理好和行政的关系。要充分体现校长的法人代表地位，依法治校，正确处理好书记和校长的关系，书记和校长应重大局，都从党的事业发展的高度出发，从高校的建设和发展的全局出发，淡化个人身份角色，常进行沟通交流，互相理解，互相体谅，齐心协力地开展工作。

2. 创建学习型领导组织，不断加强领导干部自身学习，提升自身素养

高校领导干部不仅仅是教育者，更是学习者，通过学习培养干部教育家、政治家和管理学家的素质，增强集体创造力、凝聚力、战斗力，创建一支业务精、能力强、效率高、创新型的学习组织，促进高校管理现代化和专业化进程。

3. 建立科学、民主的管理制度，建设一支善于治校理政的高素质干部队伍

习近平总书记提出“空谈误国，实干兴邦”的要求，高校要按照政治坚定、求真务实、开拓创新、勤政廉政、团结协调的要求，发挥领导干部的先锋模范作用，把各级领导班子建设成为坚强领导集体，将高校集体建设成创新型组织，使社会主义高校在科学办学、依法治校的正确轨道上运行。

4. 建立健全民主监督机制

加强对权力运行的制约和监督，坚持和健全民主集中制，密切联系基层党员和群众，坚持从群众中来到群众中去。认识到以教授为代表的一线教师的积极作用，同时认真聆听教师的心声，正确处理好管理岗位和教学、科研岗位人员的关系。

5. 加强党风廉政建设，继续深入开展反腐败斗争

腐败问题是党内的一个重大问题，党风廉政建设和反腐败斗争关系党的生死存亡。近期对党内腐败整顿取得的成效有目共睹，在今后漫长的执政道路上，党越是长期执政，反腐倡廉的任务就越艰巨，越要坚定不移地反对腐败，越要提高拒腐防变的能力。坚持预防为主、标本兼治、综合治理，加强廉政法制建设，真正形成用制度规范从政行为、按制度办事、靠制度管人的有效机制，保证领导干部廉洁从政。加强思想道德和纪律教

育，表彰勤政廉政典型，督促各级党员领导干部加强党性修养，从源头上杜绝腐败行为。

第四节　调研小结

高校领导体制是一个根本性、全局性的问题，它规定学校内部由谁来领导，确定学校党组织、校长和管理机构的地位、作用、职责、权限和相互关系以及如何协调运作的根本问题。

通过本次调研发现，大多数高校教师和管理者对上述问题都有科学、客观的认知和理解，但同时表现出的某些观念和认知问题，仍需在教师管理培训中加以引导和教育，使广大教师能够在历史和国情的背景下，深刻领会党委领导下校长负责制的必然性、现实性和科学性。

本研究的样本容量比较有限，所以在研究结论的外部效度上存在局限性。笔者期望在未来研究中能够扩大样本，进一步得出更加科学、更具代表性的研究结论。

第九章　高校管理团队冲突对团队绩效的作用机制（一）

在高校体制创新与改革的进程中，团队建设成为影响高校发展的一个非常重要的因素。面对国内外日趋激烈的竞争，建立富有凝聚力和竞争力的团队将是推动学科发展、提高学校综合实力与核心竞争力的关键所在（饶敏，潘琳[1]，2009）。然而由于团队成员的价值观、知识结构、动机和目标存在差异，团队冲突在管理实践中难以避免。之前的冲突研究主要聚焦于企业组织（Jehn[2]，1995；Jehn，Northcarft & Neale[3]，1999；Tjosvold，Dann & Wong[4]，1992；Amason[5]，1996；Pelled，et al.[6]，1999），对高校内部的冲突关注较少，因此亟需了解高校内部团队冲突的

---

〔1〕饶敏，潘琳. 基于SWOT分析的高校团队建设研究［J］. 社会科学论坛（学术研究卷），2009（4）：187-192.

〔2〕Jehn K A. A multimethod examination of the benefits and detriments of intragroup conflict［J］. Administrative Science Quarterly. 1995（40）：256-283.

〔3〕Jehn K，Northcraft G，Neale M. Why differences make a difference. A field study of diversity，conflict and performance in workgroups［J］. Administrative Science Quarterly，1999（44）：741-763.

〔4〕Tjosvold D，Dann V，Wong C. Managing conflict between departments to serve customers［J］. Human Relations，1992，45（10）：1035-1054.

〔5〕Amason A C. Distinguishing the effects of functional and dysfunctional conflict on strategic decision making：Resolving a paradox for top management teams［J］. Academy of Management Journal，1996，39（1）：123-148.

〔6〕Pelled L H，Eisenhardt K M，Xin K R. Exploring the black box：An analysis of work group diversity，conflict，and performance［J］. Administrative Science Quarterly，1999（44）：1-28.

特点及其作用机制，为高校团队建设提供理论参考和实践指导。

虽然冲突难以避免，但就像Jehn（1997）所指出的那样，对待冲突的态度才是最为重要的[1]，因此国内外对冲突管理方式的研究越来越多。而近年来研究者更倾向于将冲突管理方式作为一种调节变量（Sawyer[2]，2001；Kankanhalli，Tan & Kwok-Kee[3]，2006；Huang[4]，2010），考察其在“冲突—绩效”间的作用。本章试图以高校管理团队为研究对象，以最新的冲突理论、冲突管理理论为依据，探讨高校管理团队冲突对团队绩效的影响以及不同冲突管理方式的调节作用。此外，团队信任作为一个重要的研究变量受到了组织行为研究者的高度重视，该变量在团队冲突与团队绩效关系中的作用如何，也是一个值得关注的研究主题，笔者将在第十章进行探讨。

第一节 文献综述与研究假设

一、管理团队及其绩效

管理团队是指组织中的管理者为了实现共同目标，彼此在工作中联系紧密、共同协作组成的共同体（张创新[5]，2010）。迄今对团队绩效的测量还没有固定的标准，通常将个人层面的工作绩效、工作满意度，团队层面的凝聚力、团结程度和决策质量等作为评价指标（朱世香，张勇[6]，

[1] Jehn K A. Qualitative analysis of conflict types and dimensions in organizational groups [J]. Administrative Science Quarterly，1997（42）：530-557.

[2] Sawyer S. Effects of intra-group conflict on packaged software development team performance [J]. Information Systems Journal，2001，11（2）：155-178.

[3] Kankanhalli A，Tan B C Y，Kwok-Kee W. Conflict and performance in global virtual teams [J]. Journal of Management Information Systems，2006，23（3）：237-274.

[4] Huang J C. Unbundling task conflict and relationship conflict：The moderating role of team goal orientation and conflict management [J]. International Journal of Conflict Management，2010，21（3）：334-355.

[5] 张创新．现代管理学概论［M］. 3版．北京：清华大学出版社，2010：234.

[6] 朱世香，张勇．企业高层管理团队冲突研究述评［J］. 科技管理研究，2012（4）：97-100，122.

2012)。考虑到高校的公益性及其产品的特殊性，纯粹的财政指标和升学率、就业率等数字不能完全彰显团队的表现，本研究以内聚力和决策质量作为衡量高校管理团队绩效的重要指标。内聚力衡量了团队成员对团队的归属感以及团队的士气，而决策质量衡量了团队成员对决策的认可程度。

(一) 内聚力

内聚力（cohesion 或 cohesiveness，又译作凝聚力）描述了团队成员在多大程度上愿意一直担任团队成员（Schermerhorn，Hunt & Osborn〔1〕，2000)，研究发现，其对团队效能、团队绩效具有正向作用（Cohen & Bailey〔2〕，1997；Chang & Bordia〔3〕，2001)。Mullen & Copper（1994）通过元分析发现内聚力与绩效有非常显著的相关关系〔4〕，Keller（1986）也发现团队凝聚力可以预测同期、也可以预测一年后的团队绩效〔5〕，汤学俊（2010）也指出提升内聚力能够显著改善包括市场绩效、财务绩效和管理绩效在内的组织绩效〔6〕。由此可以看出，内聚力强是团队良性运作的一个重要特征，团队成员的归属感会激发团队集体主义情感，使团队成员自觉地为自己的团队忘我工作。团队成员的士气感会激发团队成员的斗志和决心，使团队成员竭尽全力克服一切困难，达到团队目标。

(二) 决策质量

决策质量对于任何一个团队的发展都有着举足轻重的作用。管理决策论的奠基人——西蒙，提出“管理即决策”，足见决策在管理中的重要地

---

〔1〕 Schermerhorn J R Jr，Hunt J G，Osborn R N. Organizational behavior［M］. New York：John Wiley & Sons，2000.

〔2〕 Cohen S G，Bailey D E. What makes teams work：Group effectiveness research from the shop floor to the executive suite［J］. Journal of Management，1997（23)：239-290.

〔3〕 Chang A，Bordia P. A multidimensional approach to the group cohesion-group performance relationship［J］. Small Group Research，2001（32)：379-405.

〔4〕 Mullen B，Copper C. The relation between group cohesiveness and performance：An Integration［J］. Psychological Bulletin，1994，115（2)：210-227.

〔5〕 Keller R T. Predictors of the performance of project groups in R&D organizations［J］. Academy of Management Journal，1986，29（4)：715-726.

〔6〕 汤学俊. 高管团队内聚力、冲突与组织绩效的实证研究［J］. 江海学刊，2010（3)：98-104.

位[1]。并且，Amason（1996）通过实证研究发现决策质量与团队绩效之间正相关[2]，可见决策质量的优劣直接关系到组织发展的方向和进程。

综上所述，高校团队的内聚力正是学校文化凝聚力的重要体现，高校团队通过战略决策质量影响高校的发展，因此本研究所测查的团队绩效包括内聚力和决策质量两个维度。

二、团队冲突及其对团队绩效的影响

Boulding（1963）认为，团队冲突是团队一方感知到的双方意见不合、意愿不相容或欲望不可调和[3]，Deutsch（1973）认为冲突是双方不相容的行为[4]。冲突可以发生在个人之间、团队之间、组织之间甚至国家之间，本研究侧重于团队成员间的冲突，即团体内冲突（intragroup conflict）。Jehn（1995）将冲突分为关系冲突（relationship conflict）和任务冲突（task conflict）。关系冲突是指与其他人的个性或性情不一致而产生的冲突，如人际关系不协调，感觉到紧张和摩擦，不喜欢团队成员，感到被激怒等。任务冲突是指对工作目标、结果产生不一致的看法，团队成员在解决和分析团队任务时，方法、措施、建议等方面存在不同意见。目前任务冲突和关系冲突的分类方法已经广为接受（张钢，倪旭东等[5]，2007）。

关系冲突可能引发团队成员诸如焦虑、害怕、不信任以及愤怒等消极情绪（Jehn，1995），而高强度的关系冲突甚至导致团队功能失调（dysfunction），造成组织内成员压力增加（Friedman，et al.[6]，2000）。相反，任务冲突通常被认为对组织有益，不仅可以加强团队成员对问题的

---

〔1〕赫伯特·西蒙. 管理行为——管理组织决策过程的研究［M］. 杨砾等，译. 北京：北京经济学院出版社，1983：3-11.

〔2〕Amason A C. Distinguishing the effects of functional and dysfunctional conflict on Strategic decision making：Resolving a paradox for top management teams［J］. Academy of Management Journal，1996（39）：123-148.

〔3〕Boulding K. *Conflict and defense*［M］. New York：Harper and Row，1963.

〔4〕Deutsch M. *The resolution of conflict*［M］. New Haven，CT：Yale University Press，1973.

〔5〕张钢，倪旭东，等. 知识冲突管理［M］. 北京：科学出版社，2007：41.

〔6〕Friedman R，Tidd S，Currall S & Tsai J. What goes around comes around：The impact of personal conflict style on work conflict and stress［J］. International Journal of Conflict Management，2000（11）：32-55.

沟通，而且可以提高对组织资源的有效利用度。因此，一般认为关系冲突引发的焦虑、厌恶等不良情绪降低团队成员工作效率，负向影响团队绩效；任务冲突有利于团队成员发表各种观点，澄清概念，统一目标并进而提高团队绩效。

但是，近年来对任务冲突影响的研究出现了很多与此前不一致的研究结果，一方面任务冲突可以转化为关系冲突，另一方面任务冲突也可以产生消极后果。Simons 和 Peterson（2000）分析了此前的 11 项研究发现关系冲突与任务冲突的相关系数从-0.17 到 0.88 不等，平均值达到 0.47〔1〕；De Dreu 和 Weingart（2003）对 30 项研究的回顾发现上述两种冲突的相关系数平均达到 0.54〔2〕，其他学者（Rispens〔3〕，2012；Parayitam，Olson & Bao〔4〕，2010）也发现关系冲突和任务冲突很难分开。同时，任务冲突的消极后果包括：影响团队达成共识，干扰团队成员实现组织目标以及影响团队绩效等（Hambrick，Cho & Chen〔5〕，1996）。De Dreu 和 Weingart（2003）还发现当任务冲突与关系冲突相关性大的时候，任务冲突对团队绩效的负向影响更强〔6〕。基于上述研究可以发现，任务冲突与关系冲突很难截然分开，并且任务冲突与关系冲突可能都会对团队绩效产生负向效应，因此依据高校组织情境，本研究提出如下假设：

假设 1：高校管理团队中任务冲突与关系冲突正相关；

假设 2：高校管理团队冲突负向预测组织绩效。

假设 2a：高校管理团队任务冲突负向预测内聚力；

---

〔1〕 Simons T，Peterson R. Task conflict and relationship conflict in top management teams：The pivotal role of intragroup trust［J］. Journal of Applied Psychology，2000（85）：102-111.

〔2〕 De Dreu C K W，Weingart L R. Task versus relationship conflict，team performance，and team member satisfaction：A meta-analysis［J］. Journal of Applied Psychology，2003（88）：741-749.

〔3〕 Rispens S. The influence of conflict issue importance on the cooccurrence of task and relationship conflict in teams［J］. Applied Psychology：An International Review，2012，61（3）：349-367.

〔4〕 Parayitam S，Olson B J，Bao Y. Task conflict，relationship conflict and agreement-seeking behavior in Chinese top management teams［J］. International Journal of Conflict Management，2010，21（1）：94-116.

〔5〕 Hambrick D，Cho T，Chen M. The influence of top management team heterogeneity on firms' competitive movers［J］. Administrative Science Quarterly，1996（41）：659-684.

〔6〕 De Dreu C K W，Weingart L R. Task versus relationship conflict，team performance，and team member satisfaction：A meta-analysis［J］. Journal of Applied Psychology，2003（88）：741-749.

假设 2b：高校管理团队任务冲突负向预测决策质量；

假设 2c：高校管理团队关系冲突负向预测内聚力；

假设 2d：高校管理团队关系冲突负向预测决策质量。

三、冲突管理方式

冲突管理方式是个体对特定冲突情境的一种响应（Jameson[1]，1999）。Volkema 和 Bergmarm（1993）依据“关注自我”和“关注他人”两个维度对个体冲突管理方式的不同类型进行了界定，并区分出 5 种冲突管理方式：问题解决（problem-solving）、强迫（forcing）、回避（withdrawing）、安抚（smoothing）和妥协（compromising）[2]。Tjosvold（2003）认为在中国集体主义价值观下冲突管理方式主要有以下三种：合作型、竞争型和回避型[3]。这主要因为中国人强烈希望缓和冲突并维持人际和谐（Morris, et al.[4]），因此中国的管理者相较于西方的管理者在冲突管理方式的选择上更偏好采取回避式冲突管理方式（Jehn & Bendersky[5]，2003；Tjosvold，Tang，& West[6]，2004）。结合中国的文化特征，本研究采用了 Tjosvold 的分类方法。

此前的大量研究（Tjosvold & Su[7]，2007；DeChurch & Marks[8]，

---

〔1〕 Jameson J K. Toward a comprehensive model for the assessment and management of intraorganizational conflict developing the framework [J]. International Journal of Conflict Management，1999，19(3)：268-294.

〔2〕 Volkema R J，Bergmarm T J. Conflict styles as indicators of behavioral patterns in interpersonal conflicts [J]. The Journal of Social Psychology，1993，135 (1)：5-15.

〔3〕 Tjosvold D，Hui C，Yu Z. Conflict management and task reflexivity for team in-role and extra-role performance in China [J]. The International Journal of Conflict Mangement，2003，14 (2)：141-163.

〔4〕 Morris M W，et al. Conflict management style：Accounting for cross-national differences [J]. Journal of International Business Studies，1998 (29)：729-748.

〔5〕 Jehn K A & Bendersky C. Intragroup conflict in organizations：A contingency perspective on the conflict-outcome relationship [J]. Research in Organizational Behavior，2003 (25)：187-242.

〔6〕 Tjosvold D，Tang M M L，West M. Reflexivity for team innovation in China：The contribution of goal interdependence [J]. Group & Organization Management，2004，29 (5)：540-559.

〔7〕 Tjosvold D，Su F. Managing anger and annoyance in organizations in China：The role of constructive controversy [J]. Group and Organization Management，2007，32 (3)：260-289.

〔8〕 DeChurch L A，Marks M A. Maximizing the benefits of task conflict：The role of conflict management [J]. International Journal of Conflict Management，2001 (12)：4-22.

2001；Cohen & Bailey[1]，1997；Montoya-Weiss，Massey & Song，2001[2])，主要侧重于冲突管理方式对团队绩效的直接影响，而且还发现，合作方式可以使团队成员获得更多的社会支持，相互之间信任增加，可以提高组织绩效，竞争方式对团队绩效具有消极影响，回避方式意味着团队成员参与度减少，因此会大大降低团队绩效。就内聚力和决策质量而言，黎小容（2011）研究发现：合作式冲突管理方式对内聚力具有显著正向影响，竞争式冲突管理方式对内聚力具有显著负向影响，回避式冲突管理方式对内聚力具有负向影响，但不显著；合作式冲突管理方式与决策质量显著正相关，竞争式冲突管理方式与决策质量显著负相关，回避式冲突管理方式与决策质量显著负相关[3]。

近年来，越来越多的研究将冲突解决方式视为一种冲突互动模式，考察其影响“冲突—绩效”关系的调节作用（宝贡敏，汪洁[4]，2008)。合作式冲突管理方式有助于冲突积极效应的发挥，促进组织或团队的良性运作，使团队成员感到被对方接受，并积极思考不同的观点（Tjosvold，et al.[5]，2006)。那些采用合作方式而非回避方式的团队，其任务冲突与关系冲突之间的正向关系会减弱。由此可见，合作方式对于团队成员建立互信互助的良好关系，提高团队绩效具有积极的作用。因此，结合前人的研究，本研究提出如下假设：

假设3：合作方式正向调节高校管理团队冲突与团队绩效的关系。

假设3a：合作方式正向调节任务冲突与内聚力的关系；

假设3b：合作方式正向调节任务冲突与决策质量的关系；

假设3c：合作方式正向调节关系冲突与内聚力的关系；

---

〔1〕 Cohen S G，Bailey D E. What makes teams work：Group effectiveness research from the shop floor to the executive suite [J]. Journal of Management，1997（23）：239-290.

〔2〕 Montoya-Weiss M M，Massey A P，Song M. Getting it together：Temporal coordination and conflict management in global virtual teams [J]. Academy of Management Journal，2001，44（6）：1251-1262.

〔3〕 黎小容. 企业高管团队冲突管理方式对决策质量的影响研究 [D]. 西安：西安电子科技大学，2011：50-51.

〔4〕 宝贡敏，汪洁. 冲突管理方式研究综述 [J]. 人类工效学，2008，14（1）：57-60.

〔5〕 Tjosvold D，Law K S，Sun H. Effectiveness of Chinese teams：The role of conflict types and conflict management approaches [J]. Management and Organization Review，2006（2）：231-52.

假设 3d：合作方式正向调节关系冲突与决策质量的关系。

竞争会产生赢—输冲突（win-lose conflict）[1]，而双方不相容的利益会使沟通受阻，僵持不下，一方的胜利是由于其先进的技术或突出的地位把自己的愿望强加给了对方（Tjosvold，Hui & Yu[2]，2003）。竞争式冲突管理行为还会引起关系冲突的增加，进而导致团队绩效的降低（陈晓红，赵可[3]，2010）。回避式冲突管理方式往往导致双输式冲突（lose-lose conflict），冲突表面上看来得到了解决，甚至会消失一段时间，但它有可能将来再次出现，这种缓和的方法忽略了冲突的本质。回避方式实际上是消极逃避，团队成员之间为了避免冲突而减少互动，将会导致对备选方案进行评价判断的信息不完全，会造成决策质量的下降。不难看出，竞争方式对组织危害较大，而回避方式从长远来看也不利于问题的解决，据此本研究提出如下假设：

假设 4：竞争方式负向调节高校管理团队冲突与团队绩效的关系。

假设 4a：竞争方式负向调节任务冲突与内聚力的关系；

假设 4b：竞争方式负向调节任务冲突与决策质量的关系；

假设 4c：竞争方式负向调节关系冲突与内聚力的关系；

假设 4d：竞争方式负向调节关系冲突与决策质量的关系。

假设 5：回避方式负向调节高校管理团队冲突与团队绩效的关系；

假设 5a：回避方式负向调节任务冲突与内聚力的关系；

假设 5b：回避方式负向调节任务冲突与决策质量的关系；

假设 5c：回避方式负向调节关系冲突与内聚力的关系；

假设 5d：回避方式负向调节关系冲突与决策质量的关系。

---

〔1〕约翰·R·舍默霍思．管理学［M］．8 版．周阳，译．北京：人民大学出版社，2011：340-341.

〔2〕Tjosvold D，Hui C，Yu Z. Conflict management and task reflexivity for team in-role and extra-role performance in China［J］. The International Journal of Conflict Management，2003，14（2）：141-163.

〔3〕陈晓红，赵可．团队冲突、冲突管理与绩效关系的实证研究［J］．南开管理评论，2010，13（5）：31-35.

第二节　研究方法

一、样本选取

本研究选取了全国 26 所高校的行政管理工作人员为研究对象进行了问卷调研。此次研究共发放问卷 150 份，收回 126 份，回收率为 84%，并删除了回收问卷中遗漏较多、明显敷衍填写的问卷，最后得到有效问卷 117 份，问卷有效率为 92.8%。在被调查者中，男性占 65.8%，女性占 34.2%；年龄以 31~50 岁居多，占样本总量的 82%；55.6% 的被调查者具有副高及以上职称；63.2% 的被调查者从事副处级及以上的职务；同时被调查者中党员最多，占到 90.6%；工龄平均在 16.8 年以上。

二、研究程序

问卷在被调查者参加党校会议期间发放，并在发放前向被调查者保证问卷只用于学术研究，不会对升迁和绩效考核有任何影响，问卷匿名填写，以保证被调查者放心填写并减少可能产生的社会称许性反应偏差。整套问卷分两次填答，以减少共同方法偏差。在被调查者参会前发放第一部分问卷，包括冲突量表、内聚力量表、人口统计量表，半小时后收回第一部分问卷；在被调研者开会 1 小时结束后发放第二部分问卷，包括决策质量量表和冲突管理方式量表。问卷采取现场发放，现场回收的方式。

三、变量选取与测量工具

（一）冲突量表

借鉴 Jehn（1995）编制的人际冲突量表（Interpersonal Conflict Scale，简称 ICS）。该量表是测量群体内冲突的代表性量表。本研究根据高校组织环境对项目内容作了修改，包括 8 个项目，其中 4 个项目是测量关系冲突，如“班子成员之间常有个人恩怨”，“班子成员之间暗地里互相较劲”等；另

4个项目测量任务冲突，如“班子成员在完成工作任务的方式、方法上存在意见分歧”，“班子成员之间在工作观点上存在不同意见”等。采用Likert5点量表作答，“1”代表“完全不符合”，“5”代表“完全符合”。本次研究中冲突量表的Cronbach α值为0.863。

（二）内聚力量表

参考Bollen和Hoyle（1990）开发的内聚力量表（Perceived Cohesion Scale，简称PCS）[1]，同时对其中项目内容进行修正。内聚力包括个体对特定群体的归属感及与作为群体成员相联系的士气感，该量表包含7个项目。测量归属感的项目包括4个：“在这个班子中，我有很强的归属感”“在内心，我觉得自己是团队共同体的一部分”等；测量士气感的项目包括3个：“我为自己在这个班子中工作感到高兴”“我对这个班子满怀激情”等。采用Likert 5点量表作答，“1”代表“完全不符合”，“5”代表“完全符合”。本次研究中内聚力量表的Cronbach α值为0.924。

（三）决策质量量表

参考Amason（1997）的决策质量量表[2]，该量表包括3个项目：“您对决策质量的总体看法怎样”；“相对于决策的最初意图；决策质量怎样”；“在促进组织发展的作用上，决策质量怎样”。采用Likert 5点量表作答，“1”代表“很差”，“5”代表“非常好”。本次研究中决策质量量表的Cronbach α值为0.948。

（四）冲突管理方式量表

参考Tjosvold等人（2003）和Barker（1988）等人[3]编制的“冲突管理方式”量表，并根据高校管理情境从中选取了10个条目，分布于合作、竞争和回避三个维度上。合作方式包括4个条目，如“班子成员倡导同舟共济的态度”“班子成员寻求‘兼顾各方’的问题解决方式”等；竞争方式包括3个条目，如“班子成员要求他人站在自己的立场上”“班子

[1] Bollen K A, Hoyle R H. Perceived cohesion: A conceptual and empirical examination [J]. Social Forces, 1990, 69 (2): 479-504.

[2] Amason A C, Sapienza H J. The effects of top management team size and interaction norms on cognitive and affective conflict [J]. Journal of Management, 1997 (23): 449-516.

[3] Barker J, Tjosvold D, Andrews I R. Conflict approaches of effective and ineffective managers: A field study in a matrix organization [J]. Journal of Management Studies, 1988 (25): 167-178.

成员主张他人让步但自身拒绝妥协”等；回避方式包括 3 个条目，如“班子成员通过掩盖差异来逃避问题”“班子成员宁可放弃公开讨论也要维持表面和谐”等。采用 Likert 5 点量表作答，“1”代表“完全不符合”，“5”代表“完全符合”。本次研究中，冲突管理量表的 Cronbach α 值为 0.620。

四、统计分析

采用 SPSS19.0 以及 AMOS17.0 分析数据。统计分析方法包括相关分析法和层级回归分析法等。

第三节　研究结果

一、主要变量的描述性统计及相关关系

从表 9-1 可以看出，任务冲突、关系冲突均与内聚力、决策质量负相关，并达到显著水平。同时，相关分析还显示任务冲突与关系冲突显著正相关，验证了假设 1。为了排除上述关系中人口统计学变量的干扰，采用回归分析探讨任务冲突、关系冲突对团队绩效的预测效应。

二、任务冲突、关系冲突对团队绩效各维度的回归分析

控制人口学变量，将任务冲突、关系冲突分别对内聚力、决策质量以及团队绩效作回归分析。由于篇幅有限，本研究只呈现回归分析中第二步的结果，如表 9-2 所示。表中结果显示：任务冲突对内聚力的回归系数为 -0.575（$p<0.001$），对决策质量的回归系数为 -0.482（$p<0.001$），对总的团队绩效的回归系数为 -0.567（$p<0.001$），任务冲突可以显著负向预测内聚力、决策质量以及团队绩效；关系冲突对内聚力的回归系数为 -0.596（$p<0.001$），对决策质量的回归系数为 -0.533（$p<0.001$），对总的团队绩效的回归系数为 -0.605（$p<0.001$），关系冲突也可以显著负向预测内聚力、决策质量以及团队绩效。此结果验证了假设、假设 2a、假设 2b、假设 2c 和假设 2d。

表 9-1　各主要变量的描述性统计及相关关系（n = 117）

变量	$M \pm SD$	1	2	3	4	5	6	7	8
1. 任务冲突	2.58 ± 0.75	0.767							
2. 关系冲突	1.92 ± 0.77	0.568**	0.877						
3. 内聚力	4.03 ± 0.68	-0.596**	-0.623**	0.921					
4. 决策质量	4.02 ± 0.68	-0.518**	-0.562**	0.740**	0.948				
5. 团队绩效	4.03 ± 0.63	-0.597**	-0.635**	0.933**	0.933**	0.943			
6. 合作方式	3.75 ± 0.55	-0.395**	-0.524**	0.550**	0.567**	0.604**	0.608		
7. 竞争方式	2.32 ± 0.82	0.518**	0.604**	-0.534**	-0.503**	-0.556**	-0.266**	0.626	
8. 回避方式	2.74 ± 0.81	0.426**	0.482**	-0.409**	-0.367**	-0.416**	-0.177	0.719**	0.796

注：* 表示 $p < 0.05$，** 表示 $p < 0.01$，*** 表示 $p < 0.001$，下同。对角线为该量表的 Cronbach's α 系数。

表 9-2 任务冲突、关系冲突对团队绩效及各维度的回归分析（$n=117$）

	团队绩效					
控制变量	内聚力	内聚力	决策质量	决策质量	团队绩效	团队绩效
性别	-0.141	-0.161	-0.161	-0.179	-0.162	-0.183
年龄	0.003	0.024	-0.061	-0.046	0.031	-0.012
职务	-0.066	-0.086	-0.207	-0.220	-0.146	-0.164
职称	0.010	-0.035	-0.011	-0.047	-0.001	-0.044
政治面貌	-0.155	-0.133	-0.077	-0.056	-0.125	-0.101
工龄	-0.097	-0.118	-0.076	-0.088	-0.093	-0.110
自变量						
任务冲突	-0.575***		-0.482***		-0.567***	
关系冲突		-0.596***		-0.533***		-0.605***
R^2	0.420	0.452	0.346	0.402	0.433	0.484
ΔR^2	0.313	0.344	0.220	0.276	0.304	0.355
F 值	11.293***	12.838***	8.254***	10.482***	11.876***	14.617***

注：表中报告了标准化β系数。下同。

三、冲突管理方式对团队冲突与团队绩效的调节作用分析

采用多层回归法分析冲突管理方式的调节作用。由于本研究中所采用的团队绩效包括内聚力、决策质量两个维度，因此将分别探讨冲突管理方式对团队冲突与内聚力、决策质量的调节作用。

（一）冲突管理方式对团队冲突与内聚力的调节作用

第一步将人口统计学变量引入方程，第二步将自变量任务冲突、关系冲突引入方程，第三步将调节变量冲突管理方式（包括合作、竞争、回避）引入方程，并将自变量与调节变量的乘积引入方程，观察R^2有无显著变化。结果如表 9-3~表 9-5 所示。

表 9-3 合作方式对任务冲突和内聚力调节作用的回归分析（$n=117$）

		内聚力		
		（第一步）	（第二步）	（第三步）
第一步	性别	-0.148	-0.097	-0.102
	年龄	0.077	0.020	-0.038
	职务	-0.156	-0.017	-0.016
	职称	-0.058	-0.008	-0.024
	政治面貌	-0.180	-0.162*	-0.173
	工龄	-0.229	-0.047	0.001
第二步	任务冲突		-0.444***	-1.408***
	合作		0.343***	-0.138
第三步	任务冲突*合作			0.902*
	R^2	0.108	0.514	0.537
	ΔR^2	0.108	0.406	0.023
	F 值	2.216*	14.273***	13.803***

从表 9-3 可以看出，在第三步中任务冲突与合作的乘积对内聚力的回归系数为 0.902，并且达到了 0.05 的显著水平，对内聚力的预测作用增加了 2.3%，这说明合作方式可以正向调节任务冲突与内聚力的关系。其交互作用如图 9-1 显示：当任务冲突增加时，合作水平高的团队其内聚力水平下降幅度小于合作水平低的团队。此结果验证了假设 3a。

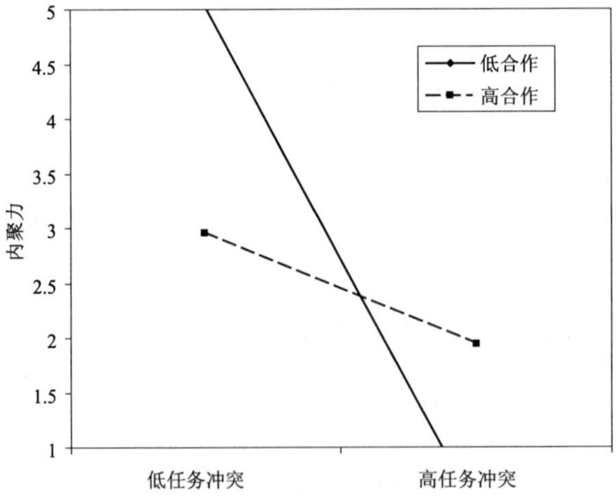

图 9-1 任务冲突与合作方式对内聚力的交互作用

表 9-4 合作方式关系冲突和内聚力调节作用的回归分析（*n*=117）

		内聚力		
		（第一步）	（第二步）	（第三步）
第一步	性别	-0.148	-0.122	-0.111
	年龄	0.077	0.036	0.010
	职务	-0.156	-0.047	-0.028
	职称	-0.058	-0.042	-0.008
	政治面貌	-0.180	-0.145	-0.156*
	工龄	-0.229	-0.080	-0.026
第二步	关系冲突		-0.457***	-1.712***
	合作		0.273***	-0.170
第三步	关系冲突*合作			1.104**
	R^2	0.108	0.514	0.537
	ΔR^2	0.108	0.406	0.023
	F 值	2.216*	14.273***	13.803***

从表 9-4 可以看出，在第三步中关系冲突与合作的乘积对内聚力的回归系数为 1.104，并且达到了 0.01 的显著水平，对内聚力的预测作用增加了 3.5%，这说明合作方式可以正向调节关系冲突与内聚力的关系。其交互作用示意图如图 9-2 显示：随着关系冲突的增加，合作水平高的团队其内聚力下降幅度小于合作水平低的团队。此结果验证了假设 3c。

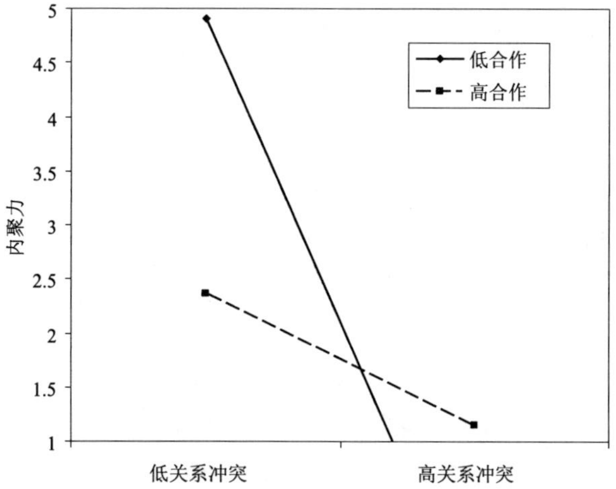

图 9-2 关系冲突与合作方式对内聚力的交互作用

表 9-5 竞争方式对关系冲突和内聚力调节作用的回归分析（$n=117$）

		内聚力		
		（第一步）	（第二步）	（第三步）
第一步	性别	-0.148	-0.177*	-0.167*
	年龄	0.077	-0.043	-0.041
	职务	-0.156	-0.075	-0.080
	职称	-0.058	-0.071	-0.058
	政治面貌	-0.180	-0.125	-0.146*
	工龄	-0.229	-0.103	-0.085
第二步	关系冲突		-0.438***	0.069
	竞争		0.265***	0.035
第三步	关系冲突*竞争			-0.743*
	R^2	0.108	0.494	0.516
	ΔR^2	0.108	0.386	0.022
	F 值	2.216*	13.169***	12.661***

从表 9-5 第三步可以看出，关系冲突与竞争的乘积对内聚力的回归系数为 -0.743，并达到了 0.05 的显著水平，对内聚力的预测作用增加了 2.2%，这说明竞争方式负向调节关系冲突与内聚力的关系。其交互作用如图 9-3 显示：随着关系冲突的增加，竞争水平高的团队其内聚力水平下降，而竞争水平低的团队内聚力反而上升。此结果验证了假设 4c。

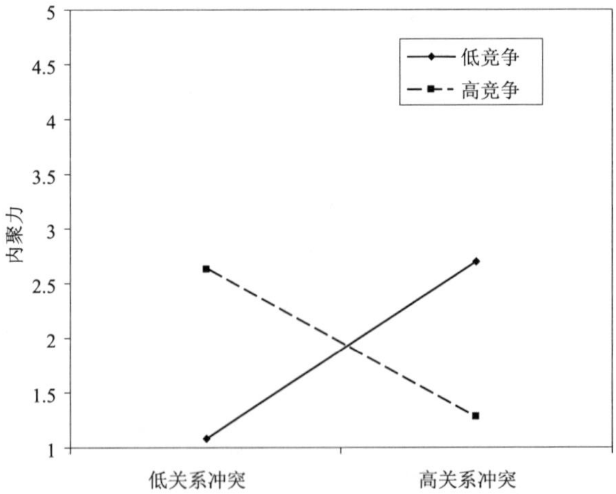

图 9-3 关系冲突与竞争对内聚力的交互作用

（二）冲突管理方式对团队冲突与决策质量的调节作用

第一步将人口统计学变量引入方程，第二步将自变量任务冲突、关系冲突引入方程，第三步将调节变量冲突管理方式（包括合作、竞争、回避）引入方程，并将自变量与调节变量的乘积引入方程，观察 R^2 有无显著变化。结果如表 9-6~表 9-8 所示。

表 9-6　合作方式对关系冲突和决策质量调节作用的回归分析（$n=117$）

		决策质量		
		（第一步）	（第二步）	（第三步）
第一步	性别	-0.167	-0.130	-0.119
	年龄	0.002	-0.031	-0.057
	职务	-0.282	-0.172*	-0.153*
	职称	-0.068	-0.056	-0.024
	政治面貌	-0.098	-0.071	-0.081
	工龄	-0.187	-0.040	-0.012
第二步	关系冲突		-0.359***	-1.570
	合作		0.343***	-0.084
第三步	关系冲突*合作			1.066**
	R^2	0.126	0.483	0.515
	ΔR^2	0.126	0.356	0.033
	F 值	2.655*	12.593***	12.641***

从表 9-6 第三步可以看出，关系冲突与合作的乘积对决策质量的回归系数为 1.066，并达到了 0.01 的显著水平，对决策质量的预测作用增加了 3.3%，这说明合作方式正向调节关系冲突与决策质量的关系。其交互作用如图 9-4 显示：随着关系冲突的增加，合作水平高的团队其决策质量下降幅度小于合作水平低的团队。此结果验证了假设 3d。

从表 9-7 第三步可以看出，关系冲突与竞争的乘积对决策质量的回归系数为-0.979，并达到了 0.01 的显著水平，对决策质量的预测作用增加了 3.8%，这说明竞争方式负向调节关系冲突与决策质量的关系。其交互作用如图 9-5 显示：随着关系冲突的增加，竞争水平高的团队其决策质量下降，而竞争水平低的团队其决策质量上升。此结果验证了假设 4d。

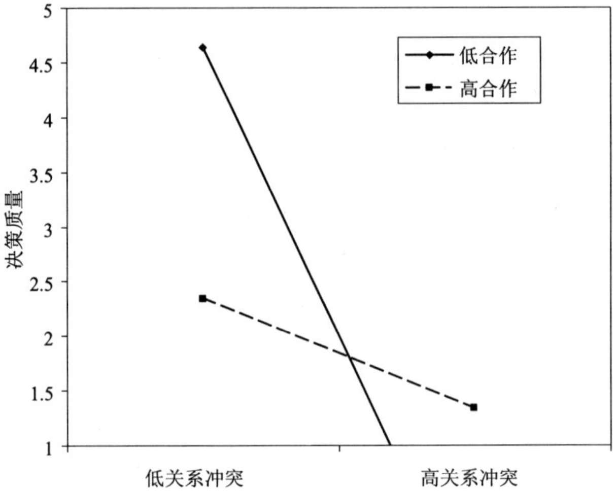

图 9-4　关系冲突与合作对决策质量的交互作用

表 9-7　竞争方式对关系冲突和决策质量调节作用的回归分析（*n*=117）

		决策质量		
		（第一步）	（第二步）	（第三步）
第一步	性别	-0. 167	-0. 196	-0. 183*
	年龄	0. 002	-0. 115	-0. 114
	职务	-0. 282	-0. 209*	-0. 215*
	职称	-0. 068	-0. 085	-0. 068
	政治面貌	-0. 098	-0. 047	-0. 075
	工龄	-0. 187	-0. 072	-0. 048
第二步	关系冲突		-0. 370***	0. 299
	竞争		-0. 275**	0. 121
第三步	关系冲突*竞争			-0. 979**
	R^2	0. 126	0. 447	0. 485
	ΔR^2	0. 126	0. 321	0. 038
	F 值	2. 655*	10. 926***	11. 215***

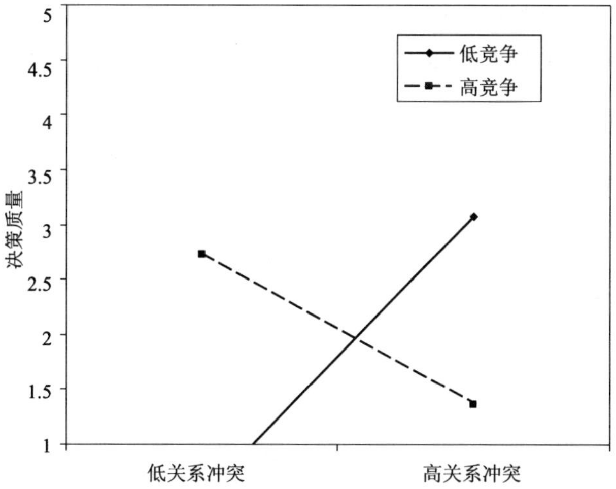

图 9-5 关系冲突与竞争方式对决策质量的交互作用

表 9-8 回避方式对关系冲突和决策质量调节作用的回归分析（*n*=117）

		决策质量		
		（第一步）	（第二步）	（第三步）
第一步	性别	-0.167	-0.186*	-0.164*
	年龄	0.002	-0.055	-0.069
	职务	-0.282	-0.222*	-0.220*
	职称	-0.068	-0.039	-0.032
	政治面貌	-0.098	-0.056	-0.074
	工龄	-0.187	-0.074	-0.048
第二步	关系冲突		-0.466***	0.058
	回避		-0.141	0.171
第三步	关系冲突*回避			-0.743*
	R^2	0.126	0.417	0.438
	ΔR^2	0.126	0.291	0.021
	F 值	2.655*	9.670***	9.267***

从表 9-8 第三步可以看出，关系冲突与回避的乘积对决策质量的回归系数为-0.743，并达到了 0.05 的显著水平，对决策质量的预测作用增加了 2.1%，这说明回避方式负向调节关系冲突与决策质量的关系。其

交互作用如图 9-6 显示：随着关系冲突的增加，回避水平高的团队其决策质量下降，而回避水平低的团队其决策质量上升。此结果验证了假设 5d。

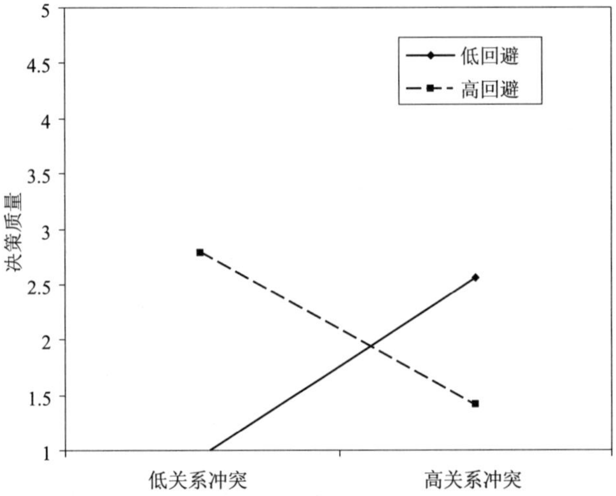

图 9-6　关系冲突与回避方式对决策质量的交互作用

第四节　讨论与分析

一、高校团队冲突对团队绩效的作用机制

本研究以高校管理团队为重点，探讨了高校管理团队冲突与团队绩效的关系以及冲突管理方式的调节作用。研究发现，任务冲突与关系冲突正相关，并且任务冲突与关系冲突均负向预测团队绩效，合作可以正向调节任务冲突、关系冲突与内聚力的关系以及关系冲突与决策质量的关系，竞争负向调节关系冲突与内聚力、决策质量之间的关系，回避负向调节关系冲突与决策质量之间的关系。上述研究结果进一步丰富了中国本土尤其是高校组织有关团队冲突和团队绩效关系的研究。

（一）任务冲突、关系冲突均负向预测团队绩效

对于任务冲突与关系冲突的转化，本次研究取得了与此前研究相一致的结果。Simons 和 Peterson（2000）认为任务冲突转变为关系冲突的一个

原因就是团队成员不当的行为（inappropriate behavior）[1]，也就是说在任务冲突过程中，团队成员会由于其他成员的辩论方法（debate tactics）或冲突管理方式不当而感到受伤害、羞愧或感到受冒犯，因此将冲突转变为关系冲突。但同时关系冲突也可能以任务冲突的形式显现，这是因为在中国这样的人情社会、面子社会下，部分关系冲突可能混迹于任务冲突中，以“任务”为借口表现出来（刘军，刘松博[2]，2008）。

在高校管理团队中，任务冲突负向预测团队绩效，这与通常人们对于任务冲突的理解有明显差异。究其原因，我们认为这与高校内部特殊的组织结构和人员构成有关。本次研究90%以上的样本来自于各高校的中层及以上管理岗位，在我国高校教师普遍存在“双肩挑”的情况下不难想象，部分被试者来自于学术研究人员。在实际工作中，这部分人员一直所固有的学术自由的管理理念，与一直从事行政管理工作的管理人员所奉行的科层管理概念必然会产生不可调和的矛盾。在现代高校发展过程中一个重要的冲突表现就是，科层管理与学术自治间的冲突。科层管理普遍追求效率和标准化以及层级之间的节制，而学术自治追求学术自由，二者在工作目标上的差异往往也会导致冲突。虽然有人提倡这种“双肩挑”的管理模式可以吸收来自学术和管理层的双重意见，弥合二者之间的矛盾，但实际上这种方式起到的作用似乎不大，其根本原因还是在于教师与管理者两个群体之间长期存在着文化隔阂（林杰[3]，2007）。

对于关系冲突对内聚力、决策质量的消极影响，本研究取得了与此前研究一致的结果（Ensley，Pearson，Amason[4]，2000；郎淳刚等[5]，2007；

---

[1] Simons T, Peterson R. Task conflict and relationship conflict in top management teams: The pivotal role of intragroup trust [J]. Journal of Applied Psychology, 2000 (85): 102-111.

[2] 刘军，刘松博. 企业高层管理团队冲突管理方式理论及证据 [J]. 经济理论与经济管理，2008 (2): 58-64.

[3] 林杰. 美国大学的组织冲突及冲突管理 [J]. 清华大学教育研究，2007，28 (1): 105-113.

[4] Ensley M P, Pearson A W, Amason A C. Understanding the Dynamics of New Venture Top Management Teams-cohesion, conflict, and new venture performance [J]. Journal of Business Venturing, 2000 (17): 365-386.

[5] 段淳刚，席酉民，郭士伊. 团队冲突对团队决策质量和满意度影响的实证研究 [J]. 管理评论，2007，19 (7): 10-15.

王国锋等[1]，2007）。关系冲突极易造成团队成员之间的隔阂、摩擦、不信任，导致团队积极性下降，并进而影响团队成员的归属感和团队的士气以及对决策质量的感知。

（二）冲突管理方式在团队冲突与团队绩效之间的调节作用

合作方式可以缓冲任务冲突对内聚力的消极影响，也可以缓冲关系冲突对内聚力、决策质量的消极影响。合作方式是一种双赢的问题解决方式，力求调和双方的矛盾。本研究发现，合作可以正向调节任务冲突、关系冲突与团队绩效的关系，这与此前某些研究取得了相同的结果。团队成员开诚布公探讨问题并互相尊重、互相信任，有利于双方找到最优解决方案，并且使团队成员的归属感、团队士气提高。对于合作并不能缓冲任务冲突与决策质量的关系，我们认为有两个原因：一是本次研究的样本量偏小，使得研究结果有一定的误差；二是决策质量只是被试者的主观感受，填答可能存在偏差。

竞争方式可以加剧关系冲突对内聚力、决策质量的消极影响。竞争方式会使冲突双方的对抗升级，讨论陷入僵局，影响团队绩效。而竞争方式通常表现为上下级之间的命令或不容置疑的决定，这会给团队其他成员带来深刻的伤害并阻碍团队成员间的交流和讨论，不利于解决问题。

在集体主义价值观的影响下，中国人倾向于维护和谐的人际关系，发生冲突后更易采取回避的态度（Jehn & Weldon[2]，1992；Tse et al.[3]，1994）。但是回避方式并不是化解冲突的灵丹妙药，本研究发现回避方式未能调节任务冲突与内聚力、决策质量的关系以及关系冲突与内聚力之间的关系，但是能够负向调节关系冲突与决策质量的关系。此前也有个别研

[1] 王国锋，等．高管团队冲突、凝聚力与决策质量的实证研究［J］．南开管理评论，2007，10（5）：89-93.

[2] Jehn K，Weldon E. A comparative study of managerial attitudes toward conflict in the United States and the People's Republic of China：Issues of theory and measurement ［C］//Annual Meeting of the Academy of Management，Las Vegas，NV. 1992.

[3] Tse D K，Francis J，Walls J. Cultural differences in conducting intra-and inter-cultural negotiations：A Sino-Canadian comparison ［J］．Journal of International Business Studies，1994（24）：537-555.

究未发现（Chou，Yeh[1]，2007）冲突管理方式（包括回避）对冲突与团队绩效有调节作用。对此原因，我们认为，当团队成员对于某项问题出现意见不合、价值观相左的情况，采用回避方式给对方一定时间重新思考，避免正面冲突是可以接受的策略。

对于回避方式未能调节关系冲突与内聚力之间的关系，我们认为，这与中国的集体主义文化价值观有关。凝聚力是具有浓厚集体主义色彩的一个概念（李海等[2]，2009）。高校相对稳定的工作环境也使其凝聚力水平较高，因此虽然团队间会出现关系冲突，但回避方式并未对其造成更深的影响。对于回避方式加剧关系冲突对决策质量的消极影响，我们认为回避方式使得团队成员对组织公平的认知降低，团队效能下降（Chen & Tjosvold[3]，2002），这也会造成团队成员对组织决策的认可度降低。

二、研究意义与未来方向

通过对高校管理团队冲突作用机制的探索，本研究具有如下现实意义：

（1）充分认识高校团队建设的重要价值。目前高校内的各级团队承担着组织决策、教学科研、信息沟通、职能保障等各项任务，是高校正常运转和持续发展的重要组成单位，团队建设的重要性不言而喻。只有建成精诚合作、团结进取的优秀团队，才能保证高校不断向更高的目标迈进。

（2）改善团队内部沟通策略，降低关系冲突；科学设计组织架构流程，降低任务冲突。良好的沟通方式有利于营造和谐的人际关系，创造舒心的工作环境，促进成员间的交流和互相理解，从而有效减少关系冲突的发生。建立扁平化的组织架构，增加同级别成员间的交流，提高组织的灵活性和沟通效率；同时全方位开辟沟通渠道，为成员间交换意见提供平

---

[1] Chou H W，Yeh Y J. Conflict，conflict management and performance in ERP teams [J]. Social Behavior and Personality，2007，35（8）：1035-1048.

[2] 李海，张勉，李博．组织凝聚力结构与影响因素：案例研究与理论建构 [J]. 北京师范大学学报：社会科学版，2009（6）：47-56.

[3] Chen G，Tjosvold D. Conflict management and team effectiveness in China：The mediating role of justice [J]. Asia Pacific Journal of Management，2002（19）：557-572.

台，有助于减少任务冲突。

（3）加强管理培训，改善冲突管理方式。团队冲突的解决不仅依赖于有效的组织管理，还需要成员掌握一定的问题解决策略和方式方法，因此有必要开展相关管理培训，提升团队成员对冲突危害的认识，帮助其掌握有效的冲突解决方法。

本次研究虽然取得了明显的研究成果，但整个研究尚存在一些不足：

（1）采集样本地区较为集中，主要在北部地区，而且样本量不大，这可能会影响研究的外部效度。

（2）由于团队层面数据采集的难度较大，本研究中仅采集了个体层面的数据作为团队绩效指标，这可能影响研究的内部效度。

针对上述研究不足，我们认为，未来研究应需要扩大样本容量，同时应尽力收集团队层面的数据。此外，研究结果虽然揭示出高校管理团队任务冲突与关系冲突的正相关关系，但是对于二者转化的深层原因以及转化机制还需要进一步明晰。而且冲突管理方式不仅会影响冲突与绩效间的关系，也会影响团队成员对两种冲突类型的感知（Tjosvold，Law，Sun[1]，2006），因此探讨冲突管理方式与冲突之间的关系也是未来研究的方向之一。除此之外，其他团队因素，如信任、沟通方式、领导风格等也应加以考察，从而深入了解“冲突—绩效”之间的作用机制。

第五节　研究小结

本研究通过实证研究方法探讨了高校管理团队中不同冲突方式对团队绩效的影响，以及冲突管理方式的调节作用。结果发现：

（1）在中国高校管理团队中任务冲突与关系冲突均与内聚力、决策质量负相关，这与中国本土的某些研究取得了一致的结论；

（2）合方式作可以正向调节任务冲突、关系冲突与内聚力的关系以及

〔1〕 Tjosvold D，Law K S，Sun H. Conflict in Chinese teams：Conflict types and conflict management approaches［J］. Management and Organization Review，2006（2）：231-252.

关系冲突与决策质量的关系；

（3）竞争方式负向调节关系冲突与内聚力、决策质量的关系；

（4）回避方式负向调节关系冲突与决策质量的关系。

上述研究结果对于高校团队建设具有一定的指导意义。在高校管理团队中，要积极倡导团结协作、开诚布公的管理理念，营造积极和谐的沟通氛围，加强团队成员冲突管理技能的学习。

第十章　高校管理团队冲突对团队绩效的作用机制（二）

在高等教育竞争日益国际化和高校内部变革日趋加深的背景下，团队冲突作为影响团队绩效的关键性过程变量，在高校团队的研究中尤为重要。如今，高校规模扩大带来的组织结构及功能变化，激化了学术权力和行政权力不分所带来的群体间冲突，严重消耗教育资源，引发教育腐败，损害教授心理，长此以往将严重削弱高校发挥其应有的社会职能[1]。而社会转型、高校改革又必将带来组织结构、权力结构、利益结构及职能的调整，进一步触发利益群体间的矛盾冲突[2]。因此，深入了解冲突各维度的影响作用方式，对于高校建立起良性的冲突解决机制，促进高校团队的有效运作将具有重要的积极意义。在以往的企业管理学领域已经验证了信任对于冲突的良性调节作用，本章则以我国高校为背景，探讨高校团队内部冲突、信任及团队绩效的相互关系，为建立高校良性冲突机制、提升高校团队绩效、建设研究型大学、促进高等教育国际化进程提供依据。

〔1〕 王丽坤．冲突论视角下高校内部学术权力与行政权力的耦合［J］．教育理论与实践：学科版，2011，31（9）：3-5.

〔2〕 董泽芳，郝朝晖．社会转型期高校组织冲突及管理［J］．江苏高教，2012，1（1）：5-8.

第一节　文献综述和研究假设

以往的管理团队研究中，大多关注组织高层管理团队（Top Management Team，简称 TMT）。TMT 是由在组织中主要承担战略决策职责的高层管理者组成的团队，是决定组织发展和影响组织绩效的核心群体。高校和企业虽属不同的组织类型，但其管理对象都是人，具有相同的基本需求和特征。因此，高校管理团队研究也应充分吸收企业高层管理团队的相关研究成果。Hambirck 和 Mason（1984）的高层梯队理论模型强调〔1〕，TMT 的活动绩效需从团队组成、团队结构和团队过程等方面来描述和测量。此后，Carpenter 等（2004）在对该模型的修正中归纳出了最显著的调节变量，其中包括团队过程，并提出 TMT 绩效可包括战略绩效和高层梯队本身的绩效〔2〕。在我国，TMT 现有研究总体处于由团队构成向团队过程深入的阶段〔3〕。Hambrick（1996）认为纯粹的人口学变量比主观过程变量包含更多“噪声”〔4〕。刘军（2007）等人也认为运作过程是横亘于高效团队组成与绩效间的黑匣子，使 TMT 运作过程成为研究重点〔5〕。基于此，本研究认为现阶段对团队过程变量的整合对解释绩效更具有意义。团队运作过程，包括团队成员间的沟通、冲突、信任、领导等行为。本研究侧重对高校团队的考察，团队成员包含低中高各层管理者。相较 TMT 理论，本研究中的管理团队的含义更广，但两者研究角度和测量方法

---

〔1〕 Hambrick D C，Mason P A. Upper echelons：The organization as a reflection of its top managers [J]. Academy of Management Review，1984：193-206.

〔2〕 Carpenter M A，Geletkanycz M A，Sanders W G. Upper echelons research revisited：Antecedents，elements，and consequences of top management team composition [J]. Journal of Management，2004，30（6）：749-778.

〔3〕 熊斌，葛玉辉，陈真英．高层管理团队研究的视角转向：从人口统计特征到互动过程 [J]. 科技管理研究，2012，32（23）：135-137.

〔4〕 Hambrick D C，Cho T S，Chen M J. The influence of top management team heterogeneity on firms' competitive moves [J]. Administrative Science Quarterly，1996：659-684.

〔5〕 刘军，李永娟，富萍萍．高层管理团队价值观共享，冲突与绩效：一项实证检验 [J]. 管理学报，2007，4（5）：644-653.

有相似处，因此本研究借鉴了 TMT 相关理论成果，着重考察管理团队运行过程中的冲突与信任变量对团队绩效的影响作用。

在此需要说明的是，本章中的团队绩效包括内聚力和决策质量，团队冲突包括任务冲突和关系冲突。关于上述概念的理论内涵，请见第九章的“第一节　文献综述和研究假设”部分，此处不再赘述。

一、团队冲突与团队绩效的关系

冲突是高校团队运作过程中的重要变量。Jehn（1994）总结团队冲突的研究，将冲突分为任务冲突和关系冲突〔1〕。任务冲突源于认知差异，表现为团队成员对任务的目标、方法的意见不统一；而关系冲突则是成员间由于个人原因引起的摩擦，包括人际间的紧张、偏见、仇恨等。这与 Amason（1996）的认知冲突与情绪冲突的分类〔2〕相一致，任务冲突与认知冲突相对应，关系冲突与情绪冲突相对应〔3〕。由于“关系”比“情绪”更具体易量化，因此本研究采用 Jehn 的分类法，区分任务冲突与关系冲突两个维度。

现有研究结果普遍显示关系冲突与团队绩效存在负相关（Simons & Peterson〔4〕，2000；De Dreu & Weingart〔5〕，2003；Langfred〔6〕，2007）。Ensley（2002）等研究表明〔7〕，认知冲突与团队内聚力正相关。王国锋，

〔1〕 Jehn K A. Enhancing effectiveness：An investigation of advantages and disadvantages of value-based intragroup conflict［J］. International Journal of Conflict Management，1994，5（3）：223-238.

〔2〕 Amason A C. Distinguishing the effects of functional and dysfunctional conflict on strategic decision making：Resolving a paradox for top management teams［J］. Academy of Management Journal，1996，39（1）：123-148.

〔3〕 刘军，李永娟，富萍萍．高层管理团队价值观共享，冲突与绩效：一项实证检验［J］. 管理学，2007，4（5）：644-653.

〔4〕 Simons T L，Peterson R S. Task conflict and relationship conflict in top management teams：The pivotal role of intragroup trust［J］. Journal of Applied Psychology，2000，85（1）：102-111.

〔5〕 De Dreu C K W，Weingart L R. Task versus relationship conflict，team performance，and team member satisfaction：A meta-analysis［J］. Journal of Applied Psychology，2003，88（4）：741-749.

〔6〕 Langfred C W. The downside of self-management：A longitudinal study of the effects of conflict on trust，autonomy，and task interdependence in self-managing teams［J］. Academy of Management Journal，2007，50（4）：885-900.

〔7〕 Ensley M D，Pearson A W，Amason A C. Understanding the dynamics of new venture top management teams：cohesion，conflict，and new venture performance［J］. Journal of Business Venturing，2002，17（4）：36-386.

李懋和井润田（2007）在我国的实证研究中也发现[1]，团队内情绪冲突增多会降低决策质量。有关任务冲突与团队绩效关系的现有研究结果则存在不一致性。一方面，Ensley（2002）认为情绪冲突与团队内聚力负相关。Amason（1996）发现高效团队的任务冲突与其成员对决策的理解、情感接受度以及团队决策质量正相关[2]。Kurtzberg 和 Mueller（2005）认为[3]，针对工作任务产生的冲突能引导成员对不同观点进行质疑并深入探讨，促进成员间相互学习，从而有利于产生新创意，提高团队决策效率和创新性。而另一方面，Simons 和 Peterson（2000）研究得出当决策速度快时，任务冲突才能促进团队绩效[4]。DeDreu 和 Weingart（2003）通过元分析发现任务冲突和关系冲突均与团队绩效负相关[5]。Langfred（2007）的研究表明任务冲突对团队自治有负面作用[6]。综上所述，任务冲突的积极作用是基于某些特定条件的。

此外，Amason 等研究认为，认知冲突时常引起高管成员间的分歧从而激发情绪冲突，两种冲突往往相伴而生。De Dreu & Weingart（2003）[7]得出的任务冲突和关系冲突的平均相关系数高于 0.45。郎淳刚等（2007）针对中国人事不分的现象进行研究，发现当产生团队冲突时，成员往往因为误解矛盾原因而产生消极情绪反应，使任务冲突转变为关系冲突[8]。

---

〔1〕王国锋，李懋，井润田．高管团队冲突/凝聚力与决策质量的实证研［J］．南开管理评论，2007，1（5）：89-93.

〔2〕Amason A C. Distinguishing the effects of functional and dysfunctional conflict on strategic decision making：Resolving a paradox for top management teams［J］. Academy of Management Journal，1996，39（1）：123-148.

〔3〕Kurtzberg T R，Mueller J S. The influence of daily conflict on perceptions of creativity：A longitudinal study［J］. International Journal of Conflict Management，2005（16）：335-353.

〔4〕Simons T L，Peterson R S. Task conflict and relationship conflict in top management teams：The pivotal role of intragroup trust［J］. Journal of Applied Psychology，2000，85（1）：102-111.

〔5〕De Dreu C K W，Weingart L R. Task versus relationship conflict，team performance，and team member satisfaction：A meta-analysis［J］. Journal of Applied Psychology，2003，88（4）：741-749.

〔6〕Langfred，C. W. The downside of self-management：A longitudinal study of the effects of conflict on trust，autonomy，and task interdependence in self-managing teams［J］. Academy of Management Journal，2007，50（4）：885-900.

〔7〕De Dreu C K W，Weingart L R. Task versus relationship conflict，team performance and team member satisfaction：A meta-analysis［J］. Journal of Applied Psychology，2003，88（4）：741-749.

〔8〕郎淳刚，席酉民，郭士伊．团队内冲突对团队决策质量和满意度影响的实证研究［J］．管理评论，2007，19（7）；10-15.

我国已有研究也显示认知冲突与情绪冲突对组织绩效、团队绩效均产生负向作用[1]。因此本研究仅讨论冲突对高校团队绩效的影响。据此本研究假设：

假设1：任务冲突与关系冲突正相关。

假设2：冲突负向影响团队绩效。

假设2a：任务冲突负向影响内聚力；

假设2b：任务冲突负向影响决策质量；

假设2c：关系冲突负向影响内聚力；

假设2d：关系冲突负向影响决策质量。

二、团队信任与团队绩效关系

信任是高校团队运作过程中的另一重要变量。Lewis 和 Weigert（1985）将信任区分为不同维度[2]，即工作导向信任是成员间基于理性认知的信任，专注于工作与任务；而关系导向信任是基于感性的信任，专注于情感与社交。以往研究显示，信任可以从凝聚力和决策质量两个方面促进团队绩效。研究者指出，信任促使团队成员依据他人对其角色期望来调整自身行为，从而调整沟通行为模式，提升团队凝聚力。Edmondson（1999）认为信任还能促进团队成员间的主动学习和信息交换，提高成员参与度，从而提升凝聚力[3]。同时，具有高度信任的团队还会更加容忍多样性（Edmondson，1999），形成全面及时的信息、知识分享（Dooley & Fryxell[4]，1999；秦开银等[5]，2010），提升沟通的开放性

[1] 丁楠．高效团队社会网络、运作过程与绩效间关系研究——基于中国一拖的实证分析［D］．苏州：江苏大学，2010：105.

[2] Lewis J D，Weigert A. Trust as a social reality［J］. Social Forces，1985，63（4）：967-985.

[3] Edmondson A，Moingeon B. Learning，trust and organizational change［M］. Organizational learning and the learning organization，London：Sage，1999.

[4] Dooley R S，Fryxell G E. Attaining decision quality and commitment from dissent：The moderating effects of loyalty and competence in strategic decision-making teams［J］. Academy of Management Journal，1999，42（4）：389-402.

[5] 秦开银，杜荣，李燕．临时团队中知识共享对快速信任与绩效关系的调节作用研究［J］．管理学报，2010，7（1）：98-102.

(赵西萍等[1]，2008)，促进合作（De Jong B A et al[2]，2010)，从而易于获得更全面的视角，采用更优方式灵活解决问题（Smith et al[3]，1994)。高信任团队能够更好地利用团队资源（Bromiley & Cummings[4]，1995)，形成团队决策，提升成员完成任务的信心并促进决策的执行，从而提高决策质量（Ancona & Caldwell[5]，1992)。基于上述，提出如下假设：

假设3：信任正向影响团队绩效。

假设3a：工作导向信任正向影响内聚力；

假设3b：工作导向信任正向影响决策质量；

假设3c：关系导向信任正向影响内聚力；

假设3d：关系导向信任正向影响决策质量。

三、团队信任在团队冲突与团队绩效关系中的中介作用

团队信任与团队冲突这两个过程变量彼此之间也存在紧密联系。团队成员间的信任能够帮助团队成员自然地发表意见，激发思维多样性，减少任务冲突带来的障碍，从而提升决策质量；与此同时，信任也能抑制和降低关系冲突，提升凝聚力，帮助团队建立更有益的建设性冲突模式，提升团队绩效（porter & Lily[6]，1996；Simons & Peterson[7]，2000；Jehn &

---

〔1〕赵西萍，杨扬，辛欣．团队能力，组织信任与团队绩效的关系研究［J］．科学学与科学技术管理，2008（3)：155-159.

〔2〕De Jong B A，Elfring T. How does trust affect the performance of ongoing teams? The mediating role of reflexivity，monitoring，and effort［J］．Academy of Management Journal，2010，53（3)：535-549.

〔3〕Smith K G，Smith K A，Olian J D，Sims H P，O' Bannon D P，Scully J A. Top management team demography and process ：The role of social integration and communication［J］．Administrative Sciences Quarterly，1994，(39)：412-438.

〔4〕Bromiley P，Cummings L L. Transactions costs in organizations with trust［J］．Research on Negotiation in Organizations，1995（5)：219-250.

〔5〕Ancona D G，Caldwell D F. Bridging the boundary：External activity and performance in organizational teams［J］．Administrative Science Quarterly，1992：634-665.

〔6〕Porter T W，Lilly B S. The effects of conflict，trust，and task commitment on project team performance［J］．International Journal of Conflict Management，1996，7（4)：361-376.

〔7〕Simons T L，Peterson R S. Task conflict and relationship conflict in top management teams：The pivotal role of intragroup trust［J］．Journal of Applied Psychology，2000，85（1)：102-111.

Mannix[1]，2001；Peterson & Behfar[2]，2003）。团队成员间的信任可以降低人们对彼此间观点差异的负面归因，减少任务冲突引发的关系冲突（卢红旭[3]，2011）。

在前文分析任务冲突与关系冲突关系时指出，在我国由于两者的易混淆性，任务冲突的增加并不能显著提升团队绩效，甚至会降低团队绩效。因此，工作导向信任并不能通过提升任务冲突来对团队绩效产生正向影响。但是工作导向信任和关系导向信任却可以促使团队成员对任务冲突进行正确、积极的归因从而降低任务冲突的负向作用，提升团队绩效。关系导向信任是基于成员间对彼此人品、价值观的了解而形成的情感上的信任，有助于减少团队间的关系冲突，提升内聚力和决策质量，从而提升团队绩效。工作导向信任一方面有助于降低人们对个人关系的依赖程度，将注意力、精力放在对团队工作有益的地方，从而降低个体对人际摩擦的关注，另一方面还能通过对任务冲突的正确归因，减少任务冲突被误解为关系冲突的可能性。这两方面使得工作导向信任能够通过减少关系冲突提升团队绩效。总之，信任使得高校团队对冲突的接受程度提高，从而有助于团队成员建立起良好的、富有建设性的冲突机制。本研究提出假设：

假设4：信任在冲突与团队绩效关系中起中介作用。

假设4a：工作导向信任对任务冲突和内聚力关系起中介作用；

假设4b：工作导向信任对任务冲突和决策质量关系起中介作用；

假设4c：关系导向信任对任务冲突和内聚力关系起中介作用；

假设4d：关系导向信任对任务冲突和决策质量关系起中介作用；

假设4e：关系导向信任对关系冲突和内聚力关系起中介作用；

假设4f：关系导向信任对关系冲突和决策质量关系起中介作用；

---

〔1〕 Jehn K A, Mannix E A. The Dynamic Nature of Conflict: A Longitudinal Study of Intragroup Conflict and Group Performance [J]. Academy of Management Journal, 2001, 44 (2): 238-251.

〔2〕 Peterson R S, Behfar K J. The dynamic relationship between performance feedback, trust, and conflict in groups: A longitudinal study [J]. Organizational Behavior and Human Decision Processes, 2003, 92 (1): 102-112.

〔3〕 卢红旭．团队冲突对团队绩效的影响机理研究——基于信任的视角［D］．杭州：浙江工业大学，2011：58.

假设 4g：工作导向信任对关系冲突和内聚力关系起中介作用；

假设 4h：工作导向信任对关系冲突和决策质量关系起中介作用。

第二节　研究方法

一、样本选取

本研究以北京和西安两地高校的管理者为研究对象进行了问卷调查，他们服务于高校管理工作，致力于高校发展。因此，调查对象对高校团队运行现状比较熟悉，对高校团队决策及团队内部凝聚力现状比较了解。

本研究共下发问卷 151 份，由于问卷包含条目较多，研究者删除了部分有较多遗漏或是明显填写得很敷衍的问卷，得到有效问卷 105 份，问卷有效率为 70%。被调查者中，男性占 60%，年龄以 31~50 岁（78.1%）为主，副处级及以上职务的占绝大部分（62.9%），职称以副高及以上为主（57.1%），中级职称占 36.2%，工龄 21 年以上的较多（37.1%），其次是 11~20 年（36.2%）及 6~10 年（22.9%）。

二、研究程序

为了减少可能产生的社会称许性反应偏差，问卷采用匿名的方式进行调查，发放时向被调查者保证问卷仅用于学术研究，不会对个人升迁和绩效考核有任何影响，请被调查者放心客观地填写。为了保证被调查者对如何填写问卷有清晰的了解，我们采用现场发放，当场回收的方式，在发放问卷之前，对发放问卷的目的及研究意义和注意事项进行了详细的说明。为了减少共同方法偏差，我们在被调查者参与的党校会议开始前发放了第一部分问卷，包含冲突量表、信任量表及人口学量表，在半小时后收回第一部分问卷；在被调研者开会 1 小时结束后发放第二部分问卷，包含信任量表及团队绩效量表，并于会议结束后回收。问卷采用现场发放，现场回收的方式。

三、测量工具

（一）团队冲突测量

冲突量表取自 Jehn（1995）编制的人际冲突量表（Interpersonal Conflict Scale，简称 ICS），ICS 是测量群体内冲突的代表性量表[1]。本研究对项目内容作了修改，包括 8 个项目，其中 4 个项目测量情绪冲突，如“班子成员之间常有个人恩怨”，“班子成员之间暗地里互相较劲”等；另 4 个项目测量认知冲突，如“班子成员在完成工作任务的方式、方法上存在意见分歧”，“班子成员之间在工作观点上存在不同意见”等。采用 Likert 5 点量表，“1”代表“完全不符合”，“5”代表“完全符合”。本次冲突量表的 Cronbach α 值为 0.871。

（二）团队信任测量

本研究对团队信任的测量借鉴和修正了 McAllister（1995）的信任量表，从工作导向信任和关系导向信任两个方面进行测量[2]。5 个项目对工作导向信任进行测量，如“班子成员是令人尊敬的”，“接触过班子成员的人，都认为他们是值得信任的”等。5 个项目测量关系导向信任，如“如果班子中一人离开，我们都会认为是一种损失”，“班子成员会建设性地对其他成员的问题做出回应”等。采用 Likert 5 点量表，“1”代表“完全不符合”，“5”代表“完全符合”。本次团队信任量表的 Cronbach α 值为 0.895。

（三）团队绩效测量

本研究从内聚力和决策质量两个维度测量团队绩效。内聚力测量参照 Bollen 和 Hoyle（1990）开发的内聚力量表（Perceived Cohesion Scale，简称 PCS），同时对其中项目内容进行修正[3]。内聚力包括个体对特定群体

---

〔1〕 Jehn K A. A multimethod examination of the benefits and detriments of intragroup conflict [J]. Administrative Science Quarterly, 1995: 256-282.

〔2〕 McAllister D J. Affect-and cognition-based trust as foundations for interpersonal cooperation in organizations [J]. Academy of Management Journal, 1995: 24-59.

〔3〕 Bollen K A, Hoyle R H. Perceived cohesion: A conceptual and empirical examination [J]. Social Forces, 1990, 69 (2): 479-504.

的归属感及与作为群体成员相联系的士气感，该量表包含 7 个项目。测量归属感的项目包括 4 个："在这个班子中，我有很强的归属感"，"在内心，我觉得自己是团队共同体的一部分"等；测量士气感的项目包括 3 个："我为自己在这个班子中工作感到高兴"，"我对这个班子满怀激情"等。采用 Likert 5 点量表，"1"代表"完全不符合"，"5"代表"完全符合"。对决策质量的测量参考了 Amason（1997）的决策质量量表，并对其中项目内容作了修正[1]。该量表包括 3 个项目："您对决策质量的总体看法怎样"，"相对于决策的最初意图，决策质量怎样"，"在促进组织发展的作用上，决策质量怎样"。采用 Likert 5 点量表，"1"代表"很差"，"5"代表"非常好"。本次内聚力和决策质量量表的 Cronbach α 值分别为 0.891 和 0.863。

四、统计分析

本研究使用 SPSS 20.0 进行统计分析。采用了相关、回归等统计分析方法。

第三节　研究结果

一、变量描述及相关性分析

表 10-1 列出了本研究各主要变量的平均数、标准差和相关矩阵。由表中结果可知，任务冲突、关系冲突、工作导向信任、关系导向信任、内聚力和决策质量两两之间都呈现显著的正相关（$p<0.01$），这验证了假设 1，即任务冲突与关系冲突正相关。其中内聚力与决策质量相关度高达 0.73；内聚力和决策质量分别与关系冲突、工作导向信任、关系导向信任的相关度都高于 0.60。以上结果表明，自变量与因变量具有较高的相关

〔1〕 Amason A C, Sapienza H J. The effects of top management team size and interaction norms on cognitive and affective conflict [J]. Journal of Management, 1997, 23 (4): 495-516.

性，这为进一步验证任务冲突和关系冲突，工作导向信任和关系导向信任以及团队绩效之间作用关系的相关假设奠定了基础。为了厘清各变量之间的关系，本研究使用层级回归方法进一步分析检验。

表 10-1 相关变量的平均值、标准差及相关系数

变量	*M*	*SD*	1	2	3	4	5	6
1. 任务冲突	2.89	0.76	(0.72)					
2. 关系冲突	2.06	0.82	0.50**	(0.91)				
3. 工作导向信任	4.03	0.77	-0.39**	-0.49**	(0.89)			
4. 关系导向信任	3.71	0.78	-0.30**	-0.62**	0.71**	(0.84)		
5. 内聚力	3.91	0.69	-0.33**	-0.65**	0.70**	0.72**	(0.93)	
6. 决策质量	3.86	0.57	-0.32**	-0.60**	0.73**	0.64**	0.73**	(0.93)

注：* 表示 $p<0.05$；** 表示 $p<0.01$，*** 表示 $p<0.001$；下同。对角线括号内为内部一致性系数。

二、高校团队冲突对团队绩效的作用机制

（一）高校团队冲突、团队信任与团队绩效的关系

首先，本研究验证高校团队任务冲突和关系冲突分别对内聚力（假设 2a，2c）和决策质量（假设 2b，2d）的负向影响。第一步将人口学变量（性别、年龄、职务、职称、政治面貌和工龄）作为控制变量进入模型，然后自变量进入模型。由表 10-2 可知，任务冲突和关系冲突显著负向影响内聚力（$\beta=-0.30$，$p<0.01$；$\beta=-0.65$，$p<0.001$），对决策质量也都有显著的负向影响（$\beta=-0.31$，$p<0.01$；$\beta=-0.59$，$p<0.001$）。

本研究采用与上文相同的方法步骤进行分层回归，进一步验证假设 3a，3c 和假设 3b，3d，即高校团队工作导向信任和关系导向信任对内聚力和决策质量都具有正向影响。由表 10-2 可以看出，在被调查者人口学变量给定的情况下，工作导向信任对内聚力和决策质量都具有显著的正向影响（$\beta=0.69$，$p<0.001$；$\beta=0.73$，$p<0.001$），关系导向信任对内聚力和决策质量也具有显著的正向影响（$\beta=0.72$，$p<0.001$；$\beta=0.64$，$p<0.001$）。

表 10－2　高校团队冲突、信任与团队绩效的回归分析

变量	内聚力				决策质量			
	模型一	模型二	模型三	模型四	模型一	模型二	模型三	模型四
自变量：								
任务冲突	−0.30**				−0.31**			
关系冲突		−0.65***				−0.59***		
工作导向信任			0.69***				0.73***	
关系导向信任				0.72***				0.64***
R^2	0.14	0.45	0.53	0.57	0.13	0.37	0.56	0.45
ΔR^2	0.09	0.40	0.48	0.52	0.09	0.33	0.53	0.41
F	2.28*	11.47***	15.51***	18.22***	2.02	8.04***	17.98***	11.21***

注：表中报告了标准化β系数。

（二）高校团队信任对任务冲突与团队绩效关系的中介效应

根据 Baron 与 Kenny（1986）提出的三步法，利用多元回归分析对工作导向信任及关系导向信任的中介效应进行假设检验：

（1）验证自变量（任务冲突和关系冲突）与中介变量（工作导向信任和关系导向信任）相关性显著；

（2）验证自变量与因变量（团队绩效）显著相关；

（3）当自变量与中介变量同时进入回归方程时，中介变量能够显著预测因变量，考察自变量对因变量的回归系数是否降低或不再显著。

表 10-2 的数据结果分析已证明，任务冲突对内聚力和决策质量均具有显著的负向作用。由表 10-3 可知，模型五、模型八分别表明，任务冲突对工作导向信任和关系导向信任有显著负向作用（$\beta=-0.40$，$p<0.001$；$\beta=-0.30$，$p<0.01$），可以继续下一步检验。模型六中，将任务冲突、工作导向信任同时放入回归模型，结果显示工作导向信任对内聚力预测作用显著（$\beta=0.68$，$p<0.001$），而任务冲突对团队绩效的负向作用不再显著（$\beta=-0.03$，$p>0.5$）。任务冲突和工作导向信任共同解释了内聚力 53% 的变异量，变异量解释增量为 39%。这证明工作导向信任在任务冲突和内聚力的关系中起到了完全中介效应（验证了假设 4a）。模型七采用相同方法得出工作导向信任对决策质量预测作用显著（$\beta=0.72$，$p<0.001$），此时任务冲突对决策质量的负向作用不再显著（$\beta=-0.03$，$p>0.5$）。任务冲突和工作导向信任共同解释了 57% 的变异量，变异量解释增量为 44%。这证明工作导向信任在任务冲突和决策质量的关系中起到了完全中介效应（验证了假设 4b）。

模型九中，将任务冲突、关系导向信任同时放入回归模型，结果显示关系导向信任对内聚力预测作用显著（$\beta=0.69$，$p<0.001$），而任务冲突对团队绩效的负向作用不再显著（$\beta=-0.10$，$p>0.5$）。任务冲突和工作导向信任共同解释了团队绩效 58% 的变异量，变异量解释增量为 44%。说明关系导向信任在任务冲突和内聚力的关系中也具有完全中介效应（验证了假设 4c）。同理，见模型十可知关系导向信任在任务冲突和决策质量的关系中也具有完全中介效应（验证了假设 4d）。

（三）高校团队信任对关系冲突与团队绩效关系的中介效应

第一步，表 10-2 的数据结果分析已证明，关系冲突与内聚力、决策质量呈显著负相关。

第二步，模型十一、模型十四分别验证了关系冲突对关系导向信任和工作导向信任有显著负向作用（$\beta=-0.64$，$p<0.001$；$\beta=-0.52$，$p<0.001$）。

第三步，将关系冲突与关系导向信任同时放入回归模型，结果可见表10-4，模型十二的数据结果表明，关系导向信任对内聚力预测作用显著（$\beta=0.53$，$p<0.001$），并且关系冲突对内聚力的作用依然显著。与放入中介变量之前相比，回归系数由 $\beta=-0.65$，$p<0.001$ 提高为 $\beta=-0.31$，$p<0.001$。在控制变量给定时，关系冲突和关系导向信任共同解释了内聚力62%的变异量，变异增量为17%。这说明关系导向信任在关系冲突和内聚力的关系中具有部分中介效应（验证了假设4e），中介效应与总效应比值为0.52（$-0.64\times0.53/-0.65$）；由据模型十三数据结果可知，关系导向信任在关系冲突和决策质量的关系中也具有部分中介效应（验证了假设4f），中介效应与总效应比值为0.50（$-0.52\times0.50/-0.65$）。模型十五和模型十六是将关系冲突与工作导向信任同时放入的回归模型，数据结果表明工作导向信任对内聚力预测作用显著（$\beta=0.50$，$p<0.001$）。关系冲突对内聚力的作用也依然显著，与放入中介变量之前相比，回归系数由（$\beta=-0.65$，$p<0.001$）提高为（$\beta=-0.39$，$p<0.001$）。控制变量给定时，关系冲突和工作导向信任共同解释了内聚力64%的变异量，变异增量为18%。这说明工作导向信任在关系冲突和内聚力的关系中具有部分中介效应（验证了假设4g），中介效应与总效应比值为0.40（$-0.64\times0.46/-0.59$）；由模型十六的结果可知，工作导向信任在关系冲突和决策质量的关系中具有部分中介效应（验证了假设4h），中介效应与总效应比值为0.52（$-0.52\times0.59/-0.59$）

第四节　讨论与分析

一、团队冲突对团队绩效的作用机制

本研究通过对我国高校团队运行过程的实证研究，具体探讨了团队成员间的任务冲突和关系冲突对团队绩效的作用方式，并且分析了工作导向信任和关系导向信任在其中所起的中介作用。

表 10-3 高校团队信任在任务冲突对团队绩效作用中的中介效应层级回归检验

	模型五		模型六		模型七		模型八		模型九		模型十	
因变量	工作导向信任		内聚力		决策质量		关系导向信任		内聚力		决策质量	
步骤	一	二	一	二	一	二	一	二	一	二	一	二
控制变量:												
性别	-0.04	0.02	-0.10	-0.11	0.01	0.00	-0.06	-0.01	-0.10	-0.09	0.01	0.02
年龄	0.01	0.06	0.04	0.00	0.09	0.05	0.00	0.03	0.04	0.01	0.09	0.07
职务	0.01	-0.03	0.00	0.03	0.12	0.14	0.05	0.02	0.00	-0.01	0.12	0.11
职称	0.01	0.02	0.11	0.10	0.14	0.12	-0.06	-0.06	0.11	0.15	0.14	0.17
政治面貌	-0.02	0.00	-0.05	-0.05	0.03	0.04	-0.01	0.00	-0.05	-0.06	0.03	0.03
工龄	0.04	0.00	-0.06	-0.06	0.04	0.04	-0.02	-0.05	-0.06	-0.03	0.04	0.06
自变量:												
任务冲突		-0.40***	-0.30**	-0.03	-0.31**	-0.03		-0.30**	-0.30**	-0.10	-0.31**	-0.13
中介变量:												
工作导向信任				0.68***		0.72***						
关系导向信任										0.69***		0.61***
R^2	0.01	0.16	0.14	0.53	0.13	0.57	0.01	0.09	0.14	0.58	0.13	0.46
ΔR^2	0.01	0.15	0.09	0.39	0.09	0.44	0.01	0.09	0.09	0.44	0.09	0.33
F	0.09	17.41***	2.28*	13.49***	2.02*	15.61***	0.11	9.11**	2.28*	16.32***	2.02*	10.31***

注：表中报告了标准化 β 系数。

表 10－4　高校团队信任在关系冲突对团队绩效作用中的中介效应层级回归检验

	模型十一		模型十二		模型十三		模型十四		模型十五		模型十六	
因变量	关系导向信任		内聚力		决策质量		工作导向信任		内聚力		决策质量	
步骤	一	二	一	二	一	二	一	二	一	二	一	二
控制变量:												
性别	-0.06	0.02	-0.07	-0.08	0.04	0.03	-0.04	0.02	-0.07	-0.08	0.04	0.03
年龄	0.00	0.03	0.03	0.01	0.08	0.07	0.01	0.03	0.03	0.01	0.08	0.06
职务	0.05	-0.06	-0.08	-0.05	0.05	0.08	0.01	-0.08	-0.08	-0.04	0.05	0.10
职称	-0.06	-0.12	0.05	0.11	0.08	0.13	0.01	-0.03	0.05	0.07	0.08	0.10
政治面貌	-0.01	-0.02	-0.07	-0.06	0.01	0.02	-0.02	-0.03	-0.07	-0.06	0.01	0.03
工龄	-0.02	-0.06	-0.07	-0.04	0.03	0.06	0.04	0.01	-0.07	-0.07	0.03	0.03
自变量:												
关系冲突		-0.64***	-0.65***	-0.31***	-0.59***	-0.29**		-0.52***	-0.65***	-0.39***	-0.59***	-0.29***
中介变量:												
关系导向信任				0.53***		0.46***						
工作导向信任										0.50***		0.59***
R^2	0.01	0.40	0.45	0.62	0.37	0.50	0.01	0.26	0.45	0.64	0.37	0.62
ΔR^2	0.01	0.39	0.40	0.17	0.33	0.13	0.01	0.25	0.40	0.18	0.33	0.26
F	0.11	9.22***	11.47***	19.77***	8.04***	11.84***	0.09	4.80***	11.47***	21.09***	8.04***	19.92***

注：表中报告了标准化β系数。

本研究进一步证实，在我国高校组织背景下，关系冲突依然是损害团队绩效的重要原因。大多数的关系冲突是功能失调的，聚焦于个人的愤怒与憎怨，针对个人而非任务本身。这加剧了人与人之间性格、气质、价值观等方面的差异，弱化了相互之间的理解，因此阻碍了任务的完成，降低了团队绩效。在前人研究中，任务冲突对团队绩效的作用存在一定的争议。本研究发现，在我国高校组织环境中，任务冲突对高校团队绩效总体上具有负面作用，这可能源于任务冲突与关系冲突间的相互转换。Simons 和 Peterson（2000）的研究发现任务冲突和关系冲突的平均相关系数达到 0.47，而团队信任可以削弱人们对差异观点的负面归因，调控减弱任务冲突与关系冲突间的正相关关系。Mooney 等（2007）在以团队特征作为中介变量，考察任务冲突对关系冲突影响的研究中发现，任务冲突是关系冲突的前因，对其具有直接的影响[1]。本研究中任务冲突和关系冲突也具有显著正相关（0.50，$p<0.01$）。

虽然任务冲突与关系冲突具有正相关，但国外的大多研究认为任务冲突属于建设性冲突，通过激发不同观点的碰撞有助于对现实的多角度认识、提升决策质量、促进团队绩效。而本研究却得出了相反的结论。思考其原因在于中国人相对更重面子，在中国文化背景下，更易将人事混为一谈。卢红旭（2011）也分析到，一旦团队成员间发生冲突，冲突各方更易将任务冲突归因于关系冲突，引发负面情绪。当团队成员间观点出现争议时，有些成员可能认为他人不尊重自己的判断，认为他人在批评自己，或是感到自己的能力受到了质疑，甚至对他人记恨在心。而且，工作导向信任对任务冲突与团队绩效关系的完全中介作用进一步表明了这一点。在工作中彼此高度信任，就几乎能防止任务冲突转化为关系冲突进而削弱团队绩效。关系导向信任对任务冲突与团队绩效关系也起到完全中介作用，当成员间关系融洽时，任务冲突引起的关系问题也会相应减少，从而消除任务冲突的消极影响。这与 Simons 和 Peterson 的研究结论相一致，当 TMT 成员间相互信任时，认知冲突就不会被解释成情绪冲突。另一方面，郎淳刚

〔1〕 Mooney A C, Holahan P J, Amason A C. Don't take it personally: Exploring cognitive conflict as a mediator of affective conflict [J]. Journal of Management Studies, 2007, 44 (5): 733-758.

等（2007）也分析指出，中国提倡和谐社会，人们为了维持人际和谐尽力回避认知分歧，也可能抑制任务冲突的潜在积极作用。中国人往往碍于关系、人情和面子而不敢直接面对冲突，传统中国人特别在意他人对自己的看法，这种面对冲突的关系导向思维会导致人们产生这样的想法：若是自己以直接方式处理冲突，会引起对方对自己的消极认知。如果双方对某一问题因思维角度不同而产生了结论上的差异冲突，这样的冲突不及时处理就会为决策效果带来隐患。

工作导向信任比关系导向信任对任务冲突的负面作用削弱也较强。这一方面暗示，在我国文化背景下，人们是可以较好地区分这两种信任；另一方面也表明当团队成员之间发生任务冲突时，想办法促进团队成员间对彼此工作能力、工作意愿等的相互理解与信任，就能完全消除这种认知差异造成的冲突的负面效应，甚至产生许多西方研究者认为的促进团队绩效的效应。从理论上看关系导向信任直接削弱团队成员间的关系冲突，而工作导向信任则是通过减少任务冲突，降低成员对关系摩擦的注意力来间接削弱关系冲突。从数据结果上来看，关系导向信任也确实比工作导向信任对关系冲突的负面作用削弱力要强。在工作环境中，虽然任务冲突与关系冲突显著正相关，但中国人事实上很看重工作能力等客观事实，而非严重的“人事不分”。很大一部分关系冲突是由任务冲突转化而来的，工作导向信任抑制了这一转化过程，从而极大地削弱了关系冲突对团队绩效的负面作用。

二、实践价值

（一）提升专业化水平，增进成员间工作导向信任

基于工作导向信任对非建设性冲突的削弱作用，在团队构建及运行的过程中，应当更加关注成员彼此间的工作导向信任。提供平台加强团队沟通和交流，以增进成员间的相互了解，增进对彼此工作能力和工作责任感的认识，增加成员在正式任务中互动的机会，让成员更加清晰彼此的角色以帮助彼此更好地完成角色任务。在高校组织情景中，需要明确党委、行政、学术委员会、教职工代表大会等各方的工作角色，提升各方职能的专门化，同时增强各角色的专业化水平，尤其是行政部门人员的行政服务能

力，并促进各方的合作与协同。学术权力群体致力于学术水平提升，行政权力群体致力于教育方针、办学思想的落实，双方消除偏见，携手促进办学质量。同时也要建立能够实施谈判、调停的机构，来帮助各方在激烈冲突中达成共识。

（二）开辟交流渠道，增进成员间关系导向信任

关系导向信任对关系冲突的负面影响具有的抑制作用，因此要注意促进团队成员建立相互信任的人际关系。定期适当地组织一些团队活动，为团队成员提供了解彼此兴趣以及为人处事的机会，从而增进团队成员的感情，提升成员间的团队内聚力。当成员对团队拥有了强烈的责任感、使命感，对其他成员行为拥有了较高的认同感后，成员间出现矛盾冲突时便不会采取破坏性的手段来处理，而会站在双方共同的立场上采取理性、共赢的方式，这将有益于提升团队绩效。

（三）帮助成员正确理解冲突本质，提高冲突管理能力

通过学习引导帮助团队成员理解任务冲突的特征，把任务冲突与关系冲突区分开来，提倡“对事不对人”的工作态度。提倡建设性冲突和开放性讨论，减少团队成员因避免与其他人的专业领域冲突而忽略错误或无所作为的行为，从而减少不当行为对团队绩效的消极影响。学术权力群体、行政权力群体各方都需要承认冲突的客观存在，学术权力必然要通过行政的方式行使，而行政权力也离不开学术权力的监督和管理，互动性是两者关系的基本特点。各方需要认识到互动是不可避免的，而互动必然带来冲突。对待冲突不能回避，而是要增进互动与了解，提高冲突管理能力，增进决策质量和执行效果。

三、局限与展望

本研究努力遵循规范的研究范式，得出了一些颇有意义的结论。但基于人力、条件及时间的限制，必然存在一定的局限性，需要在以后进一步完善。

（1）从样本选取来看，研究样本虽然在总体数量上达到了统计分析的要求，也揭示出了我国高校团队总体运作上的一些规律，但仍待扩大样本覆盖范围，进行推广验证，以提升研究的外部效度。

（2）主要进行了横截面研究，缺乏对团队发展阶段的考虑。Jehn 和 Mannix（2001）认为团队发展不同阶段的冲突类型和程度都不一样[37]。后续研究可以采用纵向研究来考察团队冲突与团队绩效间的关系。

（3）本研究探索了团队信任对团队冲突和团队绩效的中介作用，后续研究可以加入其他过程变量，例如沟通、协作等。

（4）本研究仅仅对我国高校管理团队绩效及相关过程变量进行了探讨，以后可以进行跨文化研究，探明不同文化背景中，团队冲突可能的影响机理，这将有助于团队领导者尤其是跨文化组织领导者结合具体的文化情境进行团队管理。

第五节　研究小结

基于上述分析，针对我国高校管理团队，本研究有如下发现：

（1）任务冲突和关系冲突均对团队绩效产生负向作用；

（2）工作导向信任和关系导向信任均对团队绩效产生显著的正向作用；

（3）工作导向信任和关系导向信任对任务冲突和团队绩效的关系起到完全中介作用；

（4）工作导向信任和关系导向信任均对关系冲突和团队绩效的关系起到部分中介作用。本研究在对数据结果讨论分析的基础上为高校团队建设发展提出了具体的管理建议。

第十一章　高校管理团队冲突与组织公民行为的关系

随着我国高等教育的不断发展，高校在迈向国际化进程中也变得日益巨型化和社会化，高校管理工作也越来越趋于复杂化和多元化。过去“一个校长成就一所高校”的思维已不能适应当今高校发展的需要，高校的运营和管理更需要一个运筹帷幄、准确定位、科学决策、紧密协作的管理团队。然而，在国内外竞争激烈的环境下，加之管理工作的复杂性和团队成员的异质性，高校管理团队内部冲突凸显，团队成员对组织公正的渴望日趋强烈。基于高阶梯队理论（Upper Echelons Theory），学者们发现人口统计学特征、团队结构特征以及成员关系特征等是团队冲突的重要成因[1][2][3][4][5]。随着研究的不断深入，团队冲突被看作是解释

---

〔1〕 Hambrick D C, Mason P A. Upper Echelons: The organization as a reflection of its top managers [J]. Academy of Management Review, 1984 (9): 193-206.

〔2〕 Knight D, Pearce C L, Smith K G, *et al.* Top management team diversity, group process, and strategic consensus [J]. Strategic Management Journal, 1999, 20 (5): 445-465.

〔3〕 Talaulicar T, Grundei J, Werder A. Strategic decision making in start-ups: The effect of top management team organization and processes on speed and comprehensiveness [J]. Journal of Business Venturing, 2005 (20): 519-541.

〔4〕 Peterson R S, Behfar K J. The dynamic relationship between performance feedback, trust, and conflict in groups: a longitudinal study [J]. Organizational Behavior and Human Decision Process, 2003 (92): 102-112.

〔5〕 Amason A C, Sapienza H J. The effects of top management team size and interaction norms on cognitive and affective conflict [J]. Journal of Management, 1997 (23): 495-516.

团队绩效的重要变量[1][2]。而长期以来，传统的冲突理论认为冲突不利于团队绩效，应该尽量避免。后来学者们通过辩证的视角逐渐认识到冲突是一把双刃剑，如果能得到有效的管理，成员会表现出提高团队绩效的行为[3][4]。Forret 指出当团队出现冲突时，组织公正是团队成员最为关注的因素，这是因为它和组织公民性、忠诚、动机、组织氛围、工作满意度、生产效率等组织输出密切相关[5]。作为积极的心理状态，Williams，Pitre 和 Zainuba 认为组织公正能够增强组织公民行为的可能性[6]。

尽管诸多研究已经认可了团队冲突是影响团队绩效的重要因素，但已有的研究仍较多地停留在简单的“输入和输出”关系模型研究阶段，不能有效地解释模型中的内部运行机制。而且一直以来，团队绩效主要选取角色内绩效（In-role Performance），角色外绩效（Extra-role Performance）则很少被用来和团队冲突联系起来进行专门的研究。组织公民行为作为角色外绩效中使用最为广泛的指标，团队冲突通过什么样的机制作用于组织公民行为已成为理论界和业界人士共同关心的问题。当前我国仅有吕艾芹、施俊琦等尝试揭开这一作用机制的“黑箱”，对组织公正、信任两个变量在其过程中所起作用进行了初探[7]，可惜研究缺乏对不同类型的团队冲突对组织公民行为所产生影响进行更深入的剖析，这不能不说是理论上的缺憾。而且我国现有对组织公正和组织公民行为的研究都是将西方理论直接移植于国内研究，以企业组织为研究对象，忽视了对中国文化背景下其

〔1〕 Jehn K A. A multi-method examination of the benefits and determinants of intragroup conflict [J]. Administrative Science Quarterly, 1995, 40 (2): 256-282.

〔2〕 Pelled L H. Demographic diversity, conflict, and work group outcomes: An intervening process theory [J]. Organization Science, 1996, 7 (6): 615-631.

〔3〕 Mamman A. Workforce diversity: A diverse employee in a changing workplace [J]. Organization Studies, 1996, 17 (3): 449-477.

〔4〕 Richard O C. Racial diversity, business strategy, and firm performance: A resource-based view [J]. Academy of Management Journal, 2000, 43 (2): 164-177.

〔5〕 Forret M, Love M S. Employee justice perceptions and coworker relationships [J]. Leadership & Organization Development Journal, 2008, 29 (3): 248-260.

〔6〕 Williams S, Pitre R, Zainuba M. Justice and organizational citizenship behavior intentions: Fair rewards versus fair treatment [J]. The Journal of Social Psychology, 2002, 142 (1): 33-44.

〔7〕 吕艾芹，施俊琦，刘漪昊．团队冲突、团队信任与组织公民行为：组织公正感的中介作用 [J]. 北京大学学报：自然科学版，2012，48 (3)：500-506.

他组织类型的考虑。研究指出，风俗、习惯、道德、伦理等文化情境特征会影响团队成员的态度、价值观和信仰，以及对冲突的感知与处理，已有的研究结论是否同样适用于中国情景下的其他组织类型仍需要进一步研究[1]。

目前对组织公民行为的探讨尚处于起步阶段，关于团队冲突对组织公民行为的作用机理与传导机制的研究则更为罕见，而且鉴于 Forret 和 Williams 强调组织公正能够很好地预测组织公民行为，并且与团队冲突密切相关。本研究试图弥补当前的研究不足，在中国情景下，以高校管理团队这一独特组织类型为研究对象，探寻以组织公正为中介变量，建立不同类型的团队冲突对组织公民行为影响的理论模型。笔者期望本研究一方面有助于探索高校管理团队冲突、组织公正和组织公民行为之间的内在关系，拓展和丰富组织研究理论；另一方面为我国高校管理团队的管理实践提供有益的参考和启示。

第一节 文献综述与研究假设

一、组织公民行为的研究

在近 20 年，组织公民行为（Organizational Citizenship Behavior，OCB）作为应用心理学和组织行为学的研究热点，为个体、团队和组织绩效的研究做出了重大贡献。组织公民行为最早由 Bateman 和 Organ 于 1983 年正式提出，此后 Organ 对其概念不断完善并将其定义为“自觉自愿地表现出来的、非直接或明显地不被正式的报酬系统所认可的、能够从整体上提高组织效能的个体行为”[2]。尽管组织公民行为在提出之初没有受到学术界的重视，但到了 20 世纪 90 年代，学者们开始重视组织公民行为的价值，一

[1] Rahim M A，Blum A A. Global perspectives on organizational conflict [M]. Westport，CT：Praeger，2005.

[2] Organ D W. Organizational Citizenship behavior：The good soldier syndrome [M]. Lexington，MA：Lexington，1988.

方面组织公民行为本身就是一种关系绩效；另一方面，组织公民行为可以起到润滑组织、减少组织摩擦和组织交易成本的作用，从而提高成员工作积极性和工作能力水平，以及提高组织效率。作为基于社会交换（Social Exchange）的意愿性回报活动，组织公民行为的维度研究还存在着分歧，George 和 Jones 认为，组织公民行为是由背景因素决定的[1]。因此，研究中国背景下的管理团队问题，不能忽视中国的文化特征对组织公民行为维度划分的影响。因此本研究将采用华人学者樊景立在中国文化背景下所提出的组织公民行为特有的五个维度，包括组织认同、协助同事、敬业精神、人际和谐、保护公司资源[2]。

二、冲突性质的划分及组织公民行为的成因

在当今社会中，冲突作为一种普遍存在的现象，它不仅存在于人类社会的各个层面和领域中，还存在于所有的主体之中，而且引起冲突的原因是多元的，同时冲突也是不可避免的。团队冲突（Team Conflict）作为一种冲突类型，基于冲突的性质可将其划分为任务冲突和关系冲突[3]。关系冲突源于个人价值观念的不同导致团队成员存在的人际关系不和谐，包括关系紧张、生气和厌恶等。任务冲突则指在追求组织目标实现方面对于任务内容方面存在的争议，包括观点、意见和想法上的分歧。研究显示，团队冲突的这一划分同样适用于中国文化背景。

任何一个组织系统的设计都不是完美无缺的，如果只靠成员的角色内行为（In-role Behavior），很难达到组织目标，必须依靠员工的角色外行为（Extra-role Behavior）来弥补角色职责的不足，促使目标的实现。Podsakoff，MacKenzie 和 Paine 指出，组织公民行为产生的原因，主要可以

〔1〕George J M, Jones G R. Organizational spontaneity in context [J]. Human Performance, 1997, 10: 153-170.

〔2〕Farh J L, Earley P C, Lin S C. Impetus for action: A cultural analysis of justice and organizational citizenship behavior in Chinese society [J]. Administrative Science Quarterly, 1997, 42 (3): 421-444.

〔3〕Jehn K A. A qualitative analysis of conflict types and dimension organizational group [J]. Administrative Science Quarterly, 1997 (42): 530-557.

归结为个体层面和群体层面两方面的原因[1]。在个体层面，组织公民行为的产生依赖于个体的组织满意度；在群体层面，群体间的和睦程度能导致组织公民行为更多出现。然而，团队冲突的复杂性使得很难完全清晰地理清其对组织公民行为的影响，其中一个重要的原因在于不同类型的冲突对绩效的影响不同。

三、任务冲突：关系冲突与公民组织行为

关于任务冲突，特别是在处理不确定性和需要大量信息的问题时，少量的任务冲突能够引发群体思考，加深团队成员对问题的认识，扩大成员分析与解决问题的视野，使得团队在完成任务时更加灵活，更具效率和创新性。另一方面，Jehn 和 Mannix 指出过高的任务冲突会造成团队成员互不相让，内部关系紧张，产生敌意，乃至合作意愿下降，影响工作和任务的执行[2]。可以认为，中等程度的任务冲突既可以避免冲突的激化，又有助于团队成员获得充分的信息，对各种观点权衡利弊，集思广益并协调一致。这种认知上的冲突会增加成员对团队的责任感和归属感，进而愿意继续留在团队。当团队成员从积极的角度对自己的团队产生认同心理时，认为自己的命运与团队的命运紧密地联系在一起，必然会表现出组织规定以外的组织公民行为。基于上述分析，我们提出如下假设：

H1：任务冲突与组织公民行为呈倒 U 型的关系。

关于关系冲突，基于前面 John 和 Podsakoff 关于组织公民行为成因的观点，已有的研究结果显示，在个体层面，团队中的关系冲突与和工作满意度存在负向的关系[3]，关系冲突所产生的威胁、紧张、焦虑等负面情绪会对团队成员的认知能力产生抑制作用，干扰或妨碍团队成员工作的开展，降低成员对团队的满意度；在群体层面，De Dreu 发现关系冲突和合

---

〔1〕 Podsakoff P M, MacKenzie S B, Paine J B, *et al.* Organizational citizenship behavior: a critical review of the theoretical and empirical literature and suggestions for future research [J]. Journal of Management, 2000, 26 (3): 513-563.

〔2〕 Jehn K A, Mannix E A. The dynamic nature of conflict: a longitudinal study of intragroup conflict and group performance [J]. Academy of Management Journal, 2001 (44): 238-251.

〔3〕 De Church L A, Marks M A. Maximizing the benefits of task conflict: The role of conflict management [J]. International Journal of Conflict Management, 2001, 12 (1): 4-22.

作反应负相关，与竞争反应、回避反应正相关[1]。成员之间的关系不稳定会产生一定的心理隔阂，结果导致整体和谐程度较低。可以看出，关系冲突使得团队成员之间缺乏信任，难以相互理解，把时间和精力都集中在成员关系的协调上而非团队任务的制定和决策上，使得团队成员不愿意为团队投入自己角色要求之外的精力和资源，以协助同事工作和维持人际和谐。基于上述的文献分析，我们提出假设：

H2：关系冲突与组织公民行为负相关。

公正作为社会中基本的道德标准和行为准则，是众多学者要致力研究的领域。最早可以追溯到 Adams 的公平理论，主要讨论报酬的公平性对员工的影响。在此后研究中，Greenberg 在 1987 年提出组织公正（Organizational Justice）这一概念，是指个体对组织中公正的知觉，可以看出组织公正不是一种客观状态，而是一种主观判断。已有的组织公正理论从不同的维度对组织公正进行了分析，其中 Colquitt 认为组织公正感可以分为 4 个维度：分配公正、程序公正、人际公正和信息公正[2]。分配公正，即员工对所得报酬结果的公正感受；程序公正是组织成员知觉到的决策过程的公正程度，强调的是程序与过程；人际公正反映了人们在结果分配或程序执行中受到了尊重、礼貌和维持了尊严；信息公正强调的是在程序执行过程或分配过程中信息的传递和解释。

Organ 指出，今后组织公民行为的研究重点是检验潜在中介变量。在过去的 20 多年，越来越多的证据显示组织公正是影响组织内成员态度和行为的重要变量，且组织公正每个维度的影响效果是不一致的。在中国情境中，受传统文化的影响使得组织管理中具有浓厚的人治色彩，但随着组织管理规范化和科学化认识水平的提高，使得团队对于代表一时得失的分配公正开始淡化，对于代表长期行为的程序公正越来越重视。Moorman 在研究中发现，程序公正与组织公民行为显著相关，但分配公正与组织公民行

[1] De Dreu C K W. Productive conflict: The importance of conflict management and conflict issue [A]. In: De Dreu C K W, Van De Vliert E. Using Conflict in Organizations [C]. Sage: Thousand Oaks, 1997. 9-22.

[2] Colquitt J A. On the dimensionality of organizational justice: A construct validation of a construction validation of a measure [J]. Journal of Applied Psychology, 2001 (86): 386-400.

为的所有维度都不存在显著相关[1]。同时与西方文化强调个人与组织的工具性交换关系不同，在以人情关系为特征的中国文化背景下，个人与组织之间更倾向于感情性交换关系，个人与领导的上下级关系被看得相当重要。Pearce 强调，在以个人关系为基本元素的社会结构中，个人与领导之间的关系是个人认知雇佣关系的重要途径[2]。而人际公正和信息公正正是通过个人与领导的交换关系作用于个人的行为表现。基于以上理论和中国高校的管理情境，可以认为人际公正、信息公正和程序公正是比分配公正更重要的组织公民行为预测因素。

团队成员的组织公民行为作为基于社会交换的自愿性行为，在某种程度上来源于个体对组织公正的感知。可以通过心理契约理论（Psychological Contract Theory）来解释，作为联系团队成员和团队的纽带，心理契约反映了成员对于个人与所属组织之间交换关系的主观期望。如果团队成员感受到不公平的对待，便会对团队产生未能充分履行心理契约的认知，降低对团队的忠诚度和满意度，产生较差的角色表现和较多的离职倾向来保持心理契约的收支平衡，降低组织公民行为产生的可能性。因此，我们提出假设：

H3：组织公正和组织公民行为正相关。

与此同时，我们可以认为，中等程度下的任务冲突能产生开诚布公的交流，这种开放性的讨论能强化团队成员对于决策公正性的看法。组织做决策时能够考虑成员意见，领导能够为成员提供合理的解释、给予成员尊重和礼貌性对待，增强团队成员对组织公正的感知。而过强的任务冲突会造成团队内部关系紧张，难以相互理解，合作意愿下降，影响了工作任务的执行，降低了成员对组织的认同，进而对组织公正产生消极的认知。当团队出现关系冲突时，一系列研究显示，关系冲突会造成团队成员压力水平和离职意向增加，容易产生愤怒和失望等消极情绪，减少对工作的满意

[1] Moorman R H. Relationship between organizational justice and organizational citizenship behaviors: Do fairness perceptions influence employee citizenship? [J]. Journal of Applied Psychology, 1991 (76): 845-855.

[2] Pearce J L. Organization and management in the embrace of government [M]. Erlbaum, Malwah, NJ, 2001.

感和幸福感，进而影响员工对组织公正的认知[1][2]。Organ 曾指出，团队成员回应组织不公最直接的方法就是降低其组织公民行为，由于组织公民行为是一种自发的行为，不在组织角色要求的范围之内，减少这些行为一方面不会降低其角色绩效，另一方面也有利于缓解其内心的不公平感[3]。相反，如果团队成员对组织公正获得了积极的感知，他们更愿意表现出组织公民行为[4][5]。基于上述，我们提出以下假设，并构建了高校管理团队任务冲突、关系冲突、组织公正和组织公民行为之间的关系模型，如图 11-1 所示：

H4：任务冲突与组织公正呈倒 U 形的影响关系；

H5：组织公正对任务冲突与组织公民行为的关系起到中介作用；

H6：关系冲突与组织公正负相关；

H7：组织公正对关系冲突与组织公民行为的关系起到中介作用。

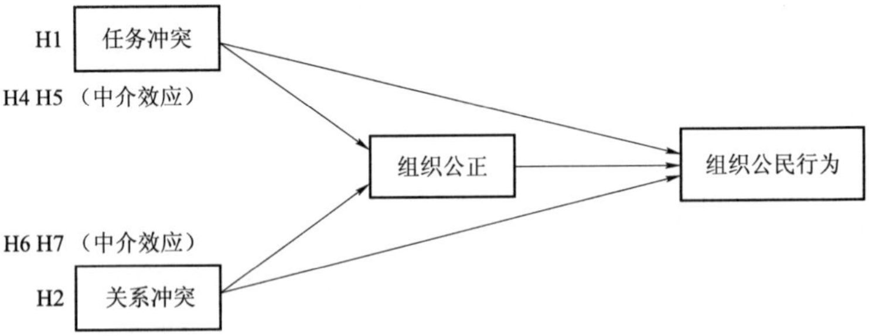

图 11-1　任务冲突、关系冲突、组织公正和组织公民行为之间的关系模型

[1] Medina F J, Munduate L, Dorado M A, *et al.* Types of intragroup conflict and affective reactions [J]. Journal of Managerial Psychology, 2005 (20): 219-230.

[2] Jehn K A, Greer L L, Levine S, *et al.* The effects of conflict types, dimensions, and emergent states on group outcomes [J]. Group Decision and Negotiation, 2008 (17): 465-495.

[3] Organ D. Organizational citizenship behavior: the good soldier syndrome [M]. Lexington, MA: Lexington Books, 1988.

[4] Eric G, Lambert, Nancy L, *et al.* Among correctional staff being the good soldier: Organizational citizenship behavior and commitment [J]. Criminal Justice and Behavior, 2008: 35-36.

[5] Blakely G, Andrew M, Moorman R. The moderating effects of equity sensitivity on the relationship between organizational justice and organizational citizenship behavior [J]. Journal of Business and Psychology, 2005 (20): 259-273.

第二节　研究方法

一、样本选取

本研究选取了教育部直属的 11 所高校及工信部直属的 3 所高校的管理者作为研究对象。该研究发放问卷 200 份，回收问卷 140 份，回收率为 70%，其中有效问卷 138 份，剔除无效问卷后，有效率为 98.5%。调研对象的人口学信息如下：男性占 64.5%，女性 35.5%；年龄在 30 岁以下者占 7.2%，31~40 岁者占 43.5%；41~50 岁者占 36.2%，51 岁以上者占 13%；职务在副处级及以上者占 69.6%；副处一下职务者 30.4%；职称在副高以上者占 58.7%，中级及以下职务占 41.3%；工龄在 5 年以下占 4.3%，6~10 年者占 24.6%；11~20 年者占 35.5%，21 年及以上者占 35.5%；共产党员占 95.3%，其他人员占 4.7%。

二、研究程序

本次调研采用现场调查与留置调查相结合的方法。首先，在部分高校管理者集中培训班上，采用了问卷现场发放和当场回收方式进行调研。在现场发放问卷之前，研究者对本次调研目的和注意事项进行了详细说明，重在强调调研结果仅用于学术研究，不会对个人升迁和绩效考核产生任何影响，确保被调研者客观填写问卷。其次，为了扩大样本量，研究者联系了多所高校的管理者进行调研，被调查者可将答好的问卷密封后交给本单位集体返回或者直接将问卷寄给研究者。为了保证问卷填答效果，本次调研均采用了匿名填写的方式。

三、变量选取与研究工具

本研究在变量和指标的确定上主要参考了国外的研究文献，由于所研究概念的测量量表部分来自于西方学者在欧美等其他背景下的研究，所以为保证在中国背景下测量的有效性，本研究结合国内高校情境以及国内研究成果对这些量表指标进行修正。测量内容包括团队冲突量表、组织公正量表、组织公民行为量表和个人统计学变量量表四个部分。问卷中的变量测量都采用 Likert 5 点量表，“1” 表示“完全不符合”，“5” 表示“完全符合”。

（一）团队冲突

团队冲突采用 Jehn 编制的人际冲突量表（Interpersonal Conflict Scale，简称 ICS）[1]。本研究对指标内容作了修改，包括 8 个条目，其中 4 个条目是测量关系冲突，如“班子成员之间常有个人恩怨”，“班子成员之间暗地里互相较劲”等；另 4 个条目测量任务冲突，如“班子成员在完成工作任务的方式、方法上存在意见分歧”，“班子成员之间在工作观点上存在不同意见”等。本量表中，各维度的信度系数（Cronbach's Alpha）分别为 0. 758 和 0. 906，量表整体信度系数为 0. 852，均大于 0. 7，说明测量具有较好的一致性，量表具有较高的信度。两个维度的累计方差解释率达到 73. 865%，这表明团队冲突量表具有初步研究效度。

（二）组织公正

本研究的组织公正测量主要是来自 Colquitt 编制的组织公正量表，分为程序公正、分配公正、人际公正和信息公正四个维度[2]。根据高校管理情境，我们从中选取了三个维度，12 个条目。程序公正包括 4 个条目，如“在制定与我单位有关的决策时，我可以发表观点和感受”，“领导制定决策时能依据准确信息”等；人际公正包括 4 个条目，如“领导能够礼貌待我”，“领导能够考虑到我的尊严”等；信息公正包括 4 个条目，如“领导能够坦诚地与我进行沟通”，“领导能够详尽解释与我单位有关的决策”等。本量表中，各维度的信度系数（Cronbach's Alpha）分别为 0. 711，0. 706 和 0. 897，量表整体信度系数为 0. 858，均大于 0. 7，说明量表具有较高的信度。三个维度的累计方差解释率达到 71. 408%，这表明组织公正量表具有初步研究效度。

---

〔1〕 Jehn K A. A multi-method examination of the benefits and detriments of intragroup conflict [J]. Administrative Science Quarterly, 1995, 40 (2): 256-282.

〔2〕 Colquitt J A. On the dimensionality of organizational justice: A construct validation of a measure [J]. Journal of Applied Psychology, 2001 (86): 386-400.

（三）组织公民行为

本研究中组织公民行为测量主要参考Farh等人编制的中国文化背景下的组织公民行为量表，该量表包括：认同组织、协助同事、敬业精神、人际和睦和保护资源五个维度[1]。认同组织包括4个条目，如“我会主动维护本单位的名声”等；协助同事包括4个条目，如“我愿意帮助新同事适应工作环境”等；敬业精神包括4个条目，如“在没有人监督时，我也会遵守规章制度”；人际和睦包括4个条目，如“我不做有损人际和谐的事情”等；保护资源包括3个条目，如“我不在工作时间办个人事务”等。本量表中，各维度的信度系数（Cronbach's Alpha）分别为0.837，0.832，0.764，0.716和0.740，量表整体信度系数为0.905，说明量表具有较高的信度。五个维度累计方差解释率达到73.235%，这表明组织公民行为量表具有初步研究效度。

（四）控制变量

以往的研究表明个体的年龄、性别和工龄等人口统计学特征会影响团队冲突和组织公民行为[2]。据此，根据以往的研究经验、中国高校的实际情况以及本研究的目的，为了达到研究效果，避免研究过程中产生偏差。本研究选取性别、年龄、职务、职称、政治面貌和工龄等人口统计学特征作为控制变量，其中，对性别做了虚拟变量处理，男为“1”，女为“0”；年龄划分了30岁以下、31~40岁、41~50岁和51岁以上四个区间来测量，工龄划分了5年以下、6~10年、11~20年和21年以上四个区间来测量；职务划分了副处级及以上、中级和初级三个等级来测量；职称划分了副高及以上、中级及初级三个等级来测量；政治面貌划分了共产党员、民主党派和群众三种类别来测量。

---

[1] Farh J L, Earley P C, Lin S C. Impetus for action: a cultural analysis of justice and organizational citizenship behavior in Chinese society [J]. Administrative Science Quarterly, 1997 (42): 421-444.

[2] Ng T W H, Feldman D C. The Relationship of Age to Ten Dimensions of Job Performance [J]. Journal of Applied Psychology, 2008, 93 (2): 392-423.

第三节 研究结果

一、变量的描述性及相关性分析

各变量的平均数、标准差以及变量间相关系数如表 11-1 所示。从表中可以发现，任务冲突与组织公正及组织公民行为显著正相关，相关系数分别为 0.405、0.565（$p<0.01$）。而关系冲突与组织公正及组织公民行为显著负相关，相关系数分别为-0.645、-0.381（$p<0.01$）。组织公正与组织公民行为显著正相关，相关系数为 0.599（$p<0.01$）。以上变量之间较高的相关性，为进一步验证任务冲突、关系冲突、组织公正与组织公民行为之间作用关系的相关假设奠定了基础。

二、任务冲突、组织公正和组织公民行为之间的关系

根据 Baron 与 Kenny 提出的检验中介效应的方法，通过层级回归分析（Hierarchical Regression Analysis）分别检验任务冲突与组织公民行为之间的关系，任务冲突与组织公正之间的关系、组织公正与组织公民行为之间的关系以及组织公正在任务冲突与组织公民行为关系中的中介作用，相关分析结果如表 11-2 所示。

（一）任务冲突和组织公民行为的关系

表 11-2 的回归模型 1 显示，任务冲突对组织公民行为的回归模型整体上是显著的（$F=7.093$，$p<0.001$），在控制变量给定的情况下，任务冲突对组织公民行为具有显著的正向效应（标准化的回归系数 $\beta=0.557$，t 值$=6.707$，$p<0.001$）。其中控制变量和自变量共同解释了组织公民行为 33.2% 的变异量，而任务冲突对组织公民行为变异解释量的增量为 28.5%。由回归模型 2 显示任务冲突的平方对组织公民行为的回归模型整体上是显著的（$F=2.250$，$p<0.05$），在控制变量给定的情况下，任务冲突对组织公民行为具有显著的负向效应（标准化的回归系数 $\beta=-0.341$，t 值$=-3.485$，$p<0.05$）。其中控制变量和自变量共同解释了组织

公民行为 13.6% 的变异量，而任务冲突对组织公民行为变异解释量的增量为 7.6%。由以上结果显示，组织公民行为与任务冲突之间存在二次曲线关系，且任务冲突的平方对组织公民行为的回归系数为负，即抛物线的开口向下，形成一个先上升后下降的倒 U 型曲线。结合回归模型 1 和回归模型 2 我们可以看到，在一定范围内，任务冲突会对组织公民行为产生一定的推动作用，但是过度的任务冲突会使组织公民行为下降，即会对组织公民行为产生负相影响。由上述可知，任务冲突和组织公民行为呈倒 U 型关系，H1 得到验证。

（二）任务冲突与组织公正的关系

回归模型 3 显示，任务冲突对组织公正的回归模型整体上是显著（$F=4.516$，$p<0.01$），在控制变量给定的情况下，任务冲突对组织公正具有显著的正向效应（标准化的回归系数 $\beta=0.415$，t 值 $=4.692$，$p<0.01$），其中控制变量和自变量共同解释了组织公正 24% 的变异量，而任务冲突对组织公正变异解释量的增量为 18.7%。回归模型 4 显示任务冲突的平方对组织公正的回归模型整体上是显著（$F=2.204$，$p<0.05$），在控制变量给定的情况下，任务冲突的平方对组织公正具有的负向效应（标准化的回归系数 $\beta=-0.223$，t 值 $=-2.251$，$p<0.05$），其中控制变量和自变量共同解释了组织公正 11.8% 的变异量，而任务冲突对组织公正变异解释量的增量为 5.6%。以上结果显示，任务冲突与组织公正之间存在二次曲线关系，且任务冲突的平方对组织公正的回归系数为负，即抛物线的开口向下，形成一个先上升后下降的倒 U 型曲线。结合回归模型 3 和回归模型 4 我们可以看到，在一定范围内，任务冲突会对组织公正的感知产生一定的正向作用，但是过度的任务冲突会导致组织公正感下降，即会对组织公正感产生负向影响。由上述可知，任务冲突和组织公正呈倒 U 型关系，H4 得到了验证。

（三）组织公正与组织公民行为的关系

回归模型 5 显示，组织公正对组织公民行为的回归模型整体上是显著（$F=9.232$，$P<0.001$）。在控制变量给定的情况下，组织公正对组织公民行为有具有显著的正向效应（标准化的回归系数 $\beta=0.624$，t 值 $=7.713$，$p<0.001$），其中控制变量和自变量共同解释了组织公民行为 39.3% 的变异

量，而组织公正对组织公民行为变异解释量的增量为35%。以上结果显示，组织公正水平越高，组织公民行为越高，H3得到了验证。

（四）组织公正在任务冲突与组织公民行为关系中的中介作用

回归模型6中，任务冲突及组织公正对组织公民效应的回归模型整体上是显著的（F = 12.240，p<0.001）。对比回归模型1可知，加入中介变量“组织公正”后，任务冲突对组织公民行为仍然显著，但回归系数由高（标准化的回归系数β=0.557，t值=6.707，p<0.001）降低（标准化的回归系数β=0.363，t值=4.541，p<0.001），回归模型6中控制变量和自变量共同解释了组织公民行为49.7%的变异量，调整后的变异解释量为45.7%。相对于模型1，模型6对组织公民行为变异量的解释增量为16.5%。因此组织公正属于部分中介效应，任务冲突不完全通过组织公正的中介来达到其影响，本身对组织公民行为有直接效应，H5得到了部分验证。

由回归模型7可知，任务冲突的平方值及组织公正对组织公民行为的回归模型整体上是显著的（F=9.383，p<0.001）。相对于回归模型2，回归模型7加入“组织公正”后，任务冲突的平方项对组织公民行为不再显著，回归系数由低（标准化的回归系数β=−0.341，t值=−3.485，p<0.05）变高标准化的回归系数β=−0.212，t值=−2.595，p>0.3），但组织公正对组织公民行为的正向作用仍然显著（标准化的回归系数β=0.578，t值=7.168，p<0.001），回归模型7中控制变量和自变量共同解释了组织公民行为43.1%的变异量，调整后的变异解释量为38.5%。相对于模型2，模型7对组织公正行为变异量的解释增量为29.5%。以上分析显示，任务冲突和组织公民行为存在着开口向下的倒U形二次关系，由于在回归方程中加入了组织公正的中介变量，倒U形不再显著，说明组织公正在任务冲突对组织公民行为的二次关系中起到了完全中介作用，进一步验证了H5。

三、关系冲突、组织公正与组织公民行为之间的关系

本部分将根据Baron与Kenny提出的检验中介效应的方法，通过层级回归分析（Hierarchical Regression Analysis）分别检验关系冲突与组织公民行为之间的关系，关系冲突与组织公正之间的关系以及组织公正对关系冲突与组织公民行为之间关系的中介作用，相关分析结果如表11-3所示。

表 11－1 研究变量的平均数、标准差以及相关系数（$N=138$）

研究变量	平均值 M	标准 SD	1	2	3	4	5	6	7	8	9	10
1. 性别	0.64	0.48	1									
2. 年龄	2.55	0.81	-0.077	1								
3. 职务	1.34	0.60	0.056	-0.497**	1							
4. 职称	1.45	0.58	-0.047	-0.568**	0.392**	1						
5. 政治面貌	1.37	0.47	0.198*	0.041	0.036	-0.237*	1					
6. 工龄	3.04	0.88	-0.031	0.701**	-0.528**	-0.472**	0.150	1				
7. 任务冲突	3.40	0.47	0.015	0.162	-0.091	-0.097	-0.013	0.146	1			
8. 关系冲突	2.17	0.73	0.053	-0.042	0.039	-0.052	0.029	0.082	-0.251**	1		
9. 组织公正	3.70	0.53	-0.121	0.064	-0.174	0.017	-0.074	-0.033	0.405**	-0.645**	1	
10. 组织公民行为	4.38	0.40	-0.007	0.136	-0.160	-0.099	-0.008	0.139	0.565**	-0.381**	0.599**	1

注：* 表示 $p<0.05$，** 表示 $p<0.01$，*** 表示 $p<0.001$；下同。

表 11－2　任务冲突、组织公正和组织公民行为的层次回归模型检验

	模型 1	模型 2	模型 3	模型 4	模型 5	模型 6	模型 7
	组织公民行为	组织公民行为	组织公正	组织公正	组织公民行为	组织公民行为	组织公民行为
性别	-0.010	-0.075	-0.111	-0.152	0.069	0.042	0.013
年龄	-0.022	0.016	0.090	0.121	-0.045	-0.064	-0.054
职务	-0.111	-0.102	-0.254	-0.247	0.049	0.007	0.041
职称	0.010	0.045	0.085	0.121	-0.065	-0.049	-0.024
政治面貌	0.003	-0.024	0.017	-0.002	-0.019	-0.005	-0.023
工龄	0.009	0.090	-0.257	-0.200	0.191	0.129	0.205
任务冲突	0.557***		0.415**			0.363***	
任务冲突		-0.341*		-0.223*			-0.212
组织公正					0.624***	0.467***	0.578***
R^2	0.332	0.136	0.240	0.118	0.393	0.497	0.431
ΔR^2	0.285	0.076	0.187	0.056	0.350	0.457	0.385
F	7.093***	2.250*	4.516**	2.204*	9.232***	12.240***	9.383***

注：表中报告了标准化回归系数 β。

表 11-3 关系冲突、组织公正和组织公民行为的层次回归模型检验

	回归模型 8	回归模型 9	回归模型 10
	组织公民行为	组织公正	组织公民行为
性别	0.026	-0.068	0.069
年龄	-0.016	0.046	-0.045
职务	-0.079	-0.204	0.049
职称	0.011	0.122	-0.066
政治面貌	-0.018	0.002	-0.019
工龄	0.149	-0.066	0.191
关系冲突	-0.393**	-0.633***	0.004
组织公正			0.627***
R^2	0.180	0.459	0.393
ΔR^2	0.123	0.421	0.343
F	3.135**	12.109***	7.998***

注：表中报告了标准化 β 系数。

（一）关系冲突与组织公民行为的关系

回归模型 8 显示，关系冲突对组织公民行为的回归模型整体上是显著的（$F=3.135$，$p<0.01$）。在控制变量给定的情况下，关系冲突对组织公民行为有具有显著的负向效应（标准化的回归系数 $\beta=-0.393$，t 值 $=-4.259$，$p<0.01$）。其中控制变量和自变量共同解释了组织公民行为 18% 的变异量，而关系冲突对组织公民行为变异解释量的增量为 12.3%。分析可知，关系冲突对组织公民行为具有显著的负向作用，H2 得到了验证。

（二）关系冲突与组织公正的关系

回归模型 9 显示，关系冲突对组织公正的回归模型整体上是显著的（$F=12.109$，$p<0.001$）。在控制变量给定的情况下，关系冲突对组织公正具有显著的负向效应（标准化的回归系数 $\beta=-0.633$，t 值 $=-8.444$，$p<0.001$），其中控制变量和自变量共同解释了组织公正 45.9% 的变异量，而关系冲突对组织公正变异解释量的增量为 42.1%，可以发现关系冲突对组织公正存在负向作用，H6 得到了验证。

（三）组织公正在关系冲突与组织公民行为关系中的中介作用

回归模型 10 中，关系冲突及组织公正对组织公民效应的回归模型整体上是显著的（$F=7.998$，$p<0.001$）。在控制变量给定的情况下，关系冲突和组织公正共同解释了组织公民行为 39.3% 的变异量。对比回归模型 8 和回归模型 10 可知，加入中介变量“组织公正”后，关系冲突对组织公民行为不再显著，回归系数降低由低（标准化的回归系数 $\beta=-0.393$，t 值 $=-4.259$，$p<0.001$）变高（标准化的回归系数 $\beta=0.004$，t 值 $=0.035$，$p>0.9$）。而组织公正对组织公民行为的正向作用仍然显著（标准化的回归系数 $\beta=0.627$，t 值 $=5.887$，$p<0.001$）。相对于模型 8，模型 10 对组织公民行为变异量的解释增量为 21.3%。以上分析显示，关系冲突和组织公民行为原来存在负向的关系，由于在回归模型中加入组织公正作为中介变量，以上的负相关系不再显著，即组织公正在关系冲突和组织公民行为的关系中起到了完全中介效应，H7 得到了验证。

第四节　讨论与分析

长期以来，组织和社会心理学家都对团队冲突与团队绩效的关系颇感兴趣，但大多数研究是基于西方文化背景并以企业团队为研究对象，选择角色内绩效作为团队绩效的指标。因此，组织公民行为作为角色外绩效，究竟和不同类型的团队冲突存在何种关系，其中的作用机制如何，值得深入研究。本研究拟以高校管理者作为研究对象，构建了不同类型的团队冲突、组织公正和组织公民行为的中介传导模型，对三者的相互作用关系进行验证。

一、管理团队冲突对组织公民行为的作用机制

其一，任务冲突通过组织公正对组织公民行为的倒 U 型影响证明了任务冲突“功能性”的一面，这与 Jehn 的观点一致，即任务冲突与团队绩效

并非完全的线性关系，中等程度的任务冲突有利于团队绩效的提高〔1〕。可以认为，当高校管理团队出现一定水平之内的任务冲突时，团队成员不同的方案和观点所激发的思维多样性有利于成员进行更多的信息交流、现状评估和对任务的仔细审查来提高团队的创造性。通过这些途径，团队成员会增加对任务执行程序、信息传递和个人尊严的公正认知，对于工作会表现出一种积极的态度和感情，增强对工作的满意度。基于社会交换理论，公正感知和组织公民行为是一种社会交换关系。当员工认为自己被公正对待，个体会做出一些超过角色内的行为，以报答组织。而当任务冲突不断升级，超过一定程度时，认知负载增加，信息处理受到影响，团队成员往往会把情绪引入到冲突中，削弱团队成员对组织公正的感知，表现出较高的离职率、缺乏责任感、本职工作难以高效完成等状况，更不用说产生职责以外的、没有补偿或奖励的组织公民行为。

其二，组织公正对关系冲突与组织公民行为的负向关系起到了完全中介效应。当团队出现关系冲突时，成员间的紧张关系造成的心理隔阂和认知能力下降，会使成员对团队内部的关系更加敏感，认为自己在组织中受到了不公正的待遇，自己的付出没有得到相应的回报。组织公正的负面认知会对团队成员的工作态度和行为产生消极影响，进而降低组织公民行为。正如 Niehoff 和 Moorman 指出，当个人认为自己在团队中受到不公正的对待时，通常不会选择减少与工作绩效直接相关的投入，因为此类投入将可能直接影响其未来的酬劳，而会选择不会影响个人酬劳、代价较低且完全由成员自由取舍的组织公民行为〔2〕。

二、管理建议

当前我国高校管理团队成员分属党政两个系统，由于职能不同、管辖范围不同，再加上我国高校权力协调机制不完善，导致高校管理工作分散

〔1〕 Jehn K A. A qualitative analysis of conflict types and dimensions in organizational groups [J]. Administrative Science Quarterly, 1997, 42 (3): 530-557.

〔2〕 Niehoff B P, Moorman R H. Justice as a mediator of the relationship between methods of monitoring and organizational citizenship behavior [J]. Academy of Management Journal, 1993 (36): 327-336.

化，团队凝聚力不强，团队冲突很容易产生，组织公正感和组织公民行为受到一定的影响。因此，探索适合中国高校公正的组织运行机制和科学的冲突管理方式，对于增加高校管理团队成员的组织公民行为，保证管理团队有效运行以及提高管理团队竞争优势是非常有必要的。

其一，在组织结构方面，高校作为人才培养、科学研究、社会服务和文化传承创新为主要职能的文化学术组织，应该建立以“学术权力”为中心，“学术权力”“行政权力”“政治权力”的关系，使其各司其职、各尽其责的高校管理团队。依照“党委领导，校长负责，教授治学、民主管理”的原则，在学校的共同愿景下，增强各权力主体的内聚力，协调个体目标与集体目标的统一，保障多种权力主体平等地参与学校的管理决策，避免权力、职责和分工不清所导致的团队冲突。特别是由于我国高校管理团队行政化色彩比较浓厚，学术权力被边缘化，教授很难参与到各个层次的决策过程中，削弱了学术权力的发挥。因此，需要加快优化高校管理团队的组织结构，让教授更多地参与到各类重要的管理决策过程中，提高学校决策特别是学术性政策的制订和实施的科学性和可行性水平。

其二，建立公平、公正和科学规范的组织运行机制是高校管理团队建设的一项长期工程。研究指出，团队成员会把程序的公正性归因于组织，而把人际和信息的公正性归因于领导。因此，这既需要高校管理团队建立对待所有成员一视同仁的决策程序，需要考虑和权衡各方利益，促进团队的关系和谐，降低心理契约的管理成本，提高团队对于组织公正的认识水平。同时，团队领导在决策过程中要给予成员充分的重视、尊重、礼貌和平等对待，使成员产生一种义务感，全心全意地投入工作来回报团队的肯定，在团队中就会不仅完成规定的角色内行为，还会表现出较高的组织公民行为。组织公民行为作为成员对团队的一种非正式贡献，既非以角色义务为基础，也不受契约交换的限制，Niehoff 和 Yen 认为组织中的组织公民行为越多，组织越被认为是成功的[1]。因此，对于成员的组织公民行为，

---

〔1〕 Yen H R, Niehoff B P. Organizational citizenship behaviors and organizational effectiveness: Examining relationships in Taiwanese banks [J]. Journal of Applied Social Psychology, 2004, 34 (8): 1617-1637.

管理团队应该予以认可和赞扬，树立榜样示范作用，形成良好的组织文化，激励更多的成员表现出组织公民行为。

其三，基于权变管理理论（Contingency Management Theory），必须针对不同类型的冲突采用科学的管理方式。这就需要团队领导尤其是党委书记和校长运用各种方法来防范破坏性冲突的发生，使已发生冲突的潜在损失最小化，充分利用现有冲突可能带来的好处。以往的研究表明，我国是典型的关系导向的集体主义国家〔1〕〔2〕。在这种特有的社会文化背景下，人们更加注重社会的和谐性和人际关系的合理安排、相互尊重以及面子问题，团队冲突呈现出隐蔽化和利益化的特点，往往通过回避认知上的分歧来维持人际和谐，抑制了任务冲突的潜在作用，这种方式虽然缓解了人际矛盾，却无益于问题解决。特别是面对非常规、复杂的任务，任务冲突管理适合采取合作与竞争相结合的方式。一方面通过积极营造公开交流、充分沟通的合作氛围，把注意力聚焦在问题的解决上，彼此聆听和理解对方的观点，弱化面子问题；另一方面，以竞争的方式为补充，促使团队各方积极地提出自己的观点，各抒己见，消除合作方式可能带来的相互依赖和相互推诿的消极因素，但也要防止将意见分歧错误地转化为人身攻击，造成敌对情绪和关系紧张的情况。对于关系冲突，可以在私下采取非正式的沟通方式，通过促进团队成员间的相互信任和理解，了解各自真正的想法、态度和动机，增加信息和资源在团队内的组合和交换，增强成员间的关系强度，从而在和谐的氛围下鼓励任务冲突，同时抑制关系冲突在正式场合的发生。

三、研究局限与展望

相对于其他研究，本研究是探讨中国高校情境中团队冲突对组织公民行为的影响，有其独特的理论价值。但应该看到，本研究也存在一些不足：

---

〔1〕 Wang G, Jing R, Klossek A. Antecedents and management of conflict: Resolution styles of Chinese top managers in multiple rounds of cognitive and affective conflict [J]. International Journal of Conflict Management, 2007, 18 (1): 74-97.

〔2〕 Chen G, Liu C, Tjosvold D. Conflict management for effective top management teams and innovation in China [J]. Journal of Management Studies, 2005, 42 (2): 277-300.

（1）样本量存在一定的局限性，仅涉及了 14 所高校 138 位高校管理团队成员，今后的研究应当扩大样本量并选取更具代表性的研究样本，从而提高研究的外部效度。

（2）本研究仅把组织公正和组织公民行为分别作为一个整体变量进行研究，不同类型的团队冲突与组织公正和组织公民行为各个维度之间的相互关系将是我们未来的研究方向。

（3）我们发现回归模型的 R^2 值在 40% 左右，这说明尽管我们的自变量能够解释一定程度的因变量，但是没有被解释的部分依然很多，因此我们认为还存在其他变量能够影响组织公民行为。而且中介变量的内涵研究要更加系统和丰富起来，可以进一步研究信任、工作满意度、组织认同、凝聚力、组织承诺在管理团队冲突与组织公民行为之间的作用机制，剖析这些作用机制才能积累更多的研究资料，为管理实践提供更为直接的参考和启示。

（4）已有研究显示团队中任务冲突和关系冲突存在潜在的转化关系，该现象在我国环境下可能更容易出现。国人爱面子的特性容易将任务冲突所引起的争论误认为是针对个人的攻击而导致关系冲突，不利于问题的解决。未来可以加强这方面的研究，从而更深入地了解冲突间存在的“黑箱”。

第五节　研究小结

基于上述分析，针对我国高校管理情境，本研究有如下发现：

（1）任务冲突与组织公正、组织公民行为均呈倒 U 形关系；

（2）组织公正对组织公民行为的提升产生正向影响，组织公正在任务冲突对组织公民行为的作用中表现出中介效应；

（3）关系冲突对组织公正、组织公民行为均存在负向影响，组织公正在关系冲突对组织公民行为的作用中表现出完全中介效应。

本研究有助于加深对团队冲突、组织公正和组织公民行为之间内在机制的深入了解，为我国高校的管理实践提供了有益的参考依据。

第四部分

探索篇

领导体制建设是一项攸关中国大学现代化和国际化建设的至关重要的实践问题。因而，不断探索并努力加强和完善领导体制建设，是塑造高校核心竞争力、保持高校持续竞争优势的一项根本举措。“探索篇”主要包括四章：第十二章，高校高层管理团队的建设；第十三章，推动组织学习与高校领导体制建设；第十四章，整合内部治理与高校领导体制建设；第十五章，重构外部治理与高校领导体制建设。

第十二章　高校高层管理团队的建设

《国际教育评论》的一份调查报告指出："有效的学校领导，无论是在发达国家，还是在发展中国家，都是学校质量和有效性的最重要因素。"[1] 随着经济的发展和社会的进步，人们对高等教育的期待也越来越高，而高校的扩张和发展也使其变得日益巨型化和社会化，科层体制和行政事务管理已成为高校的重要特征，高校管理工作越来越趋于复杂化和多元化。过去"一个校长成就一所高校"的思维已不能适应当今高校发展的需要，高校的运行和管理更需要一个运筹帷幄、准确定位、科学决策、紧密协作的管理团队。

高层管理团队（Top Management Team，以下简称高管团队）是一个拥有共同愿景和鲜明组织特征的特殊团队，其效能取决于领导成员是否能很好地达成目标，是否能实现有效的沟通与合作，形成一个有机的组织和管理系统。党委领导下的校长负责制是一种团队领导体制，在领导团队中各成员分工合作，通过领导团队对学校发展负责。大学高层领导团队是在学校党委领导下，形成以书记、校长为核心，副书记、副校长等班子成员和专家等组成的工作团队，其工作目标是确立学校的发展愿景、目标及办学理念、办学思路等，确定资源的配置方向，并对学校战略发展过程实施监

〔1〕 王婷．外国中小学校长的职责与培训——兼谈我国中小学校长的继续教育［J］．外国教育研究，1996（6）：21-24.

控，而且能够“以坚定的政治性和成熟的理论性，引领学校又好又快发展”[1]。此外，目前高校面临急剧变化和充满不确定性的全球化环境，高管团队要时时保持对社会环境变化的敏感性，适时调整发展战略。为此，如何充分发挥高管团队的功能已成为高校能否健康发展的关键。

第一节　高层管理团队的理论基础

高管团队研究最早源自企业管理领域。自从哈姆伯里克和玛森提出了“高层梯队理论模型（Upper Echelons Theory）”之后，研究者从不同视角开展了高层管理团队的研究并建立了相关理论模型，还进一步扩展到其他类型的组织（如学校、医院等）管理之中。下面先阐述高管团队的理论基础，再结合我国高校领导体制的基本现状，为构建高校高管团队提供分析依据。

一、高层梯队理论

哥伦比亚大学哈姆伯里克和玛森于1984年提出了高层梯队理论，这是最早研究高管团队的理论模型之一。该理论将研究重点从管理者个人转移到整个高管团队，讨论了在多种环境条件中高管团队的功能，并提出了研究高管团队与战略选择、组织绩效之间关系的逻辑框架，见图12-1。该理论的基本观点是：高管团队的人口统计特征（如性别、年龄、学历、工作背景等），能够反映心理特征（如认知、价值观等）以及团队内部的运作过程（如沟通和冲突等）；团队成员不同的人口统计特征及这些特征的作用过程会影响到组织的战略选择与绩效[2]。在后续研究中，哈姆伯里克从团队组成、团队过程与团队结构这三个方面描述和测量高管团队，为高管团队的研究搭建了基本的理论框架[3]。团队组成和团队结构主要是指

[1] 郭大成．加强党的建设，提高治校理政能力［J］．中国高等教育，2007（22）：7-8.
[2] 程贯平，刘海山．高层管理团队理论模型的发展［J］．现代管理科学，2009（3）：97-99.
[3] Hambrick D C，Cho T S，Chen M. The influence of top management team heterogeneity on firm's competitive moves［J］. Administrative Science Quarterly，1996（41）：658-684.

高管团队成员的人口统计特征（包括年龄、教育背景、资历等）与职权结构；团队过程主要包括团队成员之间的协调、沟通、冲突处理、领导、激励等行为，这些因素会直接影响高层决策，进而影响到组织绩效与战略选择。

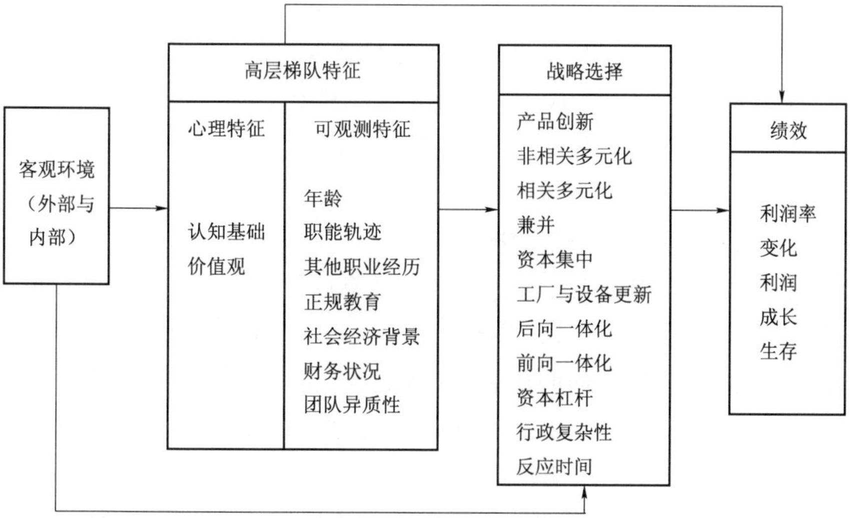

图 12-1　高层梯队理论模型

资料来源：陈忠卫．高层管理团队理论模型的评析及其发展脉络［J］．统计与决策，2008（13）：6-9.

该理论一经提出后，学术界以此为线索对高管团队展开了大量的研究，研究结论对高管团队建设具有重要的启示和借鉴意义。其中，高管团队与组织绩效的研究主要有两个方向：高管团队的特征视角与合作过程视角。

（一）特征视角

高管团队的人口特征一般包括成员的年龄、任期、教育背景、职业经验及这些变量的异质性，并将组织绩效归纳为团队绩效（如凝聚力、决策效率）、战略产出（如多元化经营程度、持续发展潜力）、组织经济绩效（如财务绩效、市场份额、满意度）等。管理团队成员的人口特征决定了管理者在工作中的偏好，而且因为人口特征比认知、价值观等容易测量，易于将高层梯队理论应用于实证研究中。具体到高校情境下，其组织绩效是指高校在人才培养、科学研究、社会服务、文化传承与创新四个方面的表现，即为社会培养的人才数量和质量，科学研究成果的数量和创新性，以及这些人才、科研成果对社会经济文化发展的服务和推动效果。

1. 年龄特征

在年龄特征方面，由于年龄差异，年轻与年长的管理者成长的环境、受教育方式不同，在工作中也会表现出不同的价值观与行为。一般而言，如果高管团队的平均年龄越大，就会更多地避免冒险，他们所实施的企业战略也很少发生变化。相反，年轻的管理者们更容易改变战略，更愿意尝试创新的冒险行动，也更适应变化的环境[1]。然而，由于年长者的稳重和较为丰富的经验，其决策的准确性相对较高[2]。因此，许多学者都认为在高管团队内，年龄异质性越大，就越有可能造成团队成员间的冲突，甚至引发团队的分裂。例如，Zenger 和 Lawrence（1989）证明了年龄异质性越大，公司项目团队内的技术交流就越少[3]；Jehn 等人（1997）也发现，团队年龄差异的存在增加了团队成员间的情感冲突[4]。还有诸多研究都认为，年龄异质性对组织行为、组织绩效会产生负向影响，团队成员对于团队的心理认同度越低，更倾向于脱离组织，进而导致企业绩效下降。但另外一些研究却认为，年龄异质性对组织不一定只有负面影响。由于高管团队年龄异质性给组织带来的影响尚无统一定论，因此有学者曾尝试将两种观点整合起来。在他们看来，团队年龄异质性与企业绩效是一种类似于二次曲线的关系。

2. 任期特征

在任期特征方面，研究者们发现，高管团队成员的平均任期与团队绩效呈正相关，但与企业战略变革呈负相关。一般来说，团队任期的异质性

---

〔1〕 Wiersema M F, Bantel K A. Top management team demography and corporate strategic change [J]. The Academy of Management Journal, 1992 (35): 95-121.

〔2〕 胡蓓，古家军．企业高层管理团队特征对战略决策的影响［J］．工业工程与管理，2007 (5)：89-94.

〔3〕 Zenger T, Lawrence B. Organizational demography: the differential of age and tenure on communication [J]. Academy of Management Journal, 1989, 32 (3): 353-376.

〔4〕 Jehn K A, Chadwick C, Thatcher S M B. To agree or not agree: the effects of value congruence, member diversity, and conflict on workgroup outcomes [J]. International J. of Conflict Management, 1997, 8 (4): 287-306.

能使高管团队更倾向于打破原有管理模式，重塑企业战略，即高管团队的任期异质性越高，企业战略改变程度越大。但哈姆伯里克（1989）还指出，由于企业经营环境充满了不确定性与复杂性，而任期异质性较高的管理团队由于成员的背景、经验的差异太大，从而导致了内部摩擦的增加以及决策速度的降低，无法应对动荡的环境〔1〕。同时，O'Reilly（1989）的研究表明，一个团队内成员的任期异质性越小，成员脱离团队的概率就越小，团队的凝聚力就越强〔2〕。团队任期的同质性促进了团队内的整合，提高了团队的凝聚力。与其他成员任期相近的管理者对团队的忠诚度越高，团队任期的同质性越高，成员更换的比例越小，从而减少了团队内个体成员改变组织现状的可能性，而且还有利于成员更好地理解组织的政策和程序。

3. 教育背景

在教育背景方面，高管团队教育背景的异质性可以分为两类：教育水平的异质性和教育专业的异质性。一方面，团队成员的教育水平相差越大，虽容易产生冲突，但 Simons（1999）曾指出，团队内适度的交流，能够强化教育水平异质性对组织的积极影响，实现相互观念的交流、融合，使成员遇到新的观点、信息时对自己的看法重新审视，避免忽略关键因素〔3〕。另一方面，团队成员教育专业的异质性越大，就越能获得一系列多元的信息、技能和观念，拥有广泛的关于战略制订、战略执行的设想。Wiersema（1992）认为，团队成员教育专业的差异越大，对组织吸收多元化的信息、技能和观念就越有利〔4〕。也就是说，多元化专业的管理团队拥有更加广泛的战略思想和备选方案。因此，企业实行战略变革的概率也就越大。Amason 和 Sapienza（1997）的研究认为，高管团队成员教育背景的多样性

〔1〕 Hambrik D C. Guest editor's introduction: putting top managers back in the strategy picture [J]. Strategic Management Journa1, 1989, 10 (Summer Special Issue): 5-15.

〔2〕 O'Reilly C A III, Caldwell D F, Barnett W P. Work group demography, social integration, and turnover [J]. Administrative Science Ouarterlv, 1989, 34 (1): 21-37.

〔3〕 Simons T L, Pelled L H, Smith K A. Making use of difference: diversity, debate, and decision comprehensiveness in top management teams [J]. Academy of Management Journal, 1999, 42 (6): 662-673.

〔4〕 Wiersema M F, Bantel K A. Top management team demography and corporate strategic change [J]. Academy of Management Journa1, 1992, 35 (1): 91-121.

有利于改善高管团队的战略决策质量，因为他们可以从不同学科的视角来分析同一个复杂的问题，从而提出更多的建设性意见[1]。由于教育异质性高的团队能够准确评估现有战略、更大范围地产生可供选择的战略方案以及多方面地比较这些方案，因此在复杂的环境中，教育异质性高的团队对组织绩效的作用更大。

4. 职业经验

在职业经验方面，管理者在不同行业、不同企业以及同一企业的不同职能部门的工作经验影响了他们的知识构成、观念形成和工作取向。哈姆伯里克和 D'Aveni（1992）指出[2]，在复杂动态的经营环境中，高管团队成员的多元化职业背景显得尤为重要。职业经验异质性高的高管团队不仅能够注意到外部环境中的各种事件，而且能够从不同视角观察同一事件，因此团队就会获取更多的信息。但 Sutcliffe（1994）却认为高管团队职业异质性越高，团队对外部环境中机会的识别能力反而会变得越差[3]，原因可能是较高的团队职业经验异质性阻碍了团队内有效的交流。团队职业经验的异质性太高影响了成员的交流，太低又限制了团队对外部环境的理解能力，由此，研究者认为团队工作经验异质性与其对外部环境理解的准确性应该是二次曲线的关系。

5. 团队规模

在团队规模方面，一方面，由于大团队比小团队拥有更多解决问题的能力和资源，保证了团队能够做出高质量的决策，能够提高企业绩效；另一方面，由于团队成员的增多使得团队内出现了多样化的、甚至是相互冲突的情感、观点和个人目标，使得团队内的冲突增加，从而降低了社会整合的程度，对组织绩效产生消极影响。因此，高管团队应根据内外情境保持适当的规模。

综上所述，当高管团队保持合适的规模时，且团队成员的年龄、任

---

〔1〕 Amason A C, Sapienza H J. The effects of top management team size and interaction norms oncognitive and affective conflict [J]. Journal of Management, 1997, 23 (4): 495-516.

〔2〕 Hambrick D C, D'Aveni R A. Top team deterioration as a part of the downward spiral of large corporate bankruptcies [J]. Management Sciencce, 1992 (38): 1445-1466.

〔3〕 Sutcliffe K M. What executives notice: accurate perceptions in top management teams [J]. Academy of Management Journal, 1994, 37 (5): 1360-1378.

期、教育背景、职业经验等方面也要经过适当的组合，才可能使团队绩效达到最佳。同样，高校情境下的高层团队建设也应充分考虑到上述社会人口学特征，上述研究发现将为高校领导成员的任命与选拔等管理工作提供理论指导。

（二）合作过程视角

合作过程视角是研究高管团队的另一条有效路径。高管团队合作过程主要包括决策一致性、冲突、行为整合等因素，基于这些因素的研究，也出现了一系列的成果。基于合作过程视角，研究者开展了如下研究。

1. 决策一致性

在决策一致性方面，研究发现，领导风格直接或间接地影响了决策制定的一致性以及团队绩效。拥有变革型领导的团队制定决策更易达成一致性，独裁型领导使团队的决策一致性程度降低；而团队决策一致性与团队绩效呈正相关[1]。

2. 冲突

在冲突方面，Amason 和 Schweiger（1994）认为冲突可分为两类：认知冲突和情感冲突[2]。认知冲突是任务导向的，关注的焦点是如何更好地完成任务；而情感冲突是个体导向、非建设性的，主要关注成员之间在情感上的对立和矛盾。Ensley，Pearson 和 Amason（2002）研究了 70 家新成立的企业，探讨高管团队的凝聚力、冲突对于企业绩效的影响，结果表明高管团队的凝聚力越高，新成立的企业绩效越好，而冲突则影响了团队的凝聚力，其中认知冲突与团队凝聚力正相关，情感冲突与团队凝聚力负相关[3]。

---

〔1〕 Flood P C, et al. Chief executive leadership style, consensus decision making, and top management team effectiveness [J]. European Journal of Work and Organizational Psychology, 2000, 9 (3): 401-420.

〔2〕 Amason A, Schweiger D M. Resolving the paradox of conflict, strategic decision making, and organizational performance [J]. International Journal of Conflict Management, 1994 (5): 239-253.

〔3〕 Ensley M D, Pearson A W, Amason A C. Understanding the dynamics of new venture top management teams: cohesion, conflict, and new venture performance [J]. Journal of Business Venturing, 2002, 17 (4): 365-386.

3. 行为整合

团队的行为整合是指高管团队成员在思想和行动上的集体互动，它能够提高团队效能。行为整合包括信息交流的数量和质量、合作行为以及共同决策。换言之，一个行为整合度高的高管团队能够更高水平地共享信息、资源，进行共同决策。行为整合有助于团队有效管理冲突，在鼓励认知冲突、提高决策质量的同时，避免情感冲突的消极影响。团队的行为整合还影响了团队的决策质量和组织绩效。基于团队行为整合，哈姆伯里克调研了两个业务类似的国际化公司后发现，行为整合度高的公司发展得更为顺利[1]。

上述研究发现对高校高管团队建设具有重要启示和指导意义。譬如，团队内部应建立良好的沟通机制，鼓励成员间的交流与共享，合理处理认知冲突与情感冲突，这些都有利于团队整体绩效的提升。高层梯队理论的特征视角的特点在于它使用了易于测量和获取的人口统计特征来表征高层管理人员的心理特征，使得高层管理者的许多社会心理特征很容易符合研究的"输入项"。但是，这并不代表人们对团队过程以及团队认知特征等问题的困惑就完全解决，因为人口特征范畴与社会心理构建并不是完全对等的关系，也就是说，并非所有有效的人口特征指标都可以还原为社会心理构建的某些特征，而社会心理构建也不一定都能找到恰当的人口特征变量来加以反映。因此，在高校高管团队建设过程中，既要充分借鉴基于特征视角的高层梯队理论成果，也要善于借鉴基于合作过程视角的研究发现，从而推动高校高管团队建设目标的顺利实现。

二、团队角色理论

（一）团队角色理论的主要观点

团队角色理论是英国组织行为学家梅雷迪思·R·贝尔宾（Meredith R Belbin）经过两个为期九年的团队实验后提出的一个分析团队角色和团队合作的理论模型。该理论的主要观点包括：

---

[1] Hambrick D C. Corporate coherence and the top management team [J]. Strategy and Leadership, 1997 (5): 24-29.

（1）在团队中，每个成员都具有双重角色，即职能角色（Functional role）和团队角色（Team role）。职能角色是由个体的专业知识和专业技能所决定的，是工作任务赋予个体的角色；团队角色是由个体的气质、性格所决定的，是个体与其他团队成员交互作用时表现出来的特征模式。在团队中，每个成员都通过同时扮演这两种角色而实现对团队目标的贡献。

（2）不同的人有不同的角色偏好。由于个性特征和智力因素的差异，个体可能更适合某些角色，而不适合其他一些角色。

（3）团队角色具有多样性。一个成功的团队包括九种角色，通过担任不同团队角色者的优势互补才能组成有效的团队。这九种角色与团队规模无关，在很多情况下一个团队成员要承担多种角色，或者多个成员承担一种角色。

（4）团队中每个角色都有其独特的行为特征，这些特征不但影响到团队的整体绩效，而且还影响到个人在团队中的绩效。团队成员正确认识和发展自己的团队角色知识和能力，则能促进团队的有效发展。

（二）团队角色的类型和行为特征

团队角色包括九种，分别是协调者、塑造者、创新者、资源调查者、监控评估者、协作者、执行者、完成者和专家。上述角色及其行为特征见表 12-1。团队领导力主要从协调者和塑造者两个角色身上得来。协调者在实现团队共同目标的过程中将团队成员凝聚在一起，最适合领导稳定型团队；塑造者善于打破团队内部的平衡，激发成员们的行动，最适合领导变革型团队。团队创造力主要从创新者、资源调查者和监控评估者身上体现出来，前两类角色是团队中最有创意和主见的，后一种角色提供了准确的判断力，他们的结合为团队提供了良好的创新能力。团队执行力来自协调者、执行者、完成者，他们确保任务的完成。

（三）有关团队角色的研究

在有关团队角色的众多研究当中，由于贝尔宾的团队角色理论最为完整，得到了普遍认可和广泛应用，所以后来许多关于团队角色的研究都建立在他的理论基础之上。研究者主要对团队角色与管理风格、团队绩效、认知风格等方面进行了深入探讨和研究。

表 12-1　团队角色

角色类型	主要特点	积极的品质	可接受的弱点	行为倾向
协调者	沉着、公正，自信、自我克制	稳重、富有领导能力，公正自律，目标意识强	智力与创造水平一般	阐明目标和目的，分配任务，为群体作总结
塑造者	感情脆弱，易感动，开朗，精力充沛	有较高的成就欲，乐于挑战，富有领导力，精力充沛	容易冲动，喜欢辩论，自负，容易造成矛盾和冲突	寻求群体进行讨论的模式，促使群体达成一致，并作出决策
创新者	个人主义，严肃认真，非传统	智商高，知识渊博，富有创造力，想象力丰富	容易脱离实际，不注重细节，个人主义	提出建议和新观点，为团队带来突破性思想和见解
资源调查者	性格外向，热情，富有好奇心，善于交际	有求知欲，喜欢探索新事物，热情，寻找新机会的能力强，具有创新精神	新鲜感过后，容易失去兴趣，过于乐观，不加鉴别	收集信息，提供和推广新的思想，与外部人谈判
监控评估者	冷静，冷漠，谨慎	判断力强，头脑冷静清醒，慎重，公平客观，理智	缺少热情，缺少激励他人的能力，不善于参与	分析问题和复杂事件，评估他人的贡献
协作者	社交导向，温和，敏感	能鼓舞士气，促进团队合作	优柔寡断，是适应者而不是变革者	为别人提供个人支持和帮助
执行者	保守，尽职，本分，工作可预测	具有组织能力，工作努力，有责任感，自我约束，勤劳	缺乏灵活性，对新想法反应慢，墨守成规，不会变通	接收工作概念，将之转变为实际的步骤并执行

续表

角色类型	主要特点	积极的品质	可接受的弱点	行为倾向
完成者	能吃苦，辛勤，工作认真，有条理	完美主义者，勤劳，注重细节，善于做计划	易于过度忧虑，没全局观，不愿意委派工作，爱挑剔	确保所有工作按计划完成
专家	内向，焦急，投入，有承诺感	精通技术知识	只对本领域的知识感兴趣，具有局限性	解释技术问题，提供专业意见

资料来源：陈贡．团队角色理论及其应用［J］. 人才资源开发，2005（11）：86-87.

1. 管理风格方面

Lessem 和 Baruch（2000）发现，主张变革和发展的管理者中其团队角色更多是偏向于协调者、创新者和执行者[1]。另有研究发现，多元化和变革型组织更多是由创新者和资源调查者主导的；而那些相对同质化和稳定型的组织里执行者和完成者更多。Arroba 等（1994）发现，地方政府的高管中更多是推进者和执行者，而私营企业的高管中创新者、协作者以及完成者则居多[2]。由此可见，不同类型的组织需要不同角色的团队成员。

2. 团队绩效方面

Senior（1997）对 11 个管理团队的研究结果显示，团队绩效与团队角色的平衡措施相关[3]。与之类似，Prichard & Stanton（1999）的研究也发现包含多种团队角色的团队，其绩效明显优于仅仅由执行者角色组成的团队[4]。Eric Chong（2007）对 33 个团队进行了模拟实验研究，发现在团

〔1〕 Lessem R, Baruch Y. Testing the SMT and Belbin inventories in top management teams [J]. Leadership and Organization Development Journal, 2000 (21): 75-83.

〔2〕 Arroba T, Wedgwood Oppenheim F. Do senior managers differ in the public and private sectors? [J]. Journal of Managerial Psychology, 1994 (9): 13-16.

〔3〕 Senior B. Team roles and team performance: is there ‘really’ a link ? [J]. Journal of Occupational and Organizational Psychology, 1997 (70): 241-258.

〔4〕 Prichard J S, Stanton N A. Testing Belbin's team role theory of effective groups [J]. Journal of Management Development, 1999 (18): 652-655.

队中创新者、协调者和协作者与团队绩效显著相关，三者中任何一个角色的缺失都可能影响到团队绩效表现〔1〕。

3. 认知风格方面

Fisher 等人（1998）借助 16PF 量表研究发现，资源调查者、推进者与变革型认知风格之间呈正相关，而完成者、执行者和监控评估者与适应型认知风格正相关〔2〕。另外，协调者被认为起着调解和联系的作用，该角色的存在能够缓和变革者和适应者之间充满矛盾的紧张局势。

（四）团队角色理论对团队实践的指导作用

贝尔宾的团队角色理论及围绕该理论所开展的实证研究丰富了团队角色理论，并对团队管理实践起到了很好的指导作用。

首先，成功的团队应由具有不同性格、承担不同角色的成员构成。在团队组建时，不仅要关注单个成员的能力，还要注重成员间的角色搭配和能力组合，从而组建角色搭配合理的高效均衡团队。高效的管理要确保某个特定团队中尽量包含多样化角色，如有必要的话，可引进某个人去担任某个空缺的角色。

其次，团队角色理论不能机械理解和照搬。贝尔宾等人的上述角色描述，不是对具体工作角色的描述，而是对团队中一般角色行为方式和职能的描述，并带有一定程度的理想化色彩，不能机械地理解和应用。例如，各类角色的特点在具体的人身上未必很精确地符合理论描述，因为每个人在履行某种角色时会受到个性与环境的影响，实际的角色表现与典型角色有一定的差距，实际工作和生活远比理论模型丰富。在一个团队中，一个人可能同时担任两个或更多的角色；同样，一种角色往往同时由若干人来担任。所以，作为管理者了解团队中每个成员的角色倾向，将有助于提高团队管理的效能。而且，一个人担任的主要角色随着时间、情境的转变也会发生变化。为此，在组建高校的高管团队时，不但要注意团队成员的职能角色，更要注意各种团队角色的配备，使各种人才各司其职，能力互

---

〔1〕 Eric Chong. Role balance and team development：A study of team role characteristics underlying high and low performing teams［J］. Journal of Behavioral & Applied Management，2007（18）：202-216.

〔2〕 Fisher S G，Macrosson W D K，Wong J. Cognitive style and team role preference［J］. Journal of Managerial Psychology，1998（13）：544-557.

补；在团队分工上，应使团队成员所承担的角色与其偏好的团队角色相符；在增补团队成员时，应首先分析现有团队的角色组合状况，确定所需的团队角色，通过在招聘过程中对团队人选角色胜任力的考察，甄选出合适的团队成员。

三、领导理论

在管理学中，“领导”包含多层次的含义，一方面，它是一项组织功能，是运用组织所赋予的权力的过程；另一方面，它还是领导者和被领导者之间的相互作用，是一种特殊的人际关系；同时，它还是领导者有意识地影响别人而实现组织目标的过程。领导是管理的一项职能，并不完全等同于管理。对于高校的高管团队成员而言，既要履行管理职责，也要发挥领导作用。把领导和管理这二者有机结合，视工作情境需要而灵活转换，是高管团队所追求的理想境界。但同时也应考虑到团队成员的匹配和组合问题。马俊杰等人（2010）认为[1]，根据我国现行的高校领导体制，校长和党委书记最好一个是领导型的，有先进的办学理念，善于沟通，能有效传达自己的价值观念，促进良好大学文化的形成；另一个是管理型的，能很好地理解战略意图，并善于将理念转化为行动方案。这样才能彼此互补，最终形成一个有效的高管团队。优秀的团队离不开优秀的领导者，高校高管团队建设的核心之一就是塑造和提升团队成员的领导力。领导理论将从领导特质理论、领导行为理论和领导权变理论三个方面对我国高校高管团队建设提供启示。

（一）领导特质理论

领导特质理论旨在通过对领导者个人特性的分析，发现领导者与被领导者的不同特征，或是探索成功领导者的共同特质，从而为选拔和培养领导者提供依据。一项关于全球领导行为和特征的调查结果表明[2]，品格高尚、高瞻远瞩、精于协调、诚实可靠、自信、聪明机智、公正无私是全球公认的有效领导的综合素质；双赢、成功地解决问题，熟练的行政管理

---

〔1〕 马俊杰，等．高校领导团队能力建设研究［M］．北京：中国人民大学出版社，2010：4.

〔2〕 House R，Howeil J. Personality and charismatic leadership ［J］. Leadership Quarterly，1992，3（2）：81-108.

技巧，激励和鼓动力强，决策果断，事先计划，消息灵通，立于不败之地的表达能力，是全球公认的有效的管理能力。另外，有研究表明[1]，追求目标的内在动机、运用社会化权力影响他人、正直、自信、智慧等特征有助于领导者获得成功（Luthans，2003）。同样，已有大量研究证明，魅力型领导与高绩效和高工作满意度呈正相关，而魅力型领导的个性特征包括自信、坚定的信念、理性化的愿景、对下属的高度期望、支配性强、敢于冒险等。虽然，拥有上述特质与成功的领导之间的关系并不是必然的，但是这些特质的存在，确实能够提高领导者成功的可能性。因此，这些研究发现对选拔、培训、评价高校高管团队成员仍然具有重要的参考价值。

（二）领导行为理论

领导行为理论主要关注于领导的行为及其影响上，认为可以通过改变行为来提高领导效能。Burns（1978）提出了交易型和变革型两种不同的领导方式[2]：交易型领导是通过明确角色和任务要求来指导或激励下属实现既定目标，而变革型领导是通过让下属意识到所承担任务的重要意义，激发下属的高层次需要，建立互相信任的氛围，促使下属为了组织利益牺牲个人利益，并达到超过原来期望的结果。与交易型领导相比，变革型领导的有效性更高，更适合于高等院校这类组织。

（三）领导权变理论

领导权变理论，将下属和情境因素纳入到领导问题的研究中，认为领导的策略、方法、风格使用的有效性取决于他们与下属、情境的匹配程度。对于高校领导者而言，应该从人与情境的匹配角度，考虑所采取的领导方式。马俊杰（2010）认为魅力型领导风格比较适合高校情境[3]。作为知识分子的高校教师群体，比较看重学术自由、人格尊重、精神和价值的认同，乐于服理。由于其经济收入相对稳定，学校环境较为安全，社交圈固定，因而他们主要追求尊重和自我实现等高层需求。所以，学校的高管团队成员在各自领导实践中，要更多地发挥自身魅力来领导教师队伍，

---

[1] Luthans F, Avolio B J. （2003）. Authentic leadership：A positive developmental approach [A]. In K S Cameron, J E Dutton, R E Quinn (Eds.), Positive organizational scholarship (pp. 241–261). San Francisco, Barrett-Koehler.

[2] Burns J M. Leadership [M]. New York：Harper & Row，1978：1–21.

[3] 马俊杰，等. 高校领导团队能力建设研究 [M]. 北京：中国人民大学出版社，2010：7–8.

这本身就是对教师尊重的体现，也更能得到教师的响应。

第二节　高校高层管理者的胜任力综合模型

随着我国高校内部领导体制改革的不断深入，高校自主权在不断扩大，对高校高层管理人员的能力要求也日渐提高。如何选拔优秀的高校高层管理人员，组建高管团队成为高校发展中的一大挑战。在上一节中，高层梯队理论从团队成员的人口特征及成员间的合作互动角度进行了研究，而团队角色理论则从团队成员之间的角色匹配及能力互补角度开展了研究，上述研究对高管团队建设都有很高的指导价值。本节将进一步细化，从胜任力角度入手，在回顾相关研究成果的基础上，探讨和构建高校的高层管理者胜任力模型，为高校高管团队建设中成员的选拔与组合提供更明确的指导。

一、胜任力的概念与特征

胜任力来自拉丁语“competere”，意思是“适当的”，在英文中演变为“competency”或“competence”，意为称职、胜任、能力等。国内外关于胜任力概念主要有两种观点：能力观和行为观。能力观的主要代表是胜任力最初的倡导者 McClelland（1973），他认为胜任力是指和工作、工作绩效或生活中其他重要成果相似或相互联系的知识、技能、能力、特质或动机[1]。行为观的支持者 Woodruff（1991）则认为，胜任力是指个体明显能胜任某项工作的行为类别[2]，时勘等人（2002）也认为胜任力是在某项工作或组织中能将有卓越成就者与表现平平者区分开来的个人的潜在特征[3]。

〔1〕 McClelland D C. Testing for competence rather than for intelligence [J]. American Psychologist, 1973 (28): 1-4.

〔2〕 Woodruff C. Competence by any other name [J]. Personnel Management, 1991, June, 38-42.

〔3〕 时勘，王继承．企业高层管理者胜任特征模型评价的研究［J］．心理学报，2002，（3）：306-311.

著名学者斯潘塞（Spencer）更全面地描述了胜任力的概念及特征[1]。他认为胜任力是一种个人的潜在特质，它会导致个人在工作和情境中产生相关参照标准的效能和杰出表现；胜任力能预测个人在不同情境与工作任务中所有可能产生的行为；从结构来看，胜任力包含了六种特质，分别是动机、态度、自我概念、价值观、知识和技能。此外，他还提出了著名的“冰山模型”用以描述上述特质（如图 12-2），其中知识与技能位于表层，是一种看得见的、能实际表现出来的能力，易于培养，属于基准性胜任特征；动机、态度、自我概念和价值观等是隐藏的、潜在的、不易发展的，属于鉴别性胜任特征。

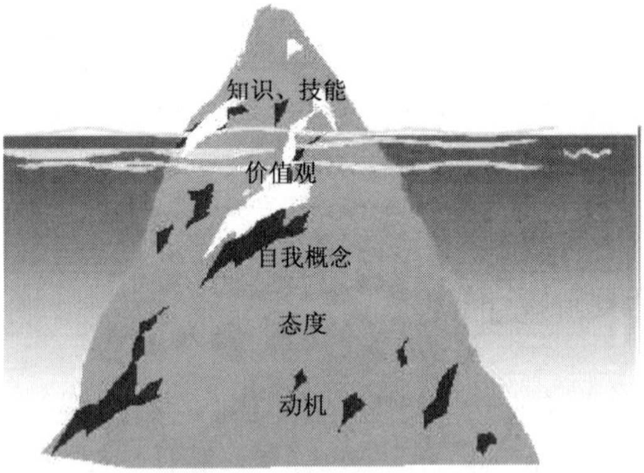

图 12-2　胜任力的冰山模型

基于上述，我们认为，胜任力是在特定的工作岗位、组织环境和文化氛围中，有效区别本职位与其他职位，并产生高绩效的个体特征，如知识、技能、态度与价值观、动机等。在胜任力模型构建中，胜任力强调的是胜任岗位工作或高效完成工作所必需的能力素质。

尽管各学者对胜任力的界定各有不同，但普遍认为胜任力有如下三个特征：

一是胜任力与任务情境相关联，具有一定的动态性，并与员工所在工

[1] Spencer Lyle Jr, Signe M. Spencer. Competence at work: Models for superior performance [M]. New York, NY: John Wiley and Sons, 1993.

作岗位的要求紧密联系，亦即它在很大程度上会受到工作环境、条件及岗位特征的影响，针对某一工作岗位而言重要的胜任力，可能不适应于另外一个工作岗位。

二是胜任力与工作绩效存在密切的关系，一般具有高胜任力素质的人会有更高的工作绩效，胜任力还可以预测员工未来的工作绩效。

三是运用胜任力特征可以区分组织中的绩效优秀者与绩效一般者。

二、高校高层管理者胜任力研究概况

关于胜任力的研究最早发端于20世纪20年代的美国。McClelland认为胜任力指标能够更好地预测工作绩效，可以用来代替传统的智力测验[1]。胜任力研究在教育领域的应用始自20世纪60年代的美国教师教育改革项目，并建立了校长胜任力指标体系，用于指导校长选拔和职业发展工作[2]。与传统的能力概念相比，胜任力不仅对传统的外显能力予以关注，而且对一些内隐的、深层次心理特征进行探索[3]。这些研究为高校领导者能力理论的发展提供了一个新的研究视角。高校领导者胜任力研究的重点在于寻找胜任其工作所需要的能力和行为表现，而其中比较普遍的研究是校长胜任力研究。

（一）国外研究综述

20世纪80年代末开始，苏格兰校长协会开展了学校管理胜任力研究，并于1992年发布了学校管理标准体系。该标准体系对学校管理的总体要求是：创造、维持、发展并能使学生和教师取得有效学习的条件，包括4个方面10项胜任力要求。20世纪90年代初，英国国家教育评价中心按美国模式开展了学校管理者胜任力研究，提出了一个包括4个方面12条特质的学校管理者胜任力模型，在随后的研究中，该中心又在模型中加入了4个方面多个条目学校管理者特质。上述具体内容，见表12-2。

〔1〕 Mcclelland D C. Testing for competence rather than for intelligence ［J］. American Psychologist, 1973, 28 (1): 1-14.

〔2〕 程凤春．学校管理者胜任力研究及其成果应用［J］．比较教育研究，2004，(3)：59-63.

〔3〕 Schippmann J S, Ash R A, Battista M. The practice of competency modeling ［J］. Personnel Psychology, 2000 (3): 703-740.

表 12-2 国外研究成果

提出者	内容	胜任力要求
苏格兰校长协会（20 世纪 80 年代）	政策管理	评价、开发和展示学校的目标和政策，发展与学生、家长、员工、董事和社会的支持性关系
	学习管理	为支持学生的学习而开发各种手段，监控学习过程
	人员管理	补充、选拔教师，发展团队，强化绩效意识，计划、分配和评价他人和自己的工作，维持有效的工作关系
	资源管理	确保资源有效分配，监控资源使用
英国国家教育评价中心（20 世纪 90 年代）	日常管理	分析问题能力、判断力、组织能力、决断力
	人际方面	领导力、敏锐性、意志力
	沟通方面	口头交流能力、书面交流能力
	个人广度方面	兴趣广泛、自我激励、明确的教育价值观
	综合能力	创造性地解决问题、发散思维、企业家能力、冒险精神
	发展意识	自我发展、发展他人、制度发展等
	教学领导能力	理解力、教学经验及方法、评价和改进教学表现的能力
	边界管理意识	识别组织自身潜在的问题及机会的能力；明了政府和社会因素的含义，以及采取行动的能力；处理学校与政府关系的能力等

资料来源：笔者整理。

Marsha Speck 在其著作《校长角色》中认为，校长作为教育者，具有以下特征[1]：不断地学习并对自己的教育实践行为进行反思；在学校内建立一个被广泛认可的共同的长远目标；理解学生的需要及他们发展的现状和趋势；实施教学计划并对教学工作进行评价；建设并提升校园文化。同时校长作为一个领导者，还必须能够：准确定位学校的现状；预设学校的远景目标；与全校师生达成共识；决定学校的变革；制订并实施变革；自我规划；授权给员工或社区；建立信念；监督和评估学校的发展；展示宣传学校所取得的成就；关心员工、学生和社区；激励学校员工和学生。该研究对理解和探索高校领导者的胜任力具有一定的启示价值。

（二）国内研究综述

在国内，关于高校领导者胜任力的研究主要是以校长为研究对象，且大多数为理论研究，实证研究较少，但也取得了一些研究成果，具体见表 12-3。其中，代表性研究成果是尹晓敏（2009）和刘晶玉等人（2010）的研究。尹晓敏以高校管理群体为研究对象，通过综述分析提出了大学高层管理者的双核胜任力模型，即管理胜任力和专业胜任力，大学高层管理者既是全面负责大学教学、科研与社会服务工作的管理者，又是专家型的教学科研人员。双核模型更加清晰地呈现出高校管理者的胜任力特征[2]。刘晶玉等学者采用了实证性多方法导向研究模式，通过探索性因素分析与验证性因素分析，得到大学校长的胜任力 5 个维度的约 20 项胜任特征。该模型从大学校长的典型性心理行为出发，深入揭示了大学校长的胜任力模型及层级结构，揭示出绩优者的外显行为与潜在特质，为国内大学校长胜任力的开发与管理奠定了科学基础，也为大学校长的职业化进程做了有益探索。

---

〔1〕 Speck M. The principalship：Building a learrimg community ［M］. New Jersey：Prentice-Hall.，1999：33-51.

〔2〕 尹晓敏．大学高层管理者双核胜任力模型研究［J］．现代教育管理，2009（10）：73-75.

表 12-3　国内胜任力研究

<table>
<tr><th>提出者</th><th colspan="2">胜任力要求</th></tr>
<tr><td>许庆豫（1994）[1]</td><td colspan="2">富有批判和创新精神；热心于社会公共事业并善于赢得广泛的社会支持；富有务实的献身事业的精神；善于实施大胆的改革措施以及善于提出鼓舞人心的宏伟目标</td></tr>
<tr><td>李丽娜（2006）[2]</td><td colspan="2">成就导向，影响力，关系建立，团队领导，自信心，培养他人，逻辑思维能力，灵活性，组织承诺</td></tr>
<tr><td>古永司（2007）[3]</td><td colspan="2">知识能力，认知能力，人际关系能力，行为影响力，管理能力，沟通能力，创新能力，发展意识，激励能力，经济能力，人格魅力，良好的政治素质和清晰的办学理念</td></tr>
<tr><td rowspan="2">尹晓敏（2009）[4]</td><td>管理胜任力</td><td>战略能力，计划能力，决策能力，变革能力，控制能力，创新能力，用人能力，沟通能力</td></tr>
<tr><td>专业胜任力</td><td>教学能力，科研能力，知识运用</td></tr>
<tr><td rowspan="5">刘晶玉等（2010）[5]</td><td>人格魅力</td><td>心胸开阔，心理素质，激励能力，有激情</td></tr>
<tr><td>教育理念</td><td>深邃的教育思想，明确的办学理念，社会责任定位能力</td></tr>
<tr><td>管理能力</td><td>执行能力，师资队伍建设，学习能力，科学决策力</td></tr>
<tr><td>人际关系</td><td>资源整合，确定利益主体能力，沟通协调能力，社会活动能力</td></tr>
<tr><td>发展意识</td><td>开拓创新能力，学术威信，战略规划，愿景能力</td></tr>
</table>

资料来源：笔者整理。

[1] 许庆豫．谈一流大学校长素质［J］．吉林教育科学高教研究，1994（1）：45.
[2] 李丽娜．中学校长胜任力特征实证研究［D］．昆明：云南师范大学，2006.
[3] 古永司．现代大学校长胜任力理论分析［J］．当代教育论坛，2007（1）：33-34.
[4] 尹晓敏．大学高层管理者双核胜任力模型研究［J］．现代教育管理，2009（10）：73-75.
[5] 刘晶玉，娄成武，任嵘嵘．大学校长胜任力模型研究［J］．现代大学教育，2010（4）：40-44.

三、高校高层管理者胜任力综合模型

根据对已有研究文献的分析，笔者在此提出高校高层管理者的双层四核胜任力综合模型，见图 12-3。

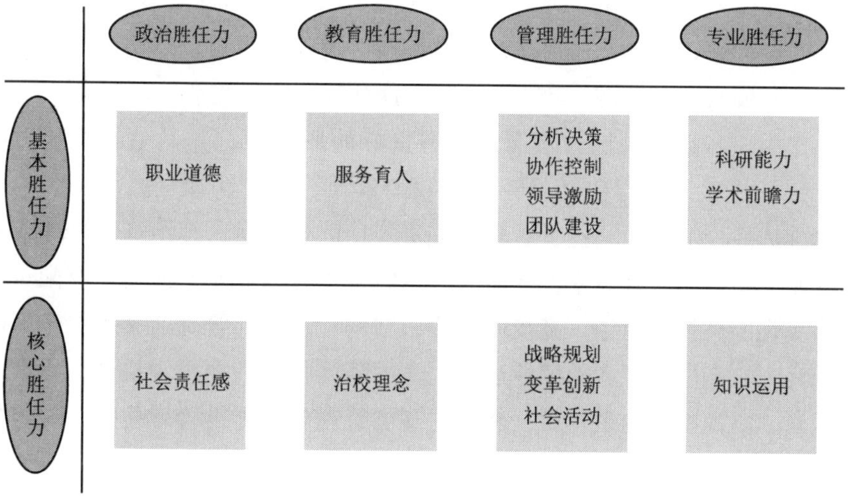

图 12-3　高校高层管理者“双层四核”胜任力综合模型

资料来源：笔者提出。

具体而言，“双层”是指作为高层管理者需具备的基本胜任力和核心胜任力：基本胜任力是对高校管理者能力的最低要求，包括多元角色需要必备的素质和能力；而核心胜任力是高校管理者更高效地工作所应具备的能力。此外，“四核”是指高层管理者在高校管理实践中担任四种角色（政治家、教育家、管理专家和学科专家）所需具备的能力素质，即公民胜任力、专业胜任力、管理胜任力和教育胜任力。

（一）政治胜任力

高校高层管理者的基本角色是政治家，应当具备该角色所需的基本素质。而与政治家活动密切相关的素质包括政治素质、职业道德和社会责任感。

作为一名政治家，高校高层管理者要具备坚定的政治信念和超凡的战略思维。首先，高校高层管理者要自觉学习并运用中国特色社会主义理论体系武装头脑，坚持和完善党委领导下的校长负责制，坚定维护党的领导，促进决策的民主化和科学化，积极探索党委领导下校长负责制的科学实现形成，确保这一体制在学校的正确落实。其次，高校高层管理者要树立世界眼光，培养战略思维。高校领导者要敏锐调察国际高等教育的发展趋势，紧密把握国家发展战略需求，促进高校正确定位，明确发展方向、目标，制定发展战略，选择发展道路，正确处理好规模、质量、结构、效益等自身持续发展与国家经济、政治、文化、社会等发展的关系[1]。

作为一名高校高层管理者，拥有良好的职业道德是其基本胜任力特征。良好的职业道德包括：较强的政治素质，遵守法律、法规及职业规范；维护高校的正当利益，对高校重要信息严格保密；拒绝徇私舞弊或行贿受贿；为下属做好表率，在能力不足时，承认职业水平或能力有限。在不断变化的高校环境中，高校的定位、结构、运营和管理活动也处于不断变革之中，高层管理者的职业道德也会不断面临新的要求和挑战。只有秉承正确、高尚的职业道德观，高校的高层管理者才能准确定位，引领高校不断发展。

高度的社会责任感是对高校高层管理者的核心胜任力要求。高层管理者的社会责任不仅要体现对大学自身发展的关注，更要体现对社会公共利益的关照以及精神的引领；既要时刻重视大学现实生存能力的发展与社会现实问题的回应，更要注重对未来发展方向的描绘与人类社会文化文明的强力支撑[2]。社会责任既是高层管理者治校的一种态度、价值观，更是治校的一种自觉的使命感与落脚点，其具体包括如下方面：发挥好高校人才培育、学术研究、社会服务等核心功能；维护与保障师生权益，确保教师的学术活动与学生的学习活动有效展开，推动和谐校园的建设；以社会长远目标为导向，促进社会进步。高校高层管理者应成为维护社会公平正义、推动大学可持续发展、引领社会文化与精神的实践者和示范者，成为社会与民众心理上可以信赖、精神上可以效仿的对象。

（二）教育胜任力

作为传承文明与思想的高校高层管理者，应该同时具备教育家的素质

---

〔1〕 郭大成．加强党的建设，提高治校理政能力［J］．中国高等教育，2007（22）：7-8.

〔2〕 陈运超．大学校长的社会责任［J］．国家教育行政学院学报，2010（2）：14-18.

和能力，即深刻理解高等教育的一般规律以及塑造明确教育理念的能力。为社会发展提供智力支持和人才培养是高校最根本的使命，也是高校管理者作为教育家角色的重要体现。高层管理者应深入理解教育的一般规律，准确定位，明确人才培养目标，源源不断地为社会输送高素质、高水平的人才，全方位地满足社会发展对人才的需求。

作为教育家角色的高校管理者还应重视高等教育的研究、办学实践的总结，具有提炼和发展教育理念、明确办学使命和目标的能力。这是对高效管理者更深层次的能力要求，即以教育家的思维方式和远见卓识推进学校的发展和建设。教育家的标准是什么？首先是他要有自己的教育理论体系，该体系以教育规律为基础，并能完成教育的一般使命；其次是他的理论得到了教育实践的检验并被证明是行之有效的；最后是他的理论和实践丰富了人类的教育事业，是富有价值的。当然，并不是每个管理者都能拥有这样的素质，但这应成为高校高层管理者努力的方向。

（三）管理胜任力

高校高层管理者还是一位管理专家，要全面负责高校的教学、科研与社会服务等工作，管理者角色是其最重要、最核心的角色之一。管理胜任力是指为有效管理高校和执行特定职务所需具备的知识、技能、能力的综合，是管理者经验、责任、知识与技能的融合。

1. 基本管理胜任力

高校管理内容主要有战略管理、教研管理、资源管理、外部关系管理等。日益复杂的内外部环境对高层管理者的管理能力提出了严峻挑战。作为有效的高校管理者，首先应掌握管理学的基本理论与方法，具备分析决策、协作控制、领导激励、团队建设等基本胜任力。所谓分析决策能力是指为了实现高校目标、完成高校使命，对学校所处的内外部环境进行战略分析和决策，参与并为高校重大问题的决策提供支持的能力；协作控制能力是指协调合作、维护相关关系，通过制度或自身的领导力对人员或活动进行调控的能力；领导激励能力是指组织和领导整个高校管理团队有效开展工作、顺利实现目标，并对相关人员进行激励的能力；团队建设能力是指组建合理高效的管理团队以及师资队伍的能力。

2. 核心管理胜任力

为了高效地管理高校的一切事务，除了上述基本管理胜任力以外，高层管理者们还应具备战略规划、变革创新、社会活动等更高层次的核心胜任力。具体而言，战略规划能力是指高校管理者基于高校所处的环境，从高校的全局和长远出发来观察、思考与处理问题的能力，主要包括制订高校的使命和目标、高校愿景和发展战略的能力；变革创新能力是指管理者随着外部动态环境的不断变化，能发挥创造性思维，不断带领组织变革以适应新环境的能力，主要包括学科建设布局、方向及其他攸关高校重大战略的革新能力；社会活动能力是指在高校运营过程中，以高校高层管理者的身份进行社会活动，妥善处理学校外部关系的能力，主要包括正确处理高校与政府及社会的关系，参加相关活动及外部筹资的能力。这些能力的发挥都能有效地提升高层管理者的工作绩效，更好地实现学校目标。

（四）专业胜任力

最后，高校高层管理者还应是学科专家。随着我国高等教育现代化进程的日益推进，对高校高层管理者的专业水平和学术能力的要求也会更高、更全面。作为专家角色的大学高层管理者，校长、科研副校长和教学副校长等必须具备专业胜任力，准确把握高校科研、教学活动的基本流程和基本规律，不断更新知识储备和提升专业能力，才能实现对大学教学、科研行为持续而有效的监控和评估。

1. 学术研究的独特能力和学术发展的前瞻能力

高校作为一个传承、研究、融合和创新知识文化的特殊机构，具有不同于其他社会组织的典型特征，这就是高校组织的学术性。高校作为一个学术共同体，是学术人才百家争鸣的场所，只有具备超前的学术眼光和学术见识才能赢得认同和尊重，才可能成为学术集体的领导者。因此，高校高层管理人员应具备学术研究的独特能力，尤其是对学术发展趋势的前瞻能力，即站在学术前沿，对学术进步状况有很深入的思考，对学术未来发展有精到的见解。

2006 年，中国人民大学开展了“中国大学校长素质研究”，针对国内 1 792 所高等院校现任校长基本情况进行调查，结果显示，我国大学校长大多拥有高级职称，其中77.2%的校长为教授或研究员，43.9%的校长具有博士研究生学历，32.2%的校长具有海外学习经历〔1〕。这也从一个侧面反映了高校管理对高层管理人员的专业胜任力的要求。

2. 知识运用能力

高校进行学术研究、发展科技文化的重要目标之一是服务于社会的发展，这也是高校除了人才培养、科技研究之外的另一关键职能。现代高校应充分发挥自身的社会服务功能，以自身的人才、知识、信息、科技成果全面地融入社会，使知识生产直接转化并应用于社会，创造巨大的经济效益和社会效益。这就要求高校高层管理者应该具备卓越的知识运用能力，即将研究成果转化为生产力，实现产学研一体化发展的能力，这也是高校研究工作价值体现的重要环节。

在阐述了高校高层管理者胜任力综合模型后，需要指出的是，该模型的构建是基于高校高层管理者整体的视角而提出的综合模型，是整个管理团队所应具备的胜任力素质。具体到个人，可能更加侧重于其中的某些或某一方面的胜任力素质。该模型也可用于指导高校高管团队成员的选拔与管理实践。

第三节 高校高层管理者的人力资源管理

现代大学规模不断扩大，任务越来越复杂，对领导团队的结构和功能要求越来越高。在高校高管团队中，校长、党委书记的角色至关重要。大学的发展水平在很大程度上取决于校长、党委书记的能力水平，其素质能力如何，直接关系到学校高层管理团队功能的发挥。因此高校高层管理者的人力资源管理意义十分重大。

人力资源是高校第一资源，高校的人力资源管理也在高校发展中起着至关重要的作用。但目前传统的高校人事管理是一种被动的、指令性和常规性的事务管理，其主要职能是程序化的文件处理及人员招募、甄选、培训、薪

〔1〕 牛维麒，詹宏毅．“品味”中国高校的领军人物：国内高校校长基本特征网上资料调查报告［N］．中国教育报，2007-08-17（7）．

酬、职称晋升、绩效考核等方面的具体制度的建立和事务性管理。针对高校高层管理者的职业化管理亟待引起重视，这是一项战略层面上的人力资源管理工程。本节将重点阐述大学校长、党委书记等人力资源管理问题。

一、我国大学校长、书记的人员管理现状

（一）选拔与任用

长期以来，在大学的校长、书记选拔和任用上，都是由上级主管部门按干部任用条例甄选和任命。总的来看，这种选拔和使用工作基本适应了当前高校建设的需要。但是随着学校改革发展的新趋势，感到目前的选任方式还存在一些不足。

1. 选拔条件

过于笼统，针对性不强。如某重点高校于 2004 年年初公布的公选副校长的基本条件如下〔1〕：热爱中国高等教育事业，具有强烈的事业心和高度的责任感，遵纪守法，爱国爱校，综合素质高；熟悉高校相关工作，有较强的管理及协调能力和较丰富的行政管理工作经验，工作实绩突出，思路开阔，创新意识及团队意识强，善于学习，不断进取；能全力投入管理工作，有奉献精神、服务意识和民主作风；坚持原则，敢于负责，公道正派，廉洁自律；符合知识化、年轻化要求，身体健康。相比之下，国外大学校长的任职条件有着十分详细的规定，见表 12-4。由表中可见，国外大学对校长的选拔条件针对性很强，考察较为全面。而我国的大学校长选拔条件与国外相比则过于泛化和笼统，往往带有放之四海而皆准的普遍性，无法体现招聘学校对这一重要职位任职者的特殊要求。

另外，考察重点在于政治、业务、管理方面，而对于校长、书记是否有自己的教育思想、办学理念则比较忽视，往往不在考察之列。

2. 选任方式过于单一，几乎与公务员选拔雷同

我国普通高校的校长、书记的选任实行的是任命制。综合看，选拔过程具有以下明显的特点：首先，选拔制度沿袭了政府官员选拔过程的多数特征，并没有体现大学这一学术与教育机构的性质与特点；其次，选任过

---

〔1〕 西安交大向海内外公开选聘 8 名副校长［N］. 中国青年报，2004-04-12.

程缺少更多的教师等学术骨干的实质性参与；最后，由于书记、校长的选任完全由上级主管部门一手操办，在校内缺乏透明度，也不对社会公开，致使这种封闭的选拔制度已经落后于社会的发展。

表 12-4　1990 年美国麻省理工学院（MIT）的校长候选人条件

个性情况	智力情况	学术情况	管理情况
领导才能	对 MIT 的想象力和洞察力	教育哲学与教育优势	管理风格对 MIT 的有效性和适应性
正直	智慧的广度和深度	对多样性的认同	有管理经验和管理业绩
人际关系	对学习的好奇心和能力	对本科和研究生教育的认同	深思熟虑和决策果断的平衡
活力	对 MIT 问题和机会的把握	对 MIT 作为研究型大学的认同	对校长管理角色的适应性
风度	学术成就和地位	相关的经验和成就	募集基金的经验和能力
发展的能力	在国内外的声望	对 MIT 校长职位的理解	
对 MIT 社区成员的接受程度			
对工作的热情			

资料来源：黄俊杰．大学理念与校长遴选．台湾通识教育协会，1997：304.

（二）职业培训

从目前来看，国家方面针对大学校长、书记的培训有教育部委托国家教育行政学院举办的高校领导干部研修班、教育部直属高校中青年校级干部专题研修班和高校中青年干部培训班三类项目。这些培训对于提高校长、书记的素质和能力起到了很好的推动作用。另外，尽管高校的校长书记也参加中央党校等单位举办的一些培训，但其培训形式大多以研讨和课堂教学为主，形式较为单一，缺乏实践环节，难以满足提高大学校长、书记职业素质与技能的要求。从社会方面的组织形式来看，主要是一些校长、书记论坛和研讨会等交流方式。显然，这些培训远远满足不了当前社会对于校长、书记胜任力的要求。

（三）考核评估

我国目前缺乏一些科学、全面地评价校长、书记绩效的机制。过去对大学校长、书记的评价机制比较注重领导班子是否团结、干群关系是否和谐、上级部门交办的任务是否完成，而对校长、书记的工作绩效进行“专业”评价方面还有所欠缺。

由于校长、书记任职期限的限制，对大学校长书记的评估，只能考察一些表面的成就。这些都容易导致大学校长、书记更注重追求短期效益，做表面文章，缺乏主动创新的意识，忽视大学的长远发展前途、持续发展的能力以及大学内部发展动力等。

（四）激励措施

在计划经济体制下，由于大学校长、书记长期被视为一种行政职务，对校长、书记的激励与惩罚措施也往往与政府官员类似，较少去考虑如何采取各项激励措施，如何激发校长的工作激情和创造力。在市场经济体制下，大学校长、书记作为一种职业也同样需要得到社会及公众的关怀，需要采取各种激励措施来提高其治校积极性。

另外，校长、书记的薪酬长期以来影响着校长、书记的办学热情。我国目前还没有专门的校长、书记薪酬体系，校长、书记的工资待遇一般是按照行政级别或者是执行教师职业技术职务工资标准。许多优秀校长、书记的薪酬并不明显多于教授，这也促使校长、书记对学术和管理“多肩挑”，不能够专心致志地搞好学校管理工作。

二、我国大学校长的职业化及其职业管理

以上梳理了我国大学校长的人员管理现状，诸多问题值得关注。大学校长的职业化及其职业管理，需要加快推进和深化。只有建立起优秀校长的培养机制，真正提高大学校长的职业素质与能力，才能改善以上问题，涌现出更多优秀的大学校长。大学校长职业化是一条有效途径，下面将予

以阐述。

（一）构建合理化的选任机制

由于政治经济体制和文化历史传统的差异，校长的选拔和任命方式也有所不同，但科学化、民主化和程序化，是所有国家在选任校长过程中追求的目标。

1. 大学校长的选拔标准

我国高校领导的选拔标准大都比较笼统，很难具体界定，因此很难定义和衡量。针对以上问题，上节中大学高层管理者胜任力模型的建立，为解决这一难题提供了颇有价值的切入点，可大大提高选拔工作的科学性。在大学高层管理者选拔过程中，胜任力模型主要起到评价标准的作用，根据对候选人胜任力的评估与岗位胜任力的需求分析来开展选拔工作。

2. 大学校长的选拔机制

美国、英国、日本、德国、法国等高等教育强国，大学校长选拔的权力都在学校最高权力机构——董事会、理事会、评议会或校务委员会中。尤其是美国大学校长遴选最具规范性和程序性，其严格、民主和程序化的选任机制有其合理的方面，值得我们借鉴。以美国著名大学校长遴选程序为例，一般包括以下 7 个环节〔1〕：

（1）董事会指定搜寻委员会。搜寻委员会的人数大多为十几名到二十几名，主体是董事会成员和退休的前董事会成员，也适当吸收一定数量的教职员工参与；

（2）搜寻委员会以多种形式征寻候选人。其中很重要的一个方式是向师生员工、校友以及高教领域、政府和非政府机构发出信件，请求推荐；

（3）形成初始候选人名单。搜寻委员会仅仅是依照大学的宪章所规定的资格，将不合格的被推荐人剔除，而不做任何主观评论；

（4）广泛咨询，形成评价标准；

（5）缩小候选人范围，形成最终候选人。按照评价标准不断将名单缩小到数十名的时候，搜寻委员会到候选人所在的单位进行面谈，进行严格调查之后，形成最终的候选人，通常为三人左右；

〔1〕 韩骏．美国著名大学校长的任命［J］．世界教育信息，2004（Z1）：62-66.

（6）搜寻委员会将最终候选人提交校董事会，由董事会进行表决；

（7）校董事会发布公告，任命新校长。

数月后新校长发表就职演说，正式上任。校长选拔的整个过程长达半年以上。

目前，我国的大学校长选拔，也同样可以借鉴国外的选拔程序。大学可以在上级主管部门主持下，成立校长遴选委员会，通过公开招聘、民主评议、委员会讨论、组织审查等一系列程序选择出最适合学校发展的校长建议人选，报上级任命。在校长应聘、评议、集中、审查的全过程中，上级主管部门的组织部门应全程参与，及时了解选聘动态和指导工作，并对选聘过程是否合法、合规进行监督，最终选拔出优秀的、适合的大学校长。

3. 大学校长任用可实行聘任制

首先，实行校长聘任制有诸多益处。该制度有利于防止任命制下出现的用人不当的现象；有利于扩大校长的办学自主权，使之能够更好地遵循教育规律和市场规律办学；有利于激发校长的工作积极性，以实现学校教育经济价值与社会价值最优化。施行大学校长聘任制，也是对高校党委领导下的校长负责制的发展和深化。

其次，实行聘任制也是大学校长职业地位真正得到确立的标志。应聘者与招聘者是平等的选择与被选择的关系，是一种契约或合同关系。同时，学校对应聘者的选择，也表示对其治校思想及方案的认同，所以，校长在就任后就可以按照自己的办学理念进行管理。而如果校长违反合同规定，学校也可以解聘校长。

最后，实行聘任制应有一定的灵活性。对于一些特别优秀的大学校长，可以适当放宽他们的任职期限和退休年限。哈佛大学校长的平均任期是 22 年，其中艾略特在校长岗位上工作了 44 年，而我国大学校长任职时间很少有超过 10 年的，这不利于高校的长远发展〔1〕。

4. 大学校长选拔方法的运用

目前，现代人才选拔的方法在企业人力管理中得到了广泛的应用，其

〔1〕 李健. 关于加强高校领导班子建设的若干思考［J］. 中国高等教育，2009（3、4）：17-18.

中包括评价中心技术、面试技术、公文筐测验、心理测验等技术。对于大学校长的选拔，同样可以借鉴这些方法和技术。根据上文提出的高校管理者胜任力模型，设计或选择出能够反映出应聘者素质的案例、模拟情境，以此对大学校长进行评价和选拔，也是可行的。

5. 大学副校长的选聘

针对当前高校飞速发展的趋势和实际情况，在大学副校长的选聘上，可考虑逐步把更多的选聘权赋予党委和校长，并以其意见为主要参考依据，这将有助于增强高校党委和校长在用人上的主动性和责任感，也有利于高层管理团队的合理组合。

（二）建立大学校长的职业培训机制

我国的大学校长职业培训存在许多问题，应该多借鉴国外的经验，建立适合我国国情的校长培训机制。职业培训的内容、模式与方法也应不断创新与变化，既要加强经营管理能力，又要注重先进教育理念的确立。

1. 培训机构

针对校长的职业培训机构可包括两类：一是国家组织的，如中组部委托的中央党校和上海、延安、井冈山干部学院等单位举办的高校领导干部培训或研究班，我国现有的教育部委托国家教育行政学院举办的高校领导干部研修班、教育部直属高校中青年校级干部专题研修班和高校中青年干部培训班等。二是省市组织的省市党校、行政学院举办的高校领导干部培训或研讨班。三是大学和一些教育协会。这些机构最了解大学管理中存在的问题，也有着最丰富的大学管理经验，这将使培训更具有针对性和实用性。

2. 培训内容

根据不同的培训对象，可有不同的培训内容：一是对新任校长的岗位培训，主要是针对即将上任或刚上任的大学校长，培训内容主要是在大学管理过程中遇到的主要问题，如教学管理、科研管理、人事管理、信息管理、财务管理、筹资融资、发展战略等；二是致力于提高校长领导能力和管理技能，以及研究社会环境、经济和科技发展给大学带来的挑战和影响的培训。这些主要是针对较为熟练的学校领导者，通过交流与研讨使其明确学校如何适应当前和未来挑战，如何将本校的管理调整到最佳状态，如何使自己的领导工作更卓有成效。

3. 培训形式

可采用丰富多样的培训形式：

（1）会议或校长论坛。这种形式较为常见，以讨论共同关心的问题为主，如我国举办的中外大学校长论坛，主要采用会议发言的形式进行交流与学习。

（2）研讨班。主要讨论学校管理中的具体问题，一般是主题讨论或会议讨论。

（3）项目培训。这是对校长综合领导能力提高或分类管理技能进行的系统培训，时间长，内容多，采用多种教学形式，如哈佛培训项目中的案例教学等。

（4）网络培训。互联网技术如今已经发展的相对成熟，可以充分利用这一平台进行校长培训。网络培训能够大量地节省校长培训所需的时间成本，校长能够根据自己工作情况自主地参与培训。同时，通过网络共享，校长能够大量地、及时地获取所需要的信息，可大大提高培训的效率。

（三）健全大学校长的评价与激励机制

1. 完善对大学校长的考核评估与监督机制

（1）考评的必要性。健全、科学、高效的大学内部管理系统应包括考核评估与监督反馈。关于高校内部日常事务管理，校长具有很大决策权。对校长的考核与监督可防止校长滥用职权，将其工作评价作为校长改进工作或续任、免职的依据。

（2）必须完善对大学校长的业绩考核与评价制度，以校长在任期间的学校发展目标为基础，按照不同学校的办学层次和定位，制订不同的考核标准，考察校长任职期间学校各项工作的开展情况。尤其在校长责任目标实施年限期满后，教育行政部和校内督导机构对学校的发展状况进行总结性或鉴定性评价，主要集中在办学宗旨与办学效果、队伍建设与管理、办学条件、教育教学工作等方面，以此作为对校长进行续任或免职的依据。如学校领导的考核指标包括：效益指标（生师比、生职比等）；投入指标（人均学生费用，社会集资、赞助额等）；产出指标（学生就业率、师生满意度、国内外核心期刊论文数、科技成果转化率等）。对这些指标的考评，应根据指标的特点采用不同的调查制度、评估方式，根据学校的特点给予不同的分数权重，高校领导的收入分配、升职降职及相关社会名誉的评比应与这些指标的实现分数挂钩。对学校行政领导的奖惩不能与其个人的科研教学成绩挂钩，而应与团队绩效挂钩。

（3）开展大学校长的经济责任审计也是考察与监督校长行为的一项重要举措。其主要内容包括：审查校长对大学经济活动领导职责的履行情况；审查大学办学经费的筹集和使用情况；审查大学资产的拥有和利用情况；审查大学债权、债务的拥有和形成情况；审查校长本人遵纪守法情况。通过对以上情况的审查，可以促进校长积极致力于教育改革与教学管理，努力提高学校的社会效益和经济效益，而避免滥用职权；有利于严肃法纪，保护学校财产的安全完整。

2. 实行多样化的激励机制

不同的大学校长对激励机制的认同程度不一样，有的追求自我价值的实现，也有的关注薪酬水平。因此，校长的激励约束机制应该根据其需求的差别，进行多样化设置。

（1）薪酬激励。在民办高校，校长看重学校的期权、股权或者用他们的管理能力、知识作为资本进入学校或教育机构的总资本，参与最后的利润分成。因此，这种机制能够调动职业校长的积极性，减少腐败、减少教育资源的浪费。对于公办大学来说，情况有所不同。需要使校长的薪酬市场化，即薪酬根据市场供需变化和校长在实际工作中对学校的贡献来决定，以薪酬的高低来决定一个职业的重要性还是比较客观的。对于大学校长来说，对他的应得利益的保障既有助于维持校长的成就感，也可以杜绝校长的隐性收入，规范办学行为。

（2）需要其他激励措施相互配套。许多校长追求的并不仅仅是高薪待遇，而更多的是追求事业上的满足感。因而对校长进行的激励应该多元化，如培训激励、持股计划激励（适用于民办学校）、休假激励，等等。激励的措施是多种多样的，但要坚持在民主公正的原则下，将物质激励与精神激励相结合，将长、短期激励相结合，将外部激励与内部激励相结合，将正面激励与负面惩罚相结合，其个人激励还应与团队绩效挂钩，以此保证校长持续地保持工作激情和创造力，使校长能够对大学发展发挥更大的作用。

三、高校党委书记的能力和素质

在大学高管团队中，高校党委书记和校长都是重要成员，他们对高校的长远发展起着尤为关键的作用。上文主要阐述了高校校长的选聘、激励与考核及培训方面的内容，绝大部分内容也适应党委书记。以下主要阐述高校党委书记的能力素质。

（一）高校党委书记的胜任力

执政能力是一个政党在执政期内表现的综合实力，它需要自上而下地培养，需要以各级基层组织的不断健全和完善加以保障。高校党委作为我们党的执政能力在高校的集中体现，通过把握办学方向、统揽全局、推进民主办学，加强党建，切实发挥基层党委的领导核心作用，进而推动高校基层党组织的战斗堡垒作用和党员先锋模范作用的发挥，这是高校党委的基本任务和工作重点。党委书记是国家举办高等学校党的基层委员会的负责人，因此对于高等学校的运行和发展起到了举足轻重的作用。党委书记是中国所特有的高等学校系统的高级管理职位。

高校党委书记需要不断提高四个方面的能力：

1. 努力提高科学领导学校发展的能力

高校党委书记应该牢记自己的使命和责任，带头贯彻落实党的路线方针和政策，贯彻落实党的教育方针。坚定自觉地围绕学校的中心工作和改革发展来开展工作，和校长一起把好学校的发展定位和奋斗目标及发展战略。

2. 努力提高高校的组织和教化能力

宣传党的纲领，引导师生树立正确的人生观、世界观、价值观，以共同的政治信仰、价值标准凝聚全体党内外积极分子，培养具有科学精神、创新与创业能力和文明素养的社会主义建设者和接班人，提升高校党组织的整体素质。

3. 努力提高科学民主决策的能力

发挥党政班子整体合力、专家教授民主决策、教代会民主管理、民主党派献言献策、校务公开信息平台等多方面优势，提高党委科学执政、民主决策的能力。

4. 努力提高动员和整合各种资源、协调各种利益群体关系的能力

通过革新办学理念和制度创新，把校内校外各种资源充分动员起来加以整合，协调、兼顾各个群体的利益，最广泛地调动各方的积极性。

（二）党委书记的素质要求

随着党委领导下的校长负责制的不断健全和完善，高校领导班子的整体素质不断提高，现代大学党委班子是否有凝聚力、向心力、战斗力和影响力，党委书记的素质起着举足轻重的作用。作为党委书记需要[1]：善思考，会钻研，做勤奋学习的模范；讲党性，守纪律，做坚持民主集中制的模范；吃得苦，耐得劳，做艰苦奋斗的模范；吃得亏，忍得住，做廉洁勤政的模范；受得气，经得磨，做宽容大度的模范；办实事，求实效，做真抓实干的模范；严修养，长锤炼，做道德情操高尚的模范；迎挑战，敢创新，做坚持与时俱进的模范。

第四节　高校高层管理团队建设的问题与对策

习近平同志在2008年第十七次全国高等学校党的建设工作会议上指出[2]：“实现高等教育科学发展，关键在于把高校领导班子建设好，把高校干部队伍和教师队伍建设好。一所大学能不能办好，领导班子建设至关重要。”总体而言，近年来我国高校领导班子建设取得了很大成就，为高等教育事业的跨越式发展做出了贡献。但高管团队建设过程中也存在诸多问题，需要进一步加强建设和完善。

一、高校高管团队建设中存在的问题

国内已有学者开始借鉴团队理论探讨高校领导班子的建设问题。代芳芳、吴娴（2009）运用领导团队的概念对高校领导班子建设进行分析，发现高校高管团队凝聚力不强、考核激励制度不健全，并相应地提出了重新

〔1〕钟子才．高校党委书记的领导方式与方法［J］．中国高教研究，2003（3）：11-13.

〔2〕习近平．在新的历史起点上努力开创高校党建工作新局面［EB/OL］．［2011-11-20］．http：//news. xinhuanet. com/ newscenter/ 2008-12/19/content_ 10529192_ 1. htm.

认识中国高校领导体制、优化高校领导团队结构、培养团队精神等一些对策[1]。朱为鸿（2009）将党委领导下的校长负责制视为一种团队领导体制，并指出在领导团队中各成员分工合作，通过领导团队对学校发展负责，但是党委和行政分别掌握着学校领导权力，导致了党委和校长职权的冲突[2]。本部分拟从领导团队运作的角度分析高校领导团队建设所存在问题，并进一步提出促进高校高管团队建设的对策。

（一）高校领导团队权力的结构性冲突

高校管理和领导活动中的行政化色彩过于浓厚，行政权力处于主导地位，而学术权力被边缘化。虽然高等教育体制多次改革，但随着高校日益变得巨型化和复杂化，科层制管理成为高校普遍的管理模式，教授很难参与到各个层次的决策过程中，削弱了学术权力的发挥，使得高校由原本的学术与文化机构异化为政府的行政机构。行政权力与学术权力的关系失衡，制约了当代大学精神的彰显，不利于大学的健康、持续发展。

（二）高校领导团队的权力运行缺乏制度保障

根据《中华人民共和国高等教育法》有关规定，党委领导下校长负责制的运行分为决策和实施两个阶段，决策由党委集体讨论决定，实施由校长统一组织指挥并向党委负责。党委要积极支持校长独立负责行使职权，帮助校长排除工作阻力；校长要认真贯彻党委的决定，抓好教学研究质量和学校的改革发展。但在工作实践中，如果党委书记和校长出现不和谐因素，或在一些大的问题上处理不当，容易演变成矛盾和冲突，从而导致党委领导下校长负责制的运行不尽理想。

（三）高校高管团队的结构问题

目前，对我国高校高管团队的结构存在不同的看法。一种看法认为，高校高管团队建设存在的共性问题是双肩挑干部过多。与党政机关和其他企事业单位不同，高校领导班子中有相当数量的干部既当领导又做学问。据调查，大多数高校领导班子中双肩挑干部占一半以上，而且部分双肩挑干部每年用于学校管理的时间不足二分之一。出现这种情况是由于双肩挑

〔1〕代芳芳，吴娴．试析高校领导团队建设［J］．青年科学，2009（3）：56-58.

〔2〕朱为鸿．我国高校领导团队的制度设计与有效运行［J］．理工高教研究，2009（28）：45-47.

干部大部分都是教学科研团队的首席教授或重点学科的带头人，他们承担着相当繁重的学术工作，因此，他们在任职期间往往不能专注于高校的行政管理工作，造成专职不专，从而影响了高校行政管理的效率和管理体制的创新。另外一种看法认为，根据高校的特点，就应该强调，让既有管理能力又有较好学术水平的干部进入学校领导班子，这有利于提升决策的水平和层次。因为大多数领导班子是工作班子，既决策又工作，如果人员水平太低很难把准方向，笔者在后边将谈论这个问题。

（四）高校高管团队的决策问题

大量的关于高管团队决策的研究都证明，在团队决策过程中存在一些影响决策结果的潜在因素：团队凝聚力和团队冲突。在高校中，高层领导成员分属党政两个系统，分别掌握着学校领导权力，职权不同、管辖范围不同，再加上我国高校权力协调机制不完善，容易导致高校管理工作分散化，团队凝聚力不强，校党委和校长职权的冲突时有发生。因此，探索适合中国国情的团队领导工作机制，加强领导团队权力的统整，建立内部自我协调、自我完善的组织机制，提高高校领导班子的领导力是非常有必要的。

二、高校高管团队建设的对策

在中国教育体制下，要加强高校高管团队的建设，必须进行能保证团队有效运行的制度设计，要有效发挥党委领导下的校长负责制的团队领导优势，须完善高校领导权力结构和运行机制，强化自我协调机制和自组织功能，实现领导权力统整〔1〕。

（一）优化高校领导团队的权力结构

随着我国高等教育宏观管理体制改革的不断深入，高校自主权的进一步扩大，今后高校内部领导体制的改革必将再次成为人们关注的热点。高校的领导体制，就其本质而言，它体现为权力在管理的各阶层和高校内各个不同利益群体间的分配，以及它们相互间的权力作用关系。高校作为以知识的传授、传播、储存、研究、发展和应用为主要职能的学术文化组

〔1〕 别敦荣．论我国高等学校领导权力分治与统整［J］．清华大学教育研究，2003（2）：45-49.

织，应该建立以学术权力为中心，学术权力、行政权力、各司其职、各尽其责的高校领导团队。

首先，要明确党对高校的政治领导。高校政治领导作为国家意志在高校的具体体现，决定着高校发展的基本性质。学校党委作为高校政治领导的主体，要从“统治”的理念走向“治理”的理念来引导高校的发展。

其次，大学校长是行政权力和学术权力两种权力的枢纽，应根据不同大学的特点协调行政权力和学术权力，保证大学的高效运行。要提高高校领导团队的领导力，需要强化大学校长对学术事务的领导权，并借助学术委员会、教授委员会等学术组织得以实现。同时还要努力建立扁平式组织架构，并通过权力下放，避免形成“倒金字塔”的权力结构，增强基层管理者的自主管理意识，充分发挥他们的主观能动性。我国目前高校的学术权力基本为行政权力所取代，学者很少有机会介入高校的管理活动，更不用说决策过程。因此，教授参与管理，无疑能够充分发挥他们的权威作用，提高高校的管理绩效，同时有利于创设高校学术自由氛围。更为重要的是，学者参与学校的管理事务，提高了学校决策特别是学术性政策制订和实施过程中的科学性和可行性。

再次，逐步建立多元主体参与的治理结构。随着高校办学主体地位的确立，在民办高校中建立以董事会领导下的院（校）长负责制为主的高校管理体制开始试点，高校管理者可以邀请教师、学生、学生家长、用人单位、校友这些高校利益相关者共同参与到高校的治理中。参考美国一流大学的董事会领导体制，董事会负责制订学校的总体发展目标与基本规则，院（校）长在董事会领导下实施战略并行使行政领导职能，负责学校的日常运转与发展。

最后，团队权力不应集中于某些成员手中，权力分享型的领导更容易实现决策制订的一致性，而决策制订的一致性越高，团队效率就会越高。

（二）协调高校领导团队的权力运行

高校领导团队要合理地包含多种权力主体，形成多种权力共同管理高等学校的格局。要明确他们各自的职责与权力范围，制订民主协商机制，让多种权力主体平等地参与学校的战略管理决策，并建立健全相互监督的机制来制衡各权力主体的行为，使各权力主体的行为统一于学校的共同目标上。根据我国社会改革发展的总体要求和高等教育自身办学规律，借鉴西方发达国家高校管理体制的成功经验，建构高等学校内部领导体制。

大学突出的文化特性决定了大学管理是以学术事务为主的民主管理。大学内部的权力运行机制相应地也应以学术权力为主导，建立民主协商的学术基本准则与管理机制，使行政权力逐步服务于学术权力。依照“党委领导，校长负责，教授治学，民主管理”的原则，明确党委、校长、学术群体之间的关系，各司其职，各负其责。

高等学校党委主要决策重大事项和学校发展方向，负责干部管理和教师的思想政治工作，发挥领导及监督作用，并积极支持校长独立自主地开展工作。党委书记要摆正自己的位置，党委领导不是书记个人领导，书记只是领导集体的“班长”，要注意主动沟通，多做补台的工作。

以校长为首的行政力量主要负责学校的人才培养、科学研究和行政工作，致力于学校的发展和建设，保障学校运转有序，在计划、组织、协调、后勤保障等方面发挥主导作用，积极执行党委的决策。

以专家学者为首的学术群体主要负责高校的学术活动，在学科设置、专业发展、课程建设等方面应发挥积极主导作用。应提升学术权力，建立健全各类学术组织，赋予它们相应的权力，发挥学术委员会的决策和咨询作用，淡化行政权力。

在领导团队中，以制度规范正副职之间及副职之间的关系，正职充分发挥副职的主动性和创造性，副职协助、配合正职和其他领导的工作。通过延长任期和加强考核增强领导成员的责任意识，提高领导团队为学校长期规划和发展负责的自觉性。领导团队还要善于发挥高教研究所或发展规划处的智囊作用，重视教授委员会和教代会的参与作用，提高权力运行的有效性。

（三）完善领导团队结构

对于一个组织系统来说，结构优化是职能有效发挥的前提。现代大学规模越来越大，任务越来越复杂，对领导团队的权力运行要求越来越高。因此，需要加快优化领导班子结构，使领导团队成员的年龄、学历、能力、个性合理搭配，取长补短，各位成员各司其职，各尽所能，增加向心力和合力。

高校领导团队结构的合理化要做到思想倾向一致性，我们的学校教育是社会主义的学校教育，一定要把德育工作放在各项教育工作的首位。知识结构体现出多样性，现代教育规模大、领域广、层次多，新兴自然科学、社会科学的发展快，相应地要求领导者具备合理的知识结构。性格结构要做到互补性，要考虑多种不同性格在团队中的组合，以形成领导班子成员之间相容、互补的性格结构组合的格局。年龄结构要实现层次性，作为一个合理的领导班子，要注意老中青三代结合，既要防止领导人员的年龄老化，又要保证领导层的相对稳定性。

党委领导下的校长负责制，是我们党经过长期探索，在不断总结经验的基础上，对高校领导体制做出的正确选择。与党政机关和其他企事业单位不同，高校领导班子一个突出的问题就是有相当数量既当领导又做学问的双肩挑干部，为了解决“双肩挑”领导不能全身心投入到学校管理实务中的问题，首先要严格限定高校领导班子中双肩挑干部的比例，如在岗位设置中经调查研究确需科研、学术人才担任才能设置“双肩挑”岗位，并且对“双肩挑”干部把主要精力用于学校管理做出刚性规定。同时，加强对“双肩挑”干部的教育和培养，“双肩挑”人员往往在科研、学术上有很深的造诣，在师生员工中也有较高的知名度和影响力，但在高校管理中需要的是既懂管理又懂教育的双料人才。因此，要根据“双肩挑”管理干部的特点制订措施，加强管理理论的培训和岗前培训，建立选拔、任用、考核、监督、奖惩等管理机制，并在工作期间安排必要的学习、进修和考察的机会，为他们能胜任管理岗位创造有利条件。

第十三章　推动组织学习与高校领导体制建设

随着高等教育国际化和信息化步伐的不断加快，高校组织赖以生存和发展的环境也发生了巨大的变化，导致高校教育管理体制的变革力度日趋加大，现存的管理运作模式也亟待创新。在此背景下，高校组织获得竞争优势的关键则在于如何利用所拥有的知识和以何种速度获取新知识，因而组织学习对于现代高校的生存与发展也至关重要。但有效的组织学习是在一定背景环境下发生及持续的，因此，如何培育一所创造知识、使用知识和共享知识的学习型大学并借此推动高校领导体制建设，这无疑是一项崭新的实践问题。

第一节　组织学习概述

最早由玛茨（March）和西蒙（Simon）于 1958 年提出了“组织学习”这一术语[1]，坎杰洛西（Cangelosi）和迪尔（Dill）于 1965 开启了组织学习实证研究的先河[2]，阿吉里斯（Argyris）和舍恩（Schön）于 1978

---

〔1〕 March J, Simon H. Organizations [M]. New York: Wiley, 1958.

〔2〕 Cangelosi V E, Dill W R. Organizational Learning: Observations Toward a Theory [J]. Administrative Science Quarterly, 1965, 10 (2): 175-203.

年出版了《组织学习：一种行动视角的理论》一书[1]，标志着组织学习系统化研究的开始，阿吉里斯也因此被誉为“组织学习”之父。随后，管理学大师彼得·圣吉（Peter Senge）从系统科学和一般动力学出发，提出“学习型组织”管理理念，将组织学习理论的研究带入另一个高潮。这一理念把组织视为一个有机系统，使得企业组织更具自身特质，并从本质、方法、措施等方面使组织学习能够有效地走向实践领域。从20世纪80年代开始，许多西方跨国公司开始引入组织学习理念，并在实践中取得了显著成效，至此，组织学习作为克服企业发展障碍、持续推进变革的最佳工具而迅速发展。我国学者对组织学习的关注始于20世纪90年代中期，他们对国外学者的各种观点予以吸收和整合，提出了自己的观点。

一、组织学习的概念和发展

何谓“组织学习”？学术界对此莫衷一是。各个理论派别都从自身的价值观念和知识背景出发得出不同的概念，这些对组织学习概念的多角度探索为主流概念提供了有益的补充，使得人们对组织学习的认识得到了进一步的深化。当前，学者们的观点主要集中于以下几个方面，见表13-1。

表13-1　组织学习理论

理论视角	代表人物及观点	理论特点
认知进化论	希瓦史塔瓦视组织学习为知识基础被发展和形塑的过程[2]	从个体、团队与组织层次上动态地揭示了组织学习的过程
	陈国权等将组织学习作为组织不断努力改变或重新设计自身以适应不断变化的环境的过程，是组织的创新过程[3]	

[1] Argyris C, Schön D A. Organizational Learning: A Theory of Action Perspective [M]. Reading, MA: Addison-Wesley, 1978.

[2] Shrivastava P. A typology of Organizational learning systems [J]. Journal of Management Studies, 1983, 20 (1): 7-28.

[3] 陈国权，马萌．组织学习——现状与展望［J］．中国管理科学，2000（1）：66-74.

续表

理论视角	代表人物及观点	理论特点
认知进化论	于海波等认为，组织学习是在个体、团队、组织和组织间进行的、不断产生和获得新的知识和行为，并对其进行解释、整合和制度化的循环上升的社会互动过程[1]	从个体、团队与组织层次上动态地揭示了组织学习的过程
信息加工论	休伯认为，一个组织通过信息加工过程而学习，其潜在行为就会变化[2]。组织学习过程可分为知识的产生、知识的扩散和知识的利用三个阶段	认识到组织学习过程中对信息或知识的加工和处理有助于深入理解组织内部的知识转化过程，部分地揭示出组织学习和知识管理之间存在的紧密联系
	陈建国认为，组织学习是社会系统利用外部环境的物质和能量进化的过程，同时也是主体认识、改造世界的信息能循环运动的过程[3]	
组织行为论	阿吉里斯和舍恩认为，组织学习为组织成员通过重新修正组织行动规程，把修正结果渗透到组织图式和组织想象中，最终对失误或异常加以纠正的过程[4]	将组织学习的关注点聚焦于具体的行动，有助于更为直接的理解行动本身
	马奎特指出，一个集体学习能力强的组织会不断地变革它自己，以便为了成功更好地收集、管理和应用知识[5]	

[1] 于海波，方俐洛，凌文辁．组织学习整合理论模型［J］．心理科学进展，2004（2）：246-255.

[2] Huber G P. Organizational learning: The contributing processes and the literatures [J]. Organization Science, 1991 (2): 88-115.

[3] 陈建国．信息的新财富观与组织学习的信息能循环机理［J］．湖南师范大学社会科学学报，2003（4）：67-70.

[4] Argyris C, Schön D A. Organizational learning: A theory of action perspective [M]. Reading, Massachusetts: Addison-Wesley, 1978: 345-348.

[5] Marquardt M J. Building the learning organization: A system approach to quantum improvement and global success [M]. London: McGraw-Hill, 1996: 220-242.

续表

理论视角	代表人物及观点	理论特点
组织环境论	邓肯和韦斯认为，组织学习是一种过程，透过此过程可以发展组织行动与成果间关系的知识，了解环境对其的影响[1]	从组织的层次上认识学习的过程，将组织看作一个系统，把组织对环境的反应看作是组织的学习行为，揭示了组织整体与环境的交互作用
	赫德伯格认为，组织学习来自于组织与其环境之间的适应性和操作性交互作用，它既包括组织被动适应现实的过程，也包括应用知识促进组织与其环境相匹配的过程[2]	
社会互动论	库克和雅诺将组织学习视为组织中人与人之间正式或非正式的集体探索和实践过程，认为其不仅是一种集体学习现象，更是一种文化现象[3]	认识到学习的主体“人”，把组织学习看作在组织各个层次上进行的集体探索过程，强调团队成员之间怎样在个人自我超越的基础上进行团队学习
	彼得·圣吉认为，组织学习是组织中许多人共同进行的集体学习现象，他将学习型组织描述为人们在组织中不断扩展产生它们需要结果的能力	

资料来源：笔者整理。

以上观点分别从多角度对组织学习进行了探讨，并在各自所关注的角度上进行了强调和拓展，但是各种观点都不能够全面完整地反映组织学习的深刻内涵，比如社会互动论的观点忽视了整个组织层次上的学习，也缺

[1] Duncan R, Weiss A. Organizational learning: Implications for organizational design [J]. Research in Organizational Behavior, 1979 (1): 75-123.

[2] Hedberg R. How organizations learn and unlearn [A]. In Nystrom P C, Starbuck W H (Eds). Handbook of organizational design, Oxford: Oxford University Press, 1981.

[3] Cook S, Yanow D. Culture and organizational learning [J]. Journal of Management Inquiry, 1993, 2 (4): 373-390.

乏对组织学习中知识的流动过程的探讨；而信息加工论的观点在一定程度上容易使人们对组织学习和知识管理的关系产生混淆，并且由于对知识的过分强调，忽视了人这一学习主体的重要作用；组织行为论的观点在一定程度上忽略了组织内部的微观学习过程，没有看到组织学习的其他各个层次等。

因此，综合上述观点的评述，我们进行总结得出组织学习具备以下三个方面的特征：

1. 过程性

组织学习首先是一个过程，是一个通过组织中人与人之间的交互作用、从而不断产生和应用新的知识、以便不断改变组织行为的过程。这一特性强调组织学习是一个较为长期的发展历程，它有一系列有效的活动程序，它不是一蹴而就的。在此过程中，组织成员持续交流互动是学习的主要方式，目的是确保领导团队及时吸纳和应用新知识，不断改进自身行为。

2. 创新性

组织学习是一个组织知识不断产生、不断传播、不断应用的循环上升过程。学习的出发点和落脚点是提升团队创新能力，实现创新发展。组织的知识积累伴随着组织学习过程的深入不断增加，相应地，组织的创造力同时也不断得到提升。

3. 社会性

组织学习强调的是一种社会性学习，是组织中人人都参与的集体学习和集体实践的社会现象，因此可以将组织学习认为是组织围绕获取信息、知识而开展的包括个人、团体和组织的持续创新过程。

二、组织学习的模式和方式

（一）组织学习的四种模式

学习模式是对学习过程和本质的功能化描述，是理论分析和实践应用的辅助工具。组织学习理论提出了四种学习模式，见表13-2。

表 13-2　组织学习的四种模式

组织学习模式	定　义	特　点
单循环模式	组织在察觉问题的存在后，依其既定的行为规范和政策进行整改以达成组织目标的过程	注重“我们是否做正确了？” 较低水平的僵化的单向学习过程，可以维持组织的正常行为，但不能取得改进效果
双循环模式	组织可以在调整其现行的政策、规范和目标的基础上处理所暴露出的问题的过程	注重“我们做的正确吗？” 较高水平的学习方式，能够促进和增强组织在新的复杂环境下的适应和生存竞争能力
再学习模式	组织从改变观念入手解决实际问题，克服思维定势的束缚，进而提高整体创新力的学习过程	注重“我们参与战略、目标等的变革了吗？” 强调变革和创新，是根本性组织创新过程中的主要学习类型
战略联盟学习模式	组织在与其他组织结成伙伴的基础上，进行知识互补，促进知识转移，完成知识创新，合力应对竞争的学习过程	注重“我们参与合作，实现优势互补了吗？” 竞争与合作并存，有助于实现资源利用的最大化

资料来源：笔者整理。

1. 单循环模式

单循环模式又称“单回路学习”“维持学习”“低阶学习”“适应性学习”和“线性学习”等。在单循环模式中，组织沿循环发现问题——确定原因——追究责任——制订措施的思路，采用其既定的固有政策、目标以及心智模式来处理暴露出的问题，致力于解决当下问题，较少审视内部规范是否合理。

2. 双循环模式

双循环模式又称“双回路学习”“创造性学习”“高阶学习”。在此过程中，组织既纠正错误行为，也调整背后的内部规制，通过优化运作模式增强竞争力。双循环模式更强调要在组织定义和解决问题的过程中，同时加强不断循环反复的实验和反馈，探索认识世界的新方法。

3. 再学习模式

再学习模式又称“三环学习”“再学习”“反思性学习”。三环学习包括有意识的学习怎样学习，努力寻找提高单环学习和双环学习效率的途径，所考虑的是组织结构和战略层面上的变革，集体拥有的智慧是三环学习的根基〔1〕。三环学习会将组织中遇到的问题及解决问题过程中得到的经验，进行开拓和整合。组织根据所得到的信息，对组织进行结构重置和战略变革，开发出新的知识技能，掌握新能力，不断充实完善。

4. 战略联盟学习模式

战略联盟学习模式可划分为竞争性学习和合作性学习。前者视学习为手段，合作一方尽可能向另一方学习而不是把共同学习作为首要任务，即“学习他是为了超越他”；后者视学习为目标与手段的综合，强调“同伙伴一起学习”的重要，这种情况只有在合作者认为彼此间不存在根本性竞争或不相容利益时才会出现。

（二）组织学习的两个维度、四种方式

针对组织学习的方式，中欧商学院杨国安教授开展了大量研究。杨国安（2005）通过对全球 40 个国家、超过 400 个组织的样本分析，以及对 1 500 多名高层管理者的访谈和问卷调查后，将学习方式按两个维度分成四种：两个维度是学习来源（亲身体验和借鉴他人）和学习方向（开发新领域与利用既有机会），四种方式分别是提升能力、实验学习、标杆学习和不断改良〔2〕，见图 13-1。

1. 两个维度

对于组织学习的两个维度，具体而言，首先，组织学习的来源即亲身体验或借鉴他人。亲身体验是指组织通过不断的试验或变革创新来获取新知识，其学习方法多种多样，例如管理方法的创新等，组织或个人从实战经验中学习，而非从既有知识中学习的过程。借鉴他人是指组织通过学习

〔1〕 Georges L R, Witteloostuijn A V. Circular organizing and triple loop learning [J]. Journal of Organizational Change Management, 1999 (12): 439-453.

〔2〕 杨国安，大卫·欧瑞奇．学习力——创新、推广和执行［M］. 北京：华夏出版社，2005：43.

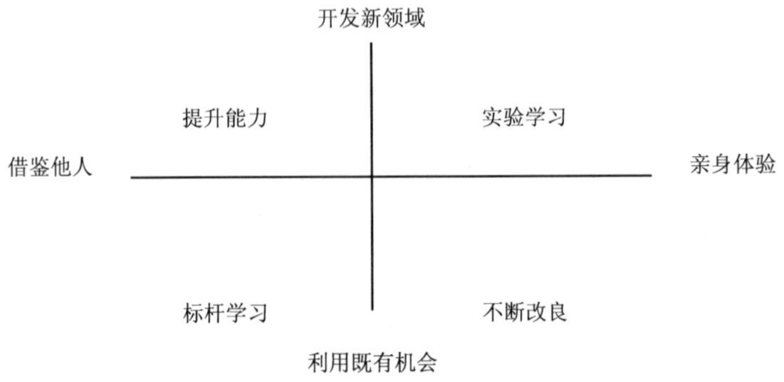

图 13-1　组织学习方式

资料来源：杨国安，大卫·欧瑞奇．学习力——创新、推广和执行［M］．北京：华夏出版社，2005：43.

总结其他组织的成功经验，进而转化为自己的学习所得，主要方法包括：标杆学习、招募新成员及吸纳新知识、求助咨询顾问、从教育机构与专业组织获取知识等。其次，组织学习的方向，即开发新领域或利用既有机会。开发新领域是指组织通过全新的核心能力、技术或创意方面的实验，以求在产品、流程及经营管理效率上取得重大突破，从而建立竞争优势。利用既有机会是组织对现有核心能力、技术与战略进行改善及延伸，以求充分发挥现有流程与经营效率的潜力。

2. 四种方式

四种学习方式的具体内容如下：

（1）实验学习。

实验学习是指组织通过尝试新构想、新流程来达到学习目标，各种创意主要来自组织成员的不断尝试与实验，也来自对组织发展需求的深入了解。虽然实验学习在组织中并非是普遍使用的学习方式，但它却是最能增加组织竞争力与创造力的方法，对组织创新能力的开发大有裨益。在高校组织中，教授和学生是最具有创造力的组织学习实践主体，通过激励教师和学生的主观能动性，在教学和学习的实践过程中不断推陈出新，能够充分促进高效的教学与学习方法的产生。

（2）提升能力。

提升能力是指通过培养新能力或开发新技术来达到学习目的，这是当前组织普遍使用的一种学习方式。提升能力策略包括招募关键人才、投资培训关键能力及技术、组建战略联盟、兼并掌握核心技术的组织、与大学及咨询机构合作。高校是学习的源地，从学习的角度出发，所有的主体都可以视为不断追求上进的终生学习者，因此，从学习者的不同需求出发建立相应的学习团队，对其核心能力进行培养和投资，是高校推动人才素质提升的有效手段，例如针对年轻教师渴望提升讲授能力的需求，开设相关的课程和培训，不仅能有效满足其自我提升的迫切需求，也对提升学校办学的整体素质大有裨益。

（3）标杆学习。

标杆学习主要是指以其他优秀组织或个体的成功经验为借鉴和效仿对象的学习方式。标杆学习具体表现为：首先选择本领域内的优秀组织或个体作为学习对象，再了解、分析该组织的营运方式及最佳实践，然后对其进行消化、改进，继而应用于自己的组织，以达到学习的目的。标杆学习是一种速度快、低成本和低风险的学习方式。在高校的组织学习中，标杆学习的方法因其得天独厚的优势可以被全面推广。首先，从整个高校的发展出发，在全国的兄弟院校中选取优秀的标杆，对其成功的发展经验进行学习与借鉴，能够在短期内为管理者打开思路；其次，从高校组织内部来说，大到不同院系之间的互动学习，相互借鉴，小到教师和学生个体之间的博采他人之长，标杆学习可谓无处不在。

（4）不断改良。

不断改良也是一种在组织中广受欢迎的学习方式，它强调对现有的状况和流程不断改进，以达到学习的目的。基于“持续改善”学习方式的组织，通常要求组织成员高度参与，成员的参与策略包括群策群力、品质管理环、问题解决小组或自我管理团队等。组织成员要以客观现实为基础，通过亲力亲为不断改良当前状况，满足内部、外部的各类需求。致力于不断改良的组织学习，是组织核心竞争力得以不断夯实的关键。对每个高校组织而言，必定有其独具特色的优势学科，能够突破自我设限，不断追求科研创新的组织学习，将成为学术旗帜屹立不倒的秘诀，此类组织学习必须以管理者的正确引导、教授和科研人员孜孜以求的坚持以及学生的勤奋和坚持来保证。

第二节　高校组织学习的障碍及其克服

组织学习的障碍是指阻碍组织进行学习的因素，在彼得·圣吉的学习型组织五项修炼模型中，为了避免互相追根究底的质疑求真所带来的威胁而拒绝表露无知的现象，圣吉称之为“学习无能”。对组织学习障碍的研究与组织学习模型的研究是相辅相成的，组织学习模型能够有效地应用和实施，离不开对障碍的规避。清晰认识高校组织学习过程中的各种障碍，并采取有效措施来克服，对组织学习的推动具有重大意义。

一、高校组织学习的障碍

在组织学习的研究中，许多组织学习模型已经将推动因素或障碍作为整体模型的一个部分进行了考虑，例如 Nevis（1995）的组织学习模型中包括了 10 种组织学习推动因素；陈国权和郑红平在“6P—1B”模型基础上，通过实证研究验证了一系列机理要素与组织学习过程能力存在显著的正相关[1]；Kim（1993）结合 OADI—SMM 模型，提出了组织学习过程中断的 7 种模式；陈国权和马萌对应“6P—1B”模型总结了组织学习过程各个阶段可能存在的 18 项障碍[2]。本研究在结合前人总结的基础上，将从组织学习的过程障碍、文化障碍、领导障碍、组织结构障碍和共同愿景障碍五个方面对高校组织学习的障碍加以阐述，见表 13-3。

（一）过程障碍

学习在组织内并不是一个自然、连续的过程，往往有起伏、停滞或是倒退现象，它必须克服重重障碍才能达到既定的学习目标。高校组织要系统地促进组织学习，首先必须确保学习过程能在组织内展开并且不被中断，因为学习过程中断是组织学习障碍的主要表现形式。所谓过程中断或

---

〔1〕陈国权，郑红平．组织学习影响因素、学习能力与绩效关系的实证研究［J］．管理科学学报，2005（1）：48-61.

〔2〕陈国权，马萌．组织学习评价方法和学习工具的研究及在 30 家民营企业的应用［J］．管理工程学报，2002（1）：25-291.

过程损失一般都是由组织内部各种权力和关系的冲突所引起，它们使得知识流通和创造变得“不够透明”，并把创造知识的社会条件“严密地封锁了起来”[1]。将学习过程中断的概念与组织学习的阶段模型结合起来，就可以对组织学习过程障碍进行动态分析。

表 13-3 组织学习障碍类型

障碍类型	表现方式
过程障碍	封闭性学习；限制性学习；迷信学习；模糊学习；表面学习；片段学习；投机学习
文化障碍	固化人们的思维方式； 对先进的文化有破坏力
领导障碍	领导行为与组织学习密切相关； 容易导致组织成员被动学习
组织结构障碍	整体组织结构障碍； 部门组织结构障碍
共同愿景障碍	产生使命和目标冲突； 缺乏多元化思考，排斥变化

资料来源：笔者整理。

学者们对组织学习的过程障碍展开了深入研究。James 等人在研究组织学习循环失效后提出了学习周期中断的四种类型，即“封闭性学习（role-constrained learning）”“限制性学习（audience-restricted learning）”“迷信学习（superstitious learning）”和“模糊学习（ambiguous learning）”[2]。后来，丹尼尔·金（1993）在玛茨等人观点的基础上又增加了三种新型中断类型，即“表面学习（superficial learning）”“片断学习（fragmented learning）”和“投机学习（opportunistic learning）”。将组织学习的类型与行为水平及认知模式间的关系结合起来分析，组织学习

[1] 迈诺尔夫·迪尔克斯．组织学习与知识创新［M］．上海社会科学院知识与信息课题组译．上海：上海人民出版社，2001：231.

[2] James G M，Johan P O. The Uncertainty of the past：Organizational learning under ambiguity［J］. European Journal of Political Research，1975（3）：147-171.

的过程障碍主要表现为如下若干类型，如图 13-2。

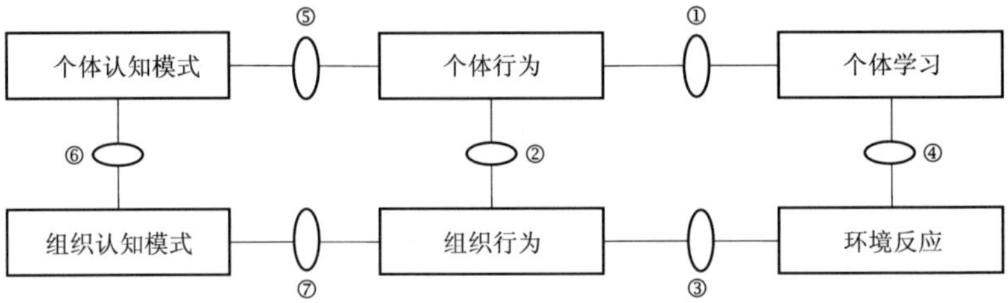

图 13-2　组织学习过程障碍的类型

①——封闭性学习；②——限制性学习；③——迷信学习；④——模糊学习；⑤——表面学习；⑥——片断学习；⑦——投机学习

资料来源：吴梦云，陈传明，陆杰．企业组织学习的障碍及其超越［J］．生产力研究，2006（10）：229-231.

（二）文化障碍

从文化学角度来看，组织学习是高校建设新型文化系统的过程，是通过塑造文化优势来构建现代高校优势的过程[1]。组织文化是指组织全体成员在长期发展过程中所培育形成的并被全体成员共同遵守的最高目标、价值体系、基本信念及行为规范的总和，集中体现了高等教育管理的核心主张，以及由此产生的组织行为。

组织文化之所以对高校组织学习和知识创新十分重要，是由于它突出了学习发生的背景，同时也为教职工和学生群体理解以往学习成果如何植根于组织结构与规范之中提供了框架。组织文化塑造了教职工和学生对过去和对现在事件的看法，形成了其“精神模型”或“思想地图”。这些关于需要学习什么、为何学习和如何学习的概念构成了组织未来学习方向的基础。

文化是组织学习的产物，同时它又影响了组织学习的每一个环节。过去的组织文化嵌入于组织策略和结构之中，难以改变的文化理念是组织学习的一大障碍[2]。在组织文化建设过程中，一方面，这些文化往往自然结盟并已潜移默化为教员和学生的思维方式、行为方式和生活方式，进而

〔1〕 青平．国外组织学习理论的新进展［J］．经济师，2003（5）：75-76.

〔2〕 Schein E H. Organizational culture and leadership［M］. San Francisco：Jossey-Bass，1992.

汇合成一种普遍的行为习惯；另一方面，与这种行为习惯或文化体系相对应的规范和既得利益格局已经形成。这两个方面相互作用并紧密联结成一个稳固的整体，从而对高校中迸发出的新兴的、先进的、正确的文化发展构成了阻力或破坏力。除了上述因素之外，在高校管理者和教职工成员身上，往往同时存在新的与旧的文化、正确的与错误的文化、潜文化与显文化，这两种文化成分的并存状态，都是构成高校组织学习的文化障碍。

（三）领导障碍

高校领导者的价值观和能力会对高等教育的长远发展产生影响，缺乏高效领导力会构成组织学习的障碍，当领导行为无助于学习时，组织学习就会受到阻碍。领导障碍会首先表现在高层管理者与教职工成员的关系上，当一个领导者将教职工塑造成纯粹的追随者时，不但会抑制他们参与领导工作的能力，而且会显著减少组织内互动的机会；其次，会逐渐形成一种组织文化，成员墨守成规，不肯冒险，对权威毕恭毕敬，彼此扮演着被动的学习角色，从而导致整个高校组织学习受到阻碍，交流匮乏。

（四）组织结构障碍

促进高校组织学习的必要条件之一是，要具有一个支持组织学习过程的组织结构。组织要系统地收集、分析、储存、传播和使用与组织及成员有关的知识信息，往往有赖于相契合的组织结构。与组织学习不相匹配的组织结构往往会构成组织学习的障碍。这类组织结构障碍主要表现在两个方面：

其一，高校整体组织结构障碍。尽管在高校高层领导结构和下属院系结构中都存在有效的组织学习，但是由于在集权结构中，集中的、机械性结构倾向于强化过去的组织行为，限制了信息流动和行为改变，所以会对组织学习构成障碍。

其二，部门结构障碍。部门结构同样也会抑制组织学习，是因为它容易把教职工的注意力吸引到了狭隘的本部门问题上而非组织问题上，因而产生片断学习。

（五）共同愿景障碍

所谓共同愿景是指组织中所有成员认可并共享的理想和前景。在高校建立愿景的过程中，往往会出现两大问题：

其一，破坏性冲突加剧。组织内存在着各种冲突，例如，高校组织成员对愿景理解可能会存在分歧，彼此的价值取向也存在差异，甚至为了各自利益相互对峙和防范。上述分歧或对峙若不断加剧又得不到协调，就会产生破坏性效应，并在组织各个层面上蔓延和扩张，最终变成组织学习的障碍。

其二，问题观察视角过于单一和片面，高校内成员缺乏多元化思考。如果管理者和教职工的心智模式过于陈旧，就容易排斥外界的鲜活信息，对环境变化的反应能力下降，而以上破坏性冲突将加剧多元化思考的缺失，二者作为共同愿景障碍会潜在或外显地阻碍组织学习。

二、克服高校组织学习障碍的途径

通过上述对组织学习障碍的分析，可以发现：只有不断减少和消除各种“组织学习障碍”，才能促进组织进行真正的学习。因此，我们可以从以下四个方面采取积极的措施，通过一系列有序、有效的组织活动来提高高校组织的整体学习能力，促进组织学习实践，从而引导其克服学习的障碍。

（一）提高高校管理者的领导能力

成功的组织往往拥有学习型领导，即积极引导组织持续学习的领导。当今知识经济时代，领导已由自上而下的集权导向转向自下而上、上下平等的合作导向。换言之，高校的管理者已经不是过去站在顶端发号施令的“个人英雄式领导”，更多的是以组织战略目标为导向、以组织成员合力为支撑、以个人“弱治”实现组织“强治”的“团队式领导”。高校管理者的团队领导力对组织学习具有重大影响，它既能将观念、信息、权力分享给组织内的教职工和学生，激发他们的学习能力，培育他们的领导潜力，又能创造凝聚组织成员相互信任的氛围，增强组织学习的驱动力。

在提升高校管理者的领导能力方面，管理者必须做到：

第一，平易近人。为了真正体现“服务”内涵，领导者谦虚谨慎，平易近人。

第二，征询建议。高层管理者明确向教职工和学生等组织成员征询意见，这种行为能够强化信息交流和知识分享的氛围。

第三，做一个“公开认错的领导”。在遇到决策失误等问题时，通过向全体成员承认错误，高校的管理者可以进一步强化组织的学习信念，优化学习氛围。

（二）促进高校组织成员的个体学习

随着组织结构的扁平化和组织权力下移，高校中各个院系组织及其教职工的自主权在加大，自我管理日渐成为其学习和成长的主流趋势。因此，高校领导者应该结合成员的学习特点开展行之有效的学习活动，促使其学习方式从被动灌输向自主学习转变，同时应关注到影响组织成员自主学习的组织因素和个人因素，并采取积极措施进行干预。

要培养高校组织成员的自主学习能力，首先应该对教职工和学生的学习的动力因素进行干预。自主学习的动力因素包括学习的内在动机，也包括自我效能感、归因倾向和目标定向等。其次，要有意识地进行学习策略训练，提高组织成员的认知水平。最后，要积极开展职业发展规划，帮助教职工确立生涯目标，并为其胜任力素质的培养提供学习环境；另外，教职工在提高其自主学习能力的同时，也会增强其组织承诺，提高工作满意度，加大工作投入度〔1〕。

（三）高校组织学习文化建设

组织要持续发展，管理者不仅要开展各项组织学习活动，还要推动组织学习文化建设。

其一，宣传学习理念。“不学习，则死亡”是组织学习文化的核心价值理念，尤其在高校这个得天独厚的以学习为核心的环境中，管理者更要致力于将学习理念转化为组织行为和教职工及其学生成员的习惯。

其二，倡导知识共享，并通过建立健全相关激励体系，使个人的隐性知识显性化，转变为组织发展的宝贵财富。在组织内部将优秀教职工的工作经验分享推广，以榜样的力量激励全体成员的成长和发展。

其三，强调坦诚、信任和平等。高校管理者应通过“理念灌输”“培训提升”“制度奖惩”“以身作则”等机制，在组织内营造信任和平等的气氛，让知识和信息能够自由流动。譬如，为了塑造组织学习文化，自

〔1〕 陈春花，杨忠，曹洲涛．组织行为学［M］．北京：机械工业出版社，2009：313-314.

2009年以来，北京理工大学每年岁末举办“科技工作茶话会”。校党政领导、院士、在职二级教授、校学术委员会委员、国家级重点实验室主任、国家科技奖第一获奖人、“973”及“863”首席专家、百篇优秀博士学位论文指导教师、学部主任，各专业学院院长、书记、科研副院长、中青年教师和学生代表，以及相关职能部门负责人等300余人出席。科技工作茶话会作为北京理工大学学术文化建设的一个品牌，为增强学校科研学术交流、提升学校科研学术氛围奠定了良好的基础。“各学院一年的科技成果都被晾晒出来，既有自身的纵向比较、又有和兄弟学院之间的横向对照，既轻松又有紧迫感，很有激励作用。”[1]这种学习型组织文化对推动院系之间交流、对促进学校科研水平提升发挥了重要作用。

（四）构建高校新型组织学习架构

组织学习是一种动态的过程，它包括前馈过程和反馈过程，如图13-3。前馈过程是指探索新知识的过程，即新知识会从个人层次向团体与组织层次流动；反馈过程则是利用现有的学习进行创新的过程，即现有的学习会从组织层次向团队与个人层次发挥影响力，影响团队与个人的思维模式和行动方式。在前馈过程中，个人对其经验和知识的认知会形成某种感知（直觉）进而产生个体行为；其后，就会以一定的行动将自己的感知向他人解释（诠释）；之后，团队成员会对这种诠释达成共识并产生协调性行动（整合）；当协调性行动反复发生时，便会体制化。而体制化是确保常规性行为会如期反复发生的机制，同时也是将个人学习与团体学习嵌入组织学习的过程。在体制化后，便进入反馈过程，即这些新产生的学习，通过结构、制度化及非正式的惯例等形式，被利用在个人与团队层次学习中，影响直觉、解释与整合，以此形成一个周而复始的学习递进过程。

这种新型的组织学习框架，能增进前馈与反馈过程的效果，促进知识有效地在个人、团体与组织层次间实现双向流动，有效实施知识管理与创新。通过促进高校组织学习实践的各种方式，能够有效改变教职工的认知模式，提高组织成员的系统思考能力，同时也能强化组织的学习文化，促进新型组织框架的构建，从而能较好地克服组织学习过程中遇到的种种学

[1] 郭大成. 谈科技，话学术［N］. 北京理工大学校报，2010-01-25（01）.

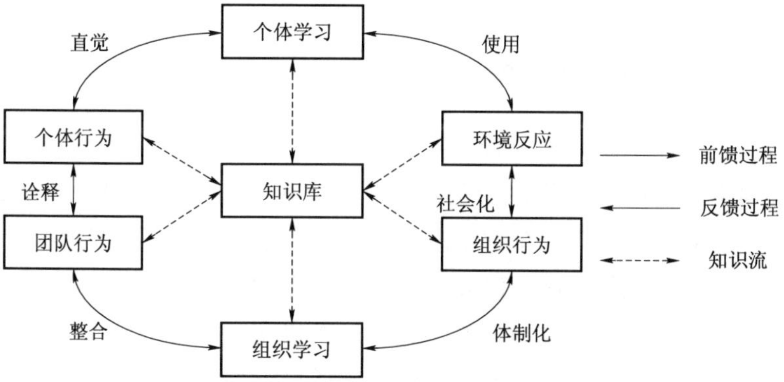

图 13-3 新型组织学习模型

资料来源：吴梦云，陈传明，陆杰. 企业组织学习的障碍及其超越［J］. 生产力研究，2006（10）：229-231.

习障碍。

第三节 建设学习型大学——增强高校领导体制的整体创造力

学习型组织是富有生命力的组织，在当前日益激烈的竞争环境中，唯有持续的学习，才是组织取得不断发展和进步的根本所在。那么，建设学习型组织究竟包括哪些要素？学者们对此问题进行了孜孜不倦地探索。研究发现，构建学习型组织包括三大要素，即支持性学习环境、具体的学习流程和方法、有助于强化学习的领导行为[1]。在学习型组织的建设过程中，上述三大要素是互相加强、互相作用的。积极的领导行为有助于创造和维持支持性学习环境，而此环境因素又促进员工能够更加顺利、更加有效地参与到具体的学习流程和活动中。这些活动有助于建立良性循环，能够提供机会让领导者采取促进学习的有力举措，并鼓励他人效法这种行为。本节拟从高校组织的具体特征出发，结合以上学习型组织建设的必备要素，深入探讨当前高校管理中学习型高层管理团队的构建和学习型大学

〔1〕 戴维·加文，埃米·埃德蒙森，弗兰切斯卡·吉诺. 测一测，你离学习型组织有多远［J］. 商业评论，2010（2）：84-85.

的建设问题。

一、构建学习型大学的必要性

现代大学是多样化高等教育系统的核心，具有独特职能和使命。随着知识经济和信息时代的发展步伐，科学技术迅猛发展，全球化进程加速，我国高等教育步入了一个超常规发展时期，大学也出现了职能拓展、组织规模膨胀、内部结构复杂化以及与社会联系更加紧密的趋势。我国高校几十年来所形成的较为固定的管理模式和运作机制，既是高校长期以来人才教育培养质量的一个重要保证，也成为新形势下高校管理改革与发展的制约因素。新的发展趋势使大学组织面临着前所未有的机遇和挑战，如何增强高校领导体制的整体创造力，打造真正意义上的学习型大学，成为当前高校组织生存和发展的重要课题。

近年来，伴随着高校扩招所带来的各种挑战以及随之衍生的危机感，不少大学组织往往采取一些激进的行政措施，以期恢复原有的平衡，然而由于这些补救措施仅仅建立在孤立研究的基础上，因而难以从根本上解决现存的各种问题和矛盾。从组织学习的角度出发，把当前大学组织系统中发生的各种问题看成是一组相关问题的不同表现，通过构建和提升组织学习力，使大学组织更好地理解和解决这些问题，从而真正促进大学组织的持续发展[1]。

大学组织要实现持续成长从根本上依赖于不断提升组织学习能力和自我再造能力，即实现组织内部的重构。通常来说，重构大学组织主要有两种基本途径：一是不断开发和学习新能力，二是强化已经具备的能力，而这两种能力的获取和提升都必须通过大学的组织学习来完成。通过“组织学习”，我们能够有效反思传统的学习方式和思维模式，进而通过夯实大学组织的学习力，进一步提升高校的管理水平，帮助高校组织进入持续成长和发展的良性循环。

二、建设学习型高层管理团队

身处当前高速发展变化的环境中，每个人都需要前行的方向，需要工

[1] 宋华．大学组织学习力的探索与实践研究［D］．上海：上海师范大学，2007：5.

作的价值，需要生活的意义，需要启发和关爱，需要激励和认同，需要引领和帮助。而作为大学组织发展变革的设计者、指导者和服务者，高校的高层领导团队不仅是推进组织学习，帮助大学组织及其成员创造未来、激活大学组织潜力的核心力量，还将直接影响高校管理工作和日常运作的成败。因此，构建学习型高层管理团队，形成有效的学习制度和机制，全面提升大学组织的领导力，是当前高校组织应对动荡、复杂、不确定环境的必然选择。

（一）确立高校高层领导团队的领导新角色

传统意义上，管理者的主要任务在于制订重大决策方向、激励下属，以解决问题，达成组织目标。而学习型团队则应是以共同愿景为基础，以价值认同为纽带，以团队学习为特征，打造具有浓厚学习风气的集体。建设学习型团队就是在团队中营造一种合作学习的文化机制和环境氛围，构造团体协作学习的交流平台，鼓励成员们在这个平台上共享知识、经验和学习能力。在学习型团队中，管理者需要专注更重要的工作，负责组织学习，成为设计者，扮演促进学习和批判性思考的教师及服务者的角色。正如彼得·圣吉所言："组织学习的领导人是走在前面的人；是真心执着于深刻变革、相信自我和献身于组织的人；是以自己的信誉、能力和承诺影响着他人的人。"[1]

在促进大学组织学习的过程中，学校领导的作用尤为重要，他们应该成为大学组织学习的设计者、指导者和服务者。

1. 设计者

领导者的设计，是对组织要素进行整合的过程。作为设计者，不但要关注设计组织结构和组织政策、策略、系统，更重要的是设计组织发展的基本理念；不仅考虑组织系统内部各个系统的连接，还要考虑与外部环境的关系，使组织系统各个环节和外部环境整合起来，创造出有利于组织学习的环境。领导者应善于激活其他人的希望和梦想，带领广大师生建立大学的共同愿景，绘制大学组织发展变革的蓝图。

2. 指导者

作为学习型组织的指导者，领导者的首要任务就是界定真实情况，协

---

〔1〕 彼得·圣吉. 变革之舞——学习型组织持续发展面临的挑战［M］. 台北：东方出版社，2001：19.

助他人对真实情况进行正确、深刻的把握，提高他们对组织系统的了解。因此，领导者必须学习一些帮助组织修炼的技能和技术，以担当教师、教练，帮助员工共同学习，改善心智模式，进行系统思考。引导教职员工进行大学组织发展和运作的思考，启迪组织成员对学校重大问题献计献策，激励他们利用自身的智慧和力量，不断加强学习，提升自我，同时为组织的学习和发展贡献力量。

3. 服务者

作为服务者，领导者的责任体现在他对实现愿景的使命感上。他们肩负着带领广大师生员工实现大学组织共同愿景的使命，因而自觉地接受愿景的召唤，全心全意献身于大学组织的发展。领导者不仅是自身理想和事业的忠实信徒，是理想、愿景和使命的仆人，而且还要将自己视为组织成员的服务者，为广大教职工和学生的不断学习与提高创造条件。

为营造良好的学习气氛和环境，学习型高校的管理者亦应为知识渊博的教学领导，推动转型和创新的领导者，有效激发组织成员自我超越的动机，建立前瞻性的愿景和对创新的承诺，并支持教师成为彼此的学习资源，引领学校成员持续学习发展，以追求卓越创新。

（二）通过组织学习打造管理团队的创新能力

当世界联系更为紧密且日益多变时，只有加强学习能力才能适应种种变化。组织的创新能力是衡量一个优秀学习型管理团队的首要因素，而组织创新能力的获得从根本上源自团队持续不断的学习行为，组织学习是开拓新的竞争优势的根本。因此，高层管理团队的内部创造力是大学组织持续发展的核心。

创新能力与组织持续的学习是紧密联系的。首先，由于决定创新能力的关键因素是隐藏在能力背后的知识状态，而这种创新能力的本质差别是由现有的知识状态所决定的。因此，提高团队的创新能力就必须实现团队内部的知识状态的提升。而组织的学习能力则是团队知识状态作用的直接结果〔1〕。因为学习的过程，是把团队外部知识进行内部化、隐性化的过程，这一过程将为团队的创新能力提供知识源泉，同时能够优化并提升团

〔1〕 王国荣．组织学习视角：公司核心竞争力与组织学习方式相关性研究［D］．上海：复旦大学，2006：35-50.

队的知识状态。此外，团队的增量知识严格依赖于其原有的知识状态，如果团队现有的知识状态为企业创造了竞争优势，那么这种竞争优势将会在稳定的环境中随着增量知识的产生得以保持，并进一步体现为竞争优势的持续性。因此，只有通过持续的组织学习，才能促进团队内部知识的创新，打造并发展团队的核心能力，从而充分认识和利用外部环境变化，准确把握发展的机会。

总而言之，组织学习和组织创新过程的目标就是要滋生一种可以从自身和别人的经验中学习的动力，并能在学习的过程中产生、储存和搜索知识，进一步促进组织的有效执行[1]。在学习型高层管理团队的建设中，通过以下组织学习与组织创新互动结合的过程，管理团队的组织学习力能够得到充分夯实，创造活力能够得到有效激发。

首先，团队学习始于鉴别并获取创新知识。在这一过程中，作为高层管理团队的决策者，应积极结合高校管理的现状，认真思考管理过程中存在的各项问题和矛盾，挖掘改变现状和解决问题的着力点，提高自身鉴别创新知识的能力，并在不断的学习中提升自己的知识积累，挖掘自身认识问题的深度和广度。

其次，管理团队中的成员应积极推动创新知识的扩散与学习。在这一过程中，相关知识在管理团队内部的个体间充分流动，包括个体自身存储的隐性知识与团队内部已经共享的显性知识的流动及它们之间的高效转化，只有这样知识才能有效地发挥它们的作用，并获得增值。具体表现为在管理团队内部，管理者之间要乐于并善于互通有无，共享管理经验和心得，使整个团队内部的资源得到充分的流动和共享。

再次，整合创新知识与思维模式。通过以上知识扩散和学习的过程，创新知识在团队个体中得到有效共享，最终整合形成团队的共有思维模式，用以指导未来各项具体的管理工作，并以记忆的方式更新和存储于管理团队的知识库之中，具体体现在战略、结构、文化和技术等多个方面。

最后，团队记忆与知识存量增加。在组织学习与知识创新过程中，团队记忆（团队知识库）具有极其重要的作用，是组织学习与知识创新的基

[1] 林山，蓝海林，黄培伦．组织学习、知识创新与组织创新的互动研究［J］．科学管理研究，2004（5）：27.

础和不断延续发展的保证，即知识存量决定了高校组织领导团队的运作绩效。管理团队本质上应是一个高度专业的、具有再生能力的知识仓库，这些知识以不同的形式存在于团队的运作过程中。因此，团队需要建立必要的流程结构、方法和机制来积累和存储各个阶段所产生的知识，并使组织学习与知识创新成为一个不断改善绩效的过程〔1〕。

（三）加大对干部的培养力度

鉴于当前大学组织干部队伍建设的现状，加强高校干部队伍培养显得至关重要，尤其是对年轻干部的培养力度。大学组织可以利用高校自身和其他各类社会资源，通过校内外各种渠道为干部提供学习交流、进修深造、出国访问等机会，对他们进行全方位的知识培养、视野拓展、文化熏陶和观念更新。在新的社会发展形势下，高校的干部队伍呈现出许多新特点和新趋势，大学组织在干部队伍建设上也需要精心设计、制订规划，真正注重干部培养的内涵与实效。可以通过搭建平台、制订制度、完善机制等多种方式，促进干部培训从偏重知识传授向注重能力培养转变，从全员培训向有重点、分类别培训转变，从灌输式培训向研讨式培训转变，使干部们在培训中切实增强认识、分析、判断问题的能力，拓展问题解决思路和务实创新方法，提高执行的自觉性和坚定性。干部们应当在学习培训中进一步厘清观念，真正认识到提高干部学习力，进而提升组织领导力，是推进大学组织学习和发展的驱动因素，是高校应对国内外形势变化的需要，也是促进自身全面发展的内在要求。因此，领导干部在大学组织学习中应责无旁贷地成为自觉学习、认真学习的典范，成为引导学习、善于学习的带头人〔2〕。

三、建设学习型大学

英国教育学者 Southworth 在其名为“学习型学校”（The Learning School）一文中指出，“学习型学校”应具备下列各项相互关联的特征〔3〕：重视学生

〔1〕林山，蓝海林，黄培伦．组织学习、知识创新与组织创新的互动研究［J］．科学管理研究，2004（5）：27.

〔2〕宋华．大学组织学习力的探索与实践研究［D］，上海：上海师范大学，2007：23.

〔3〕Southworth. The learning school［A］. In Ribbin P，Burridge E. （Eds）. Improving Education：Promoting Quality in Schools，London：Cassell，1994.

的学习活动；个别教师应是持续的学习者；鼓励教师和其他同仁共同合作和相互学习；学校成为一个学习系统的组织；学校领导者应为学习的领导者。

结合彼得·圣吉对于学习型组织特点的认识，我们可以进一步深刻地理解学习型大学的特征。

首先，学习型大学应该具有共同的愿景。在学习型大学的环境下，学校全体成员不仅具有普遍认可的目标、价值观与信念，而且能够自我超越，客观地将个人目标与学校目标紧密结合，并以共同愿景统率个人目标。

其次，学习型大学具有强大的学习能力。其学习的内涵体现在终身学习、全员学习、全程学习和团队学习四个方面。不仅每一位成员都是致力于生命不息、学习不止的学习者，同时各个成员之间乐于进行团体合作的交流学习。学习将贯穿于学校组织运行的方方面面，使工作和学习有机融合。

再次，学校的组织机构扁平化，以基层为主，适应性和灵活性更强的设计，能够减少决策层和操作层之间的间隔层次，横向联系与沟通都将得到加强。

最后，学习型大学具有系统思考的方式。学校成员能够克服局部或者静态思考的心智模式，以注重互动关系与动态变化的系统思维来解决学校面临的问题〔1〕。因此，建设大学的学习核心能力、建立大学组织的共同愿景、改善大学组织的心智模式、实现大学组织的知识共享等成为建设学习型大学的重要内容。

（一）建设大学的学习核心能力

学习型大学的建立基于学校的发展，而持续不断地学习是学校得以发展的根本动力。由此可见，作为学校发展的手段，毫无疑问，学习力的提升是根本，它是学习型高校得以成功的保证，而这一切最终将落脚于个人、团队的组织学习力的加强与提升。师生的核心学习能力是学校核心能力的重要组成，两者之间是相互支撑、相互促进的。高校组织必须通过师

〔1〕 顾明远，石中英．学无止境——构建学习型社会研究［M］．北京：北京师范大学出版社，2010：151.

生的核心学习能力的建设来加强整个学校的核心学习能力。

1. 营造组织学习的文化氛围

学校的组织文化能够突破规章制度的刚性，对教职工产生无形的凝聚和约束。同时，对学生而言，学校的组织文化也发挥着重要的育人功能。在学习型高校的环境中，学习是每个人的责任，学习动机被视为与生俱来的意识。学习型学校的文化致力于倡导不断学习、相互协作、知识共享、主动反思、求实创新、平等民主。为了营造组织学习的浓厚氛围，学校必须提供一个支持和鼓励的学习环境，利用科学的学习工具，推行有效的学习方式来促进学习。除此之外，通过多种方式合理评价师生的学习进展，识别最适合自身情况的学习方式，了解那些抑制学习的因素，掌握激励成员学习的方式，鼓励师生善于从经验中总结所获的知识，成为终生学习者。

2. 强化组织和个人学习力

学习力是个人或组织学习的动力、毅力和能力的综合体现，它是学习型组织的根基，是支撑学校竞争力的核心，也是学习型高校中每位师生的基本素质。要促进全体成员逐步形成良好的学习意识，促进积极的学习行为，首先，要从学校领导做起，彻底改变传统学校金字塔式的权力结构，实行扁平化的民主管理，通过学习来调控组织行为；同时，学校领导应该成为学习的倡导者，在指导组织学习的同时让学校组织自行运转。其次，发挥传统学习的优势，并进一步发展与创新，融合于新颖的学习型组织内，促进教师素养的全面提升，保证组织学习更好地发挥效用。最后，提倡“在工作中学习，在学习中工作”，引导教师结合教育教学中的实际问题展开有效的学习，促进教学实践的改善，同时，通过教育教学能力的提高激发起教师更强的学习欲望，在学习与教师的日常工作间建立起良性的循环，有效地促进教师的自主发展。

3. 促进组织成员的可持续学习

促进成员的可持续学习是保持大学旺盛的组织学习力的核心。全体成员一方面通过“终身学习”提高个体的素质，遵循与时俱进的要求，树立终身学习的观念，养成良好的学习习惯，不断加强现代教育理论学习，认真落实素质教育的要求，弘扬理论与实践联系的学风，学以致用，最终形成强大的个体基础；另一方面，学校作为有生命活力的组织机体，应形成系统组织的学习机制，改变陈旧落后的传统教育观念，树立以人为本的终身学习理念，使学校组织本身形成“吐故纳新”的循环系统，不断吸纳教育内部和外部的新知识、新信息并加以实践创新，以一个开放的、不断创新的组织机制来保证学校整体和谐的发展〔1〕。

（二）构建大学组织的共同愿景

大学组织的共同愿景是大学组织内部各式各样的个人愿景在交流、综合和协调后的产物，是大学组织的共同理想和共同目标。大学组织在高等教育的发展进程中即将迈入新的发展时期，大学组织共同愿景应成为引领全体组织成员共同奋斗和前进的航标。

大学组织领导者在谋划学校未来发展的过程中，首先应营造出民主、开放、平等、创新的学校文化，给组织成员空间来思考和表达自我愿景，迈出建立组织共同愿景的第一步。学校的办学理念、学校定位和发展规划等问题的解决，应从校级领导层开始，组织中层干部和广大师生进行深入讨论，广泛吸收师生意见，进而达到统一思想的目的。领导者不仅要身先士卒地参与建立愿景，而且要以海纳百川的态度去倾听和接纳差异观点，并使不同意见和思想火花相互碰撞、融合、提炼、升华，熔铸成大学组织的共同愿景和美好目标。

学校的共同愿景来源于教师的个人愿景而又高于个人愿景，它是个人愿景的有机组合，是教师的共同理想。因此，作为学习型学校，在愿景建设时首先要激发、培养、凝聚教师的愿景，在共同愿景的支配下，帮助教师确立切合个人实际的个人愿景，并尽量提供实现个人愿景的各种条件，为教师搭建能力展现、价值追求的平台，提供教师展现个人愿景的舞台，使教师的创造能量得到最大化的释放，并将其最大限度地凝聚到学校发展上来。其次，大学组织在决策过程中，不应让教职员工作为旁观者，处于学校决策的边缘，被动地接受学校的一切安排，而应创造条件让他们在学校发展、改革、稳定的重大问题上有足够的知情权和参与权。因为无论是在学科建设、教学科研领域，还是日常管理、行政工作，广大教职员工往

〔1〕 刘昊. 学习型高校的构建［M］. 长沙：湖南师范大学出版社，2008：102-103.

往比大学组织的领导者掌握更多第一手资料和信息，因此领导者必须是一名优秀的聆听者，当教职员工在谈及学校工作中的新思维、新建议时，他们能够及时做出敏锐的反应。这种管理往往鼓励主动性而削弱控制，在校园里营造一种激励能量释放、却不抑制能量的氛围。这会带给人们一种信念，让人们认识到大学的成功是全校教职工和学生共同努力完成的业绩集合，而不仅仅只是学校领导的决策和政策构建而来。大学组织的领导者在建立大学共同愿景时，应始终致力于实现组织中多重群体的同一性，求同存异，只有在广大教职员工真切感受到自己是学校组织的一员，他们对学校的认同感和承诺感才会极大地增强，从而通过个人的不懈努力来推动组织整体的发展。

（三）改善大学组织的心智模式

心智模式是基于个人价值观、人生观和世界观，深植于个体心灵的各种图像、假设和故事，它决定了我们每个人对世界的看法。提升大学组织学习力的过程，就是不断完善大学组织成员的心智模式，尤其是高校领导者心智模式的过程。我们应该在不设防的情况下，审视原有的心智模式，尤其要对诸如“一言堂”“群体思维”“知行差距”“缺乏整体思考的积极主动”等心智模式进行反思[1]。改善心智模式，一是需要反思，用“放慢思考过程”的方式来发现自己的结论、决策是如何形成的，目前的问题是如何产生的，以及当前的思维模式是怎样影响行动的。当大学组织面临诸如学校定位、学科建设、后勤生活等方面的问题时，首先需要对问题的系统进行思考，而不仅仅是实施立竿见影的行动。二是需要探询，就是想办法让组织内的成员进行面对面的讨论，考虑如何挖掘他人隐含的心智模式，从深层认知入手改变成员们的思维方式。大学组织内部的相互学习是破除个人故步自封的自我心智模式的唯一途径。在检视自己的心智模式时，需要摒弃“门户之见”“论资排辈”“爱面子”“听不得不同意见”或“自我防卫意识”，要主动、积极、谦虚、诚恳地接受各种质疑，同时要敢于敞开自己的内心，接受组织成员的批评、帮助和监督。

（四）实现大学组织的知识共享

高校是一个复杂系统，为了实现高校的共同目标，大学组织成员和部

---

〔1〕 宋华．大学组织学习力的探索与实践研究［D］，上海：上海师范大学，2007：24.

门必须充分利用各种途径来实现知识的共享，真正共同学习、共同合作，建立协作学习共同体，促进人的发展、促进组织的发展。

1. 倡导知识的共享与创新

随着新知识生成数量的急剧增加、传播速度的空前加快以及更替周期的日益缩短，学校教育也因此受到了信息浪潮的冲击，教师不再是知识的主导者和拥有者，知识传播和生成方式也将不再局限于有限的个体之间。个人的价值不在于他掌握了多少别人没掌握的知识，而在于他能在多大程度上、多大范围内与别人共享知识。因此，加强组织成员间良好的合作、交流和沟通，促进组织知识的流动和共享，才能实现隐性知识的传递和学习，集体的智慧和创意才会充满整个组织。我们要善于利用目前大学组织中本来就存在的那些传统的但行之有效的沟通方式，如教职工运动会、座谈会、教授联谊会、教职工代表大会、民主生活会、领导接待日，等等。此外，随着国际互联网、内部网、局域网等高速发展，大学组织拥有了更为快捷便利的知识共享渠道。学校办公的现代化、无纸化、信息化，校务公开、校长信箱、学习论坛、头脑风暴等，使大学组织成员之间能够快速交流知识和信息，实现知识的整合、共享与创新。大学组织还应鼓励组织成员彼此学习，鼓励交换经验或知识。欢迎师生对学校的所有决策提出疑问并进行分析，并对组织成员或工作团队因目标设定过高而导致的失败采取宽容、支持态度。

2. 构建高校综合信息管理系统

要实现大学组织的持续成长，就不能让大学依然以一种割裂的部门单独活动的方式来运作，只有通过整体性的作业流程、工作方式、管理系统，才能不断提高大学组织整体的运作能力，从而促进组织绩效的提高。系统地思考和解决问题是大学实现学习型组织管理方式的一种新视角。在信息管理方面也是这样，大学组织应从行政管理工作全局出发，统一教育信息的采集、编码标准，充分利用现代信息技术，尤其是最新的数据库和网络技术，统一规划，建设集成的高校综合信息管理系统。学校建立好完善的内部网络系统，不仅方便了学校师生员工高效利用各种知识和信息，还给他们提供了一个在网络平台上平等交谈的机会，能促成学校高层管理人员和普通员工之间无障碍交流。在信息网络硬件建设的同时，也有必要对行政管理人员进行技术和观念上的培训，确保他们能够高效使用必要的现代信息技术，尤其是培养其信息管理的意识，使其主动适应信息技术的发展，并将其用于管理工作之中。

3. 积极发展校外知识网络

在知识经济时代，大学组织作为一个社会的复杂系统，置身于更广阔的社会背景下，它有众多的“参与者”或利益相关者，除了教师、学生、大学校长、行政人员和服务人员，它的发展还涉及政府、社区、校友和普通大众等。高校作为科学技术的发散基地和人才培养的摇篮，应该与社会各类企事业单位保持密切联系，通过参观、考察、交流等方式与兄弟院校和社会其他组织保持合作与互动，学习他们的新经验、新技术。大学组织应建立家长信息、用人单位、外部专家、合作伙伴、校友资源、政府部门等网络系统，运用职能部门、工作委员会、工作组等工作集体的智慧提高创新手段和应变能力，提高对社会环境的反应能力和反应速度。随着全球一体化形势的发展，高校还应加强国际交流与合作，提高国际化程度，使自己融入世界发展的大潮之中。

第十四章　整合内部治理与高校领导体制建设

随着我国高校管理体制改革的深入发展，高校治理已经成为不可忽视的话题。高校在进行外部治理的同时，也必须兼顾内部治理，从而实现相互补充、相互促进的治理结构，并最终建设科学高效的高校领导体制。

高校内部治理与领导体制建设存在密切联系。一方面，对高校进行内部治理是建设科学高效的高校领导体制的实现方式。现代高校在内部已经形成多个相关利益主体，他们出于不同的立场和价值判断对高校各项事务持有不同的观点，导致高校内部体制各种矛盾的产生。对高校进行内部治理就是要遵循已经形成的利益和权力主体格局，规范各种相关利益主体的责、权、利，并理顺和协调各种权力之间的关系，从而构建和谐、高效的大学内部运作机制。另一方面，高校领导体制建设也是高校内部治理的重要内容。从本质上来说，高校领导体制建设就是规范和明确高校内部各种领导权力的职责、权力和利益，划分权力边界，并协调各种权力，使其相互制约、相互促进，形成具有可操作性的领导体制。而高校内部的领导权力归根到底都来源于高校内部的各种治理主体，因此，高校领导体制建设是高校内部治理中的关键方面和重要内容。建设科学高效的高校领导体制，应着眼于构建内部治理视角下的高校领导体制运行模式。

第一节　内部治理视角下的高校领导体制运行模式

“治理”概念的提出源自于企业实践，但“治理”一词已逐渐被应用于各个领域，成为一个内容丰富、广泛适用的理论。广义的组织治理是关于企业组织方式、控制机制、利益分配等一系列法律、机构、文化和制度安排，它界定的不仅仅是组织与其所有者之间的关系，而且包括组织与其利益相关者之间的关系[1]。

治理视角下的高校领导体制运行模式有别于传统意义上以管理理念为主导的高校运行模式，要真正理解构建新运行模式的必要性，首先需要了解大学治理与大学管理之间的区别。在大学发展过程中，管理与治理一般是交织在一起的。然而，大学治理与大学管理却是两个截然不同的概念，存在时间、规模、制度三个时空边界[2]。首先，在时间边界上，大学管理伴随着大学的产生而存在，有大学必定有管理；而大学治理则是在高校改革到位后才进行的。其次，以大学治理为主导还是以大学管理为主导的选择取决于大学的规模。一般而言，处于初级发展阶段的大学采用大学管理模式，而成熟阶段的大学则应建立大学治理结构。最后，能否有效实施大学治理关键在于是否具有一定的制度环境。我国的高校基本已经步入成熟发展的阶段，构建现代化大学制度的趋势也昭示着制度环境的进一步形成，我国高校应尽快建立高校治理模式，在治理视角下进行内部运作模式的探索。

一、现有高校领导体制运行模式的缺陷

如前文所述，《高等教育法》第三十九条对我国高校领导体制做出了明确规定，即实行“党委领导下的校长负责制”运行模式。党委领导和校长负责是我国高校现有领导体制的两个重要方面。党委领导是指党委作为

〔1〕 周国林．公司内部治理的理论与实证研究［D］．广州：暨南大学，2004：3.

〔2〕 李书福．大学治理与大学管理：概念辨析与边界确定［J］．北京师范大学学报：社会科学版，2008（4）：19-25.

高校管理的领导核心，把握高校社会主义办学方向，总领全局，发挥指导作用。《高等教育法》规定，高等学校自批准建立之日起取得法人资格。校长作为高校的法人代表，是高校行政系统的代言人。此外，校长全面负责学校教学、科研和其他行政管理工作。为顺应高校教育体制改革的需要，我国许多高校陆续建立和健全以学术委员会为代表的学术组织，逐渐将其纳入高校领导体制建设中。尽管如此，现行高校领导体制仍存在一些缺陷。

（一）现行高校领导体制对党委和校长之间的职责划分不明确

《高等教育法》第三十九条规定，高等学校党委“按照中国共产党章程和有关规定，统一领导学校工作，支持校长独立负责地行使职权”。可见，党委在高校内部治理中处于核心领导地位，但领导的具体方面和内容并未明确；另一方面，校长独立负责行使职权，这就意味着校长在高校内部事务管理中也占据很重要的地位。党委和校长的职责存在很大的模糊性，两者的权力边界并未清晰划分，这也是党政权力不分、以党代政等现象出现的根源。

（二）学术组织的建立及其职责规定不明晰

《高等教育法》对学术组织的建立及其职责未做出刚性和明晰的规定，导致学术权力在现行高校领导体制中的存在无法可依、无章可循的状况。没有制度保障的权力必定在现实中遭受质疑和忽略。此外，学术权力的载体——学术组织的作用在高校中尚未得到充分发挥。学术组织是学术权力发挥的载体，然而，在我国高校中，学术组织要么尚未建立，要么即使建立也基本上没有充分发挥其作用，尤其是学术组织参与学校决策、管理的机制尚未完善。

（三）学术权力与行政权力地位不平衡

校长作为高校的法定代表人，是行政权力的代言人，却同时全面负责学校教学、科研等学术事务。这种制度安排将学术权力置于校长领导之下，使整个学术系统处于行政系统负责人之下，这必然导致学术权力与行政权力地位的不平衡。此外，校长作为行政系统的最高负责人，其思维方式、领导素质符合行政系统的要求，但却不一定适合领导学术系统，这种领导可能成为学术权力发展的负担。

（四）现行的领导体制对教师和学生等民主监督权力关注过少

现行的领导体制侧重强调政治领导与行政权力在高校中的地位，但却忽略了教师和学生这两大重要的监督力量，使高校领导体制的运行缺乏民主与科学的保障。

由上述可见，现行的高校领导体制存在某些制度设计方面的问题，结合我国大学治理结构建立的必要性，需要建立内部治理视角下的高校领导体制运行模式（以下简称新运行模式），以适应我国高等学校建立现代大学制度的要求。

二、内部治理视角下高校领导体制运行模式的内涵及特征

所谓运行模式，即指为了达到组织管理目标，在一定的管理体制基础上，促使组织运行的各构成要素之间相互联系、作用和制约的一系列制度与方式方法的总和[1]。

在贯彻落实“党委领导下的校长负责制”的原则下，针对当前存在的学术权力发挥不够、群众参与和监督不足等问题，研究探讨内部治理视角下的高校领导体制运行模式，最终改变行政权力过度干预学术事务的倾向，将学术事务的管理权、决策权交给学术组织，学术、行政等系统各司其职。该体制的运行模式可有两种实现形式：其一是优化领导班子结构，增加学术型党委成员的比例，使得学术型领导干部比例超过50%，甚至达到70%，并配备兼职行政助理，辅助其做好行政工作，使得领导班子决策能管理与学术兼顾，称其为学术型党委；其二是建立以党委为核心，行政领导学术组织领导、教师和学生代表等多元利益主体组成的大学委员会，称其为大学委员会决策型。同时建立以教职工和学生为主导的监事会对其进行监督。详见图14-1。

如前所述，治理理论与传统意义上的管理是两个截然不同的概念，新运行模式与以往我国治理结构的建立相比有其特殊的前提和特性，将治理理论运用于非营利性的高校则更为少见。因而，在内部治理视角下构建的高校领导体制运行模式有其显著特性，具体表现为以下方面：

---

〔1〕胡春华．高校内部治理结构研究［D］．武汉：武汉理工大学，2008：10.

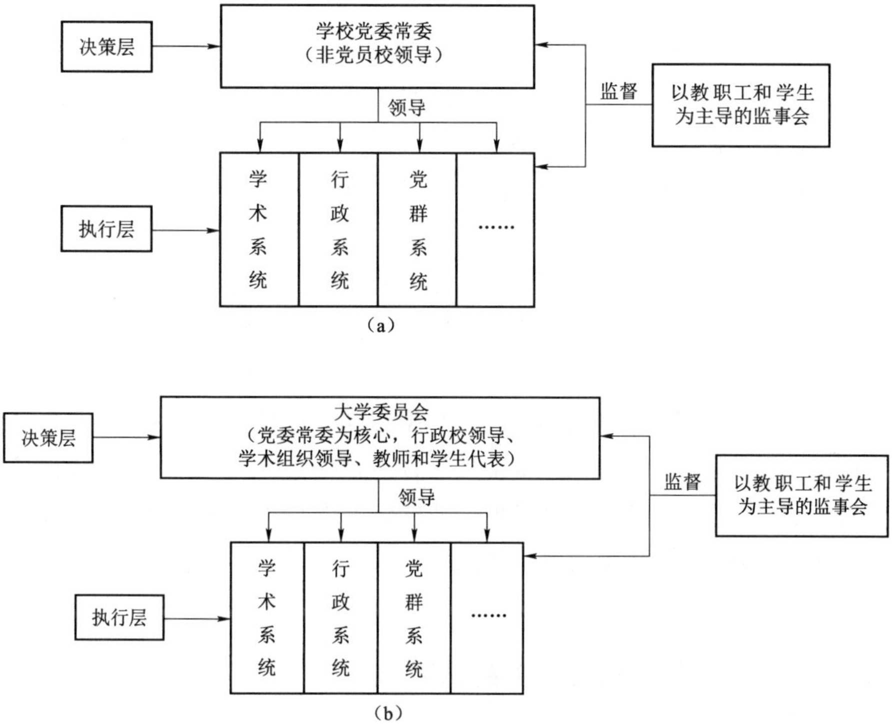

图 14-1　内部治理视角下的高校领导体制运行模式

资料来源：笔者整理提出。

其一，治理作为一种横向的协调模式，其治理主体具有多元化的特点，治理视角下的新运行模式强调多元利益主体共享权力。具体来说，体现为以党委领导为核心进行决策，行政权力和学术权力共同参与，以及以教职工和学生群体进行监督的高校治理结构，从而实现党委领导、校长负责、教授治学、民主管理。

其二，新运行模式实质上是一整套的制度安排，这些制度规定各权力主体在共同处理特定领域的事务时要遵循共同建立的规则。任何一个新运行模式的实施都需要有相配套的制度体系加以保障，从而明确各领导主体的职责，协调运行模式中不同利益主体的关系，减少因利益冲突而造成的损失，调动各方的积极性。治理其实就是一种相互依存下的联合管理，所有的治理主体都受到法律和制度的限制，都受到多元利益主体的监督和制约。

其三，高校的学术使命使其内部的学术权力成为不可忽视的一种权力，专业性与学术性是高校内部治理的本质特征。新运行模式充分尊重大学内在逻辑，强调学术权力在高校中的地位，将其纳入领导权力中，与行政权力置于同等地位，在党委会的领导和协调下对高校内部事务进行管理。

其四，新运行模式充分尊重高校作为非营利组织的公益性特质，尊重教育的公平性，将各利益主体吸纳到领导主体中对高校进行治理。高校作为人才培养、科学研究、社会服务、文化传承与创新的高等教育机构，对高校的治理有别于一般的公司治理，它需要尊重教育的公平性，应当满足国家和社会公共的利益。就内部治理而言，就是要尽量将学校各利益主体纳入到学校治理活动中来，使其各尽所能、各得其所，在实现自身利益诉求的同时，为实现公共利益最大化服务〔1〕。

第二节　以党委为核心的决策机制

在实践中落实好“党委领导、校长负责、教授治学、民主管理”的理念，是实行好党委领导下的校长负责制的关键一环。总结我国高校现行决策和运行机制，借鉴发达国家高校决策和运行的成功经验，在我国建立以高校党委为核心、多元利益主体参与的决策机制，对于保证各方利益主体的需求，改变行政权力过度干预学术事务的倾向，提升决策的科学性和民主性，把握学校正确的发展方向具有重要的现实意义。

一、学术型党委决策机制分析

学术型党委决策机制是对当前高校领导体制运行机制的一种优化。其核心是增加高校党委中学术型成员的比例，使得学校党委在决策中能兼顾行政管理和学术影响。下面将从学术型党委决策机制的意义、内涵、人员

〔1〕于文明．中国公立高校多元利益主体的生成与协调研究——构建现代大学制度的新视角［M］．北京：高等教育出版社，2008：195-197，215.

构成等方面进行阐述。

（一）学术型党委决策机制的意义

（1）增强学术的话语权，体现大学的学术特征。

大学是学术组织，主要是进行知识创造和知识传播。大学的主体是学生、学者，从某种意义上讲，高校的决策应立足于主体，重视学术影响和学术作用。当前高校党委成员专业背景大多以行政管理为主，学术型成员比重偏少，由于受专业和纯粹的行政管理背景影响，决策过程难免会出现偏离学术的现象，使得大学的学术特征难以充分体现。

（2）减少行政与学术系统磨合，促进决策科学有效。

学术型党委成员一般都具有一定的学术影响力，对学校各项学术事务、学术组织运行模式比较了解。在具体决策时，其能全面衡量、充分表达学术意见，能充分听取各方意见，使得党委决策更加科学、更加有效。在一定程度上，有效缓解行政权力对学术事务的过分干预。

（二）学术型党委决策机制的内涵及人员构成

学术型党委决策机制是指以高校党委为核心，合理增加学术学者型成员比例，在决策事务中总揽全局、把握方向，发挥领导和协调作用，特别是发挥成员学术影响的机制。与以往传统的高校领导运行机制相比，决策形式、运行机理等相差无几，只是在党委成员组成上有所改变，但这种改变是一种理念的改变，是大学管理理念的改变。大学应当是学术为基、育人为本的特殊组织，行政管理应为育人和科学研究做好服务。

学术型党委的人员中学术型成员应占有一定比例。若比例太小，不能充分体现学术导向，但比例过大，又会弱化行政管理作用。一般来讲，学术型党委中学术型成员比例应该在50%以上，但不应超过70%。在具体的制度设计上，应明确学术型成员在履职期间应以行政管理为主、学术研究为辅，或者给予“双肩挑”学术型党委成员配备行政助理，解决学术型党委成员对行政管理投入不足的问题。

二、大学委员会决策机制分析

大学委员会决策机制是一个理论和实践价值兼具的机制，对于理解大学内部治理及推动领导体制建设至关重要。下面将从大学委员会决策机制的意义、内涵、人员构成、职责及决策方式等方面阐述。

（一）大学委员会决策机制的意义

（1）构建了多元利益主体共同决策的平台。

大学委员会的建立意味着大学内部治理的决策需要照顾包括党委、校长、学术带头人、教师和学生在内的各方利益，这些权利主体在大学委员会制度下共同进行决策，把握学校发展方向。这既改善了以往决策方式的片面性和局限性，为权力的共享和制衡创造了条件。

（2）改革以往的决策模式，提升了决策的科学性和民主性。

以往的决策模式容易导致决策过程封闭、决策代表广泛性不足等问题。以党委为核心，多元利益主体参与的决策机制打破了以往的封闭决策过程，使高校决策过程更加开放，信息更加丰富而全面，考虑到了不同利益主体的需求，使决策更加科学、更加民主。

（3）大学委员会决策机制意味着以党委为核心的大学委员会处于高校的决策层，其职责也集中于决策层面，有效减少了长期以来党委和行政及学术组织因职能划分不清而产生的各种摩擦。

（二）大学委员会决策机制的内涵

大学委员会决策机制是指以高校党委为核心，多元领导主体为代表参与组成大学委员会，在高校决策类事务上总领全局、把握社会主义办学方向，发挥领导和协调作用的机制。

受发达国家高校普遍采用委员会决策机制的启发，结合我国高校实际，应该建立以党委为核心的大学委员会的决策机制。大学委员会的核心是党委，同时吸纳了其他利益相关者参与决策。《高等教育法》第三十九条明确规定："高等学校党委按照中国共产党章程和有关规定，统一领导学校工作，支持校长独立负责地行使职权。"这表明党委在我国高校内部治理中处于核心地位。作为非营利性组织，高校必须考虑国家和社会的公共利益，由党委领导高校具有其合理性。但是，面对我国高校多元利益主体格局的形成，只是原则上规定党委的核心领导和决策作用是远远不足以解决高校内部治理问题的，必须吸纳更多内部相关利益主体参与高校决策，以保证各利益主体的合理诉求能够充分表达出来。

（三）大学委员会的人员构成

大学委员会的构成主要包含四个部分：高校党委常委，校长，副校长，学术委员会主任、副主任，以及教师和学生代表。

根据我国高校的领导体制特点，高校党委常委、校长、副校长是大学委员会的自然成员，即党委书记、校长、党委副书记、副校长为大学委员会的成员，以确保党委在学校事务中的核心领导地位。党委书记担任大学委员会主席，负责大学委员会的组织和召集工作。在大学委员会的人员构成上，党委常委人数要占大学委员会总人数一半以上，三分之二以下。

为适应高校内部事务的专业性和学术性特征，作为决策机构的大学委员会应多吸纳学科带头人或学术组织高层，尤其是那些未进入高校党委和行政领导班子的非党员学科带头人及学术组织高层领导参与到委员会中。一所高校的发展很大程度上取决于它的学科发展和学术进步。大学委员会应当吸纳这些专业学术人员为高校的发展，尤其是学科的发展和建设、教学规划和科研的进步提出宝贵建议，促进决策的科学化。

大学委员会应吸纳教师和学生代表参与。大学委员会作为高校的决策机构，需要广泛代表高校内部各利益相关者的权益，其人员构成需要具有广泛代表性。因而，作为办学主要力量的教师和受教育的学生是不应忽视的重要利益主体。吸收教师和学生参与高校内部治理的决策不仅能够巩固和加强学术力量在高校内部治理中的作用，为学术权力的回归创造空间，也能为教师和学生提供表达自身利益的机会和平台，充分体现决策的民主化。

（四）大学委员会的职责

作为大学的决策机构，大学委员会的主要职责可包括如下方面：

（1）贯彻党的路线、方针、政策，确保高校社会主义办学方向；

（2）审定《大学章程》以及其他重要规章制度，审核通过学术组织的相关章程；

（3）审定大学的中长期发展规划，进行内部管理体制改革，把握学科的发展方向；

（4）筹措高校办学经费，审核经费的预算与结算；

（5）审定机构设置方案、人员编制方案以及人员考核和奖惩办法；

（6）处理与其他高校、政府及其他社会组织间的关系；

（7）协调高校内行政单位、学术组织、职工代表大会等机构间的关系，调动各机构成员的积极性；

（8）对其他事关学校发展的重大问题进行决策。

（五）大学委员会的决策方式

传统的党委会决策方式较为简单且相对成熟，但是大学委员会的成立意味着决策方式应随之发生改变。由于决策主体多元化的转变，需要建立相对稳定的制度来规范其决策和运作方式。

首先，实行例会制度。例会每学期召开一次，根据特殊情况可召开临时会议。会议的主题围绕大学委员会职责范围内的事项进行讨论和决议。其次，设立常设机构。在闭会期间，大学委员会主席负责大学委员会的日常事务，同时设立秘书长进行具体任务的操作和安排。为方便辅助大学委员会主席开展工作，秘书长可由党委会成员兼任。

三、协调政治领导与行政权力

内部治理视角下的大学委员会决策模式使得多元利益主体能够共享权力，协同治理高校。然而，在当前现实中，政治领导与行政权力常常交织在一起，分工不明，责任不清。

在高校中，政治领导主要体现为党委为核心所拥有的领导权力，而行政权力则是以校长为行政首脑所代表的行政权力。两种权力是存在于我国高校的两种重要权力，二者的科学配置与协调运转对高校的发展至关重要。传统的高校领导体制中，党委作为政治领导代表对高校进行统一领导，而校长作为行政系统代言人不仅负责行政管理，还兼顾教学、科研等各方面事务。党政不分、政治领导寓于行政权力之中等现象十分严重，致使高校的权力结构特征扭曲、行政权力庞大，政治领导与行政权力相混淆。

事实上，高校的政治领导是存在于高校领导体制中的一种独立权力。正确认识政治领导、行政权力，使两种权力保持适当平衡，正是当前我国高等教育管理体制改革的关键所在，也是大学委员会的重要职责。

（一）明确政治领导与行政权力的关系

政治领导与行政权力相互影响、相互制约，但又是高校中不可分割的两大权力主体。政治领导在高校权力体系中居于政治主导地位，行政权力在高校权力系统中处于管理主导地位。政治领导是国家所赋予的，既不能滥用政治领导，脱离行政权力，也不能与行政权力混同，融化和淹没于行政权力之中，而形同虚设[1]。

在大学委员会决策模式中，党委是高校的决策主导力量，作为大学委员会主要构成单位，统一领导学校工作，支持校长独立负责地行使职权。党委统一领导学校工作，是指统一领导和决策学校的一切重大事项、重要工作，其职责主要表现在把握好方向、抓好大事、用好干部、出好思路上，而不是事无巨细，包揽一切行政事务。

行政权力要服从政治领导。校长作为行政系统的代表人，接受以党委为核心的大学委员会领导，全面负责学校教学、科研和其他行政管理工作。校长是学校的法定代表人，享有行政事务的指挥权，对外代表学校。但党委和校长、党委和行政系统的关系，是领导和被领导的关系。以党委为主导的大学委员会拥有重大事项决策权，而校长代表的行政系统处于执行层面，负责实施大学委员会决议。

（二）落实《高等教育法》，建立与权力相对应的决策体制和运行机制

"整合政治领导和行政权力，还必须从法律的角度上规范，严格贯彻《高等教育法》及有关规定，切实加强党委领导下的校长负责制的法制建设。"[2]坚持依法治校，是有效整合政治领导和行政权力，使之协调运转的重要保障。平衡政治领导和行政权力，必须建立与其相对应的决策体制和运行体制，以确保两种权力在法治轨道上有效高速运行。各高校必须在《高等教育法》框架下，制订党委领导下校长负责制的相关规定细则和实施办法。

1. 高校党委必须按章办事

党委作为大学委员会主导力量，必须根据《高等教育法》规定和高校

---

〔1〕 汤萱．公立高校内部权力的冲突、协调及整合解构［J］．广州大学学报，2009（5）：53.
〔2〕 刘庆东．我国高校政治领导与行政权力的整合与协调［J］．山东社会科学，2009（7）：158.

实际在下列事项决策中发挥作用：学校办学指导思想；学校的发展目标、战略和特色定位；学校党的建设、思想政治工作；学校重大改革方案、基本规章制度及涉及群众切身利益的重要举措；学校内部组织机构的设置及调整方案；干部的教育、管理、考核、监督；年度财务预决算，大额度预算外的资金借贷与使用；重大基建项目开展，产业发展规划及政策，国内外重要合作审批等。高校党委成员作为大学委员会主导力量，是高校决策主体。应明确党政工作分工、明晰工作界限，在自己权责范围内开展各项活动。高校党委成员在依法领导、按章办事的基础上以身作则，加强党的领导、依法治校。

2. 依法保障校长行使职权

《高等教育法》对高校校长的权责和行使职权的方式都做了明确的规定，即校长办公会或校务会议，从组织角度给校长实现职权提供了有力保障[1]。学校党委应把确保校长职责的实施提上日程，将主要精力放在指方向、把全局和抓大事上，解决思想关键问题、规范权责和办事程序，为校长依法行使职权和独立解决问题创造良好的外部环境。同时，校长应认真履行《高等教育法》赋予的权利和义务，自觉服从党委的领导，维护党委的权威，执行党委的决策，做到依法行政、依法治校（具体的校长职责将在本章第三节具体介绍）。

第三节　党委协调学术与行政等系统各司其职的执行机制

高校中的党委要按照中国共产党章程和有关规定，统一领导学校的工作，支持校长独立负责地行使职权，强化学术权力在高校中的地位，吸收多元利益主体参与学校改革和发展的决策，协调行政权力和学术权力之间的关系，使之共同执行以党委为核心的大学委员会的决策，促使高校教育健康稳定的发展。

---

〔1〕 刘庆东．我国高校政治领导与行政权力的整合与协调［J］．山东社会科学，2009（7）：159.

一、学术与行政等系统各司其职的执行机制

（一）学术与行政等系统各司其职的执行机制的内涵

党委协调各系统各司其职的执行机制，是指高校中的学术、行政等系统各司其职，共同执行大学委员会的决策；校长作为行政系统的负责人，是学校的法定代表人，但其仅对学术系统进行名义领导；学术委员会具有独立参与学术事务决策、咨询和审议的权力；党委作为高校决策机制中的主导力量，负责协调学术系统与行政系统在共同执行大学委员会决策中的关系。

（二）学术与行政系统各司其职的执行机制的构成

以学术委员会为代表的学术系统和以校长为核心的行政系统是高校执行层的两大系统。在高校内部治理中，大学委员会的决策一经做出，学术、行政等系统各司其职，负责具体实施决策。

总的来说，在校长领导下，行政系统负责高校中行政事务的管理，保证高校日常运作良性发展。而学术系统及其他服务类系统则分别负责本领域内的工作。根据工作性质，可分别组成不同的专业委员会，如：教学委员会负责教学管理工作，学术委员会负责科研学术工作，学位委员会负责学位授予工作，学生工作委员会负责学生工作，后勤管理委员会负责学校的生活服务工作等。

各专业委员会应适当吸纳教师和学生群体参与，保障其合理利益诉求的表达。例如，教学委员会就应当适当吸收学生群体，从而保障教学工作与学生需求的挂钩、衔接。

（三）学术与行政等系统各司其职的执行机制的职责

基于《高等教育法》第四十一条对校长职权的规定，并结合我国高校管理体制改革、利益主体多元化格局的现实，以校长为核心的行政系统职责主要包含两部分内容：即落实大学委员会决策、管理日常行政事务。

校长办公会的主要职责可包括如下方面：

（1）制订大学委员会决定的重大事项的实施方案和措施，学校具体行政规章、制度和实施办法；

（2）拟定学校发展规划，制订年度工作方案、年度经费预算方案，提交大学委员会审核、批准后组织实施；

（3）讨论并决定学校日常行政工作的有关问题，研究、讨论学生德育工作、国际交流与合作、基本建设、招生就业、后勤、产业等方面的实施方案，并组织实施；

（4）在大学委员会的授权下拟定高校内部组织机构的设置方案，推选高校内部组织机构的负责人；

（5）拟定聘任教师以及内部其他工作人员的管理制度，提交大学委员会审核，通过后组织落实；

（6）讨论、处理教代会、工会、团代会、学代会等与行政工作有关的提案；

（7）大学章程规定的其他职责。

其他专业委员会，如学术委员会等学术组织的职责将在本节第二部分具体论述。

（四）建立行政与学术等系统各司其职的执行机制的意义

（1）学术与行政等系统各司其职的执行机制有利于行政权力与学术权力的平衡。学术权力与行政权力都在执行层发挥作用，都服务于整个大学的发展和内部治理，这可有效解决现行高校中存在的行政首脑直接领导学术系统的尴尬局面，强化学术权力在高校中的地位，进而缓和两大权力系统之间的摩擦和矛盾。

（2）各司其职的执行机制意味着校长所代表的行政系统处于大学内部治理的执行层，解决了长期以来党委和校长两个权力中心严重影响高校运作效率的问题。在新的运行模式中，校长代表的行政系统处于执行层面，主要执行党委为核心的大学委员会的决策，从而明确了两者的定位和分工，可有效避免两种权力的冲突。

（3）各专业委员会的参与为高校内部治理专业化和民主化提供了有益的保障，也是对大学自身属性的归依。高校中多元利益主体的格局已经形成，作为利益相关者，他们的利益应该被尊重和认可。一方面，专业委员会各司其职为各利益主体的利益提供了组织保障；另一方面，专业委员会管理本领域内的事务能够发挥其专业优势，提升执行的效率和科学化水平。此外，各司其职的执行机制还有利于发扬民主，在处理管理中的复杂事务时避免因一人专断而造成失误。

二、强化学术权力，平衡学术权力与行政权力

大学的生命力和活力在于学术的繁荣和发展，大学是探究高深学问的殿堂，无论是人才培养、科技发展、文化传承与创新，还是直接为社会提供各种服务，大学都体现出其学术机构的特性。学术发展是高校发展的基本动力和主要目标。学术事务的管理和决策的科学与否是高校事业发展的重要保证和突出标志，是建设一流大学的关键和根本[1]。

在上一节中，新运行模式的构建充分兼顾了民主和效率，学术权力在决策层和执行层都拥有一席之位，能够在高校决策和执行中拥有话语权。然而，我国高校对于“学术权力”的重视一直停留于理论层面，在实践中，往往存在着学术权力弱化或学术权力行政化的现象。我国高校管理体制多以行政权力为主导，这种等级分明、职责明确的行政管理运行方式导致以松散、自由为特征的学术权力被严重排挤。大学管理行政化的现实不断侵蚀着大学学术权力的生存空间。而这种现象也直接导致我国高校教学科研等中心工作不到位、边缘化，学校行政机关臃肿，行政等非学术力量对学术活动的干预等弊端。

由此看来，强化学术权力，平衡大学行政权力和学术权力，不仅是解决实践中存在的学术权力严重被弱化的迫切要求，更是大学内在逻辑的根本要求，是我国高校内部治理中必须解决的核心问题，探索两种权力之间的平衡机制势在必行。

（一）充分发挥学术组织与学术人员的作用，强化学术权力

学术权力的强化依赖于两方面的努力：一方面，行使学术权力的重要载体——学术组织必须不断得到完善和健全，充分发挥其在强化学术权力中的关键地位；另一方面，行使学术权力的主体——学术人员必须在高校

〔1〕 曹卫星、赵跃民，高翅．提升高校学术权力：探索中国特色的教授治教模式［J］．中国高教研究，2004（1）：23.

领导体制中获得话语权，尽可能多地为高校学术发展提出科学可行的建议。强化学术权力的两翼见图 14-2。

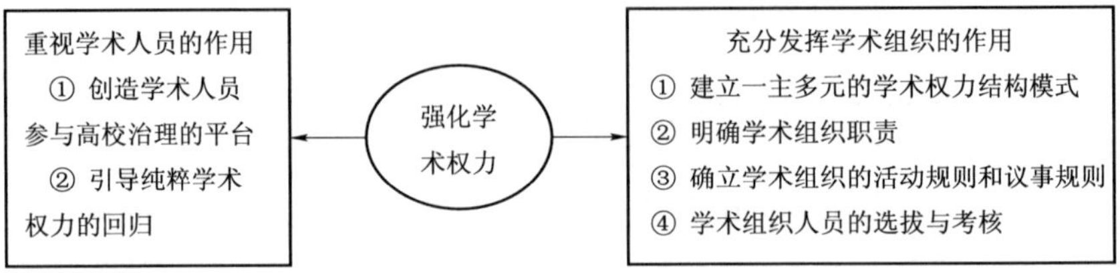

图 14-2　强化学术权力的两翼

资料来源：笔者整理提出。

1. 充分发挥学术组织的作用，保障学术权力行使

学术组织是学术权力得以行使的载体，强化学术权力首先就应保障权力行使的载体已经建立并能够有效发挥作用。为充分发挥学术组织的作用，确保学术权力的行使，可以从以下几方面着手：

（1）建立以学术委员会为主，各专业委员会为补充的“一主多元”学术权力结构模式。

学术委员会是我国高校中的最高学术组织，统筹行使学术事务的决策、审议、评定和咨询等职权。学术委员会一般由高等学校各有关学科、专业的资深专家、教授组成[1]，并应当有一定比例的青年教师。学术委员会人数应当与学校的学科、专业设置相匹配，并为不低于 15 人的单数。其中，担任学校及职能部门党政领导的委员，不超过委员总人数的 1/4；不担任党政领导职务及院务主要负责人的专任教授，不少于委员总人数的 1/2[2]。鉴于学术委员会在学术组织中的特殊地位，学术委员会理应成为学术权力结构模式中的主体，成为“一主多元”的核心。由于大学学术事务的复杂多样性，各学科、专业的课程设置、教材选择、教师聘任等都各有差异。因此，需要同时建立、健全其他专业委员会制度。此外，需要通过《高等教育法》《大学章程》等法律和大学规章制度明确各学术组织的

〔1〕 毕宪顺．高等学校学术权力与行政权力的耦合及机制创新［J］．教育研究，2004（9）：30.

〔2〕 教育部．高等学校学术委员会规程［EB/OL］．［2014-05-10］．http：//www.moe.gov.cn/publicfiles/business/htmlfiles/moe/moe_ 621/201402/xxgk_ 163994.html

地位和职能，使一主多元的学术权力结构模式获得制度认可。

（2）明确学术组织职责，扩展其权力外延。

《高等教育法》有关规定指出，学术委员会是高校的“审议”和“咨询”机构。然而，随着我国高校治理实践的发展，以及对国外高校治理实践的借鉴，学术委员会等学术机构有必要向决策职能扩展。

高校中的很多事务具有很强的专业性和学术性，教授团体或某些学术团体的决策可能相较于行政团队更具权威性，更科学合理。学术组织处理的事务可以分为两类：一类为咨询、审议事项，一类为决策事项。咨询、审议事项包括：学科发展规划，院系学科专业设置，科学研究规划，教学计划，课程设置，重点学科建设，学科特区设置，重点科研项目的组织，重点实验室的建设等。决策类事项是那些专业性、学术性很强的事项，如年度科研课题立项、科研成果评审、教学评估等。针对该类事项，学术组织审议后直接形成决议，不必经过其他组织批准。

（3）学术组织需要有议事和活动规则。

在我国，学术委员会等学术组织主要通过座谈会的形式，对学校事务行使知情权和参与权。但是，这种形式过于随便，流于形式，不利于学术权力真正发挥作用。学术组织不仅要通过《大学章程》《学术委员会章程》等规章制度明确议事规则，更应定期活动，需要学术委员会或其他专业委员会审议、咨询或决策的事项，必须进行研究审议或决策，唯有如此，学术组织的活动才能在法制轨道上有序运行。

（4）调整学术组织成员的选拔和考核，发挥学术组织作用。

为充分发挥学术组织在强化学术权力方面的作用，还必须在学术组织成员的选拔和考核上进行调整。首先，在人员选拔上，注意吸收学术上有造诣、热心学校事务、有责任心的教授充实到学术委员会和各专业委员会，对学校建设和发展等重大问题做出决策。其次，对学术人员的考核应增加参与学校各种委员会的业绩内容，促进教授广泛参与学校管理，增强学术系统的凝聚力〔1〕。

〔1〕 中国高等教育编稿．整合学术行政力量，有效发挥合力作用——大学管理架构、运行机制改革与调整课题研究报告（一）［J］．中国高等教育：半月刊，2003（11）：14-16.

2. 重视学术人员的作用，彰显学术权力地位

成功搭建学术权力行使的平台后，需要进一步发挥学术权力行使主体，也即学术人员的作用，使广大学术人员在高校领导体制或学校事务管理中获得话语权，进而彰显学术权力在高校中的地位。

（1）创造学术人员参与学校决策和治理的平台。

对学术组织的充分利用是对学术权威的尊重，是强化学术权力的重要途径。学术人员作为学术权力的最主要行使群体，有权利参与学校决策与治理工作。强化学术人员在学校决策与治理中的作用，就必须完善高校决策机制。在决策层吸收学科带头人或学术组织高层，不仅有利于学校的长远发展，更有利于强化学术权力在高校决策中的地位，使高校决策更加尊重学术规律，更加科学合理。

（2）引导纯粹学术权力回归。

纯粹学术权力是指那些没有从事行政工作的学术人员对学术事务进行管理而形成的权力。纯粹学术权力作为学术权力的广泛基础，是学术权力的核心组成部分，对学术权力的强化有着十分重大的意义。虽然一些学科带头人走上高校各级领导岗位之后，必然会在其决策与思维中部分体现其学者身份的思维方式，做出许多有利于教学、科研的决定，但是身份的改变会使他们的关注点和思维发生转变，并逐渐形成与行政部门首长职位相吻合、相适应的思维模式。他们已不是完全意义上的教授，不再完全代表教学科研第一线的教授或者教师〔1〕。另一方面，进入学校各领导层级的教授或学者毕竟是少数，并不具有广泛的代表性，对学术权力的强化只能起到促进作用，并无法真正改变学术权力普遍被弱化的局面。

纯粹学术权力要参与学术招聘与考核、学术成果的申报和评审、职称晋升的评审及监督等，但引领事务的管理尚处于表层，不仅参与比率偏低，而且参与度不够〔2〕。因而，学术权力的强化更应以纯粹学术权力为主导，赋予他们参与学术事务的机会和决策权力，如参与教学计划的研讨、学科和专业的设置或调整、学术人员的指导等。纯粹学术权力的回归

〔1〕 宋伟．论大学组织学术权力生成的逻辑［J］．自然辩证法研究，2006（3）：79.

〔2〕 余宏亮．教授治学——当代困境与路径选择［J］．中国高教研究，2010（5）：6.

能够为学术权力的强化奠定广泛的群众基础和制度空间。

（二）规范行政权力，平衡学术权力与行政权力

学术系统与行政系统是高校中并行存在的两大系统。学术系统是大学管理的核心和内在逻辑要求，而行政系统则保障学校的日常运作合理高效。高校中这两种权力的并存，必定导致摩擦和矛盾。受我国科层制“官本位”思想的影响，我国学术权力和行政权力的冲突问题十分严重且由来已久。构建科学合理的高校领导体制必须直面高校中这两大权力系统的冲突问题，提出切实可行的政策和方法来规范行政权力，明确行政权力与学术权力职责，协调学术权力与行政权力，最终实现两大权力的平衡。

在大学委员会决策机制运行模式中，学术系统与行政系统各司其职，负责执行大学委员会的决策。然而，我国高校发展背景的特殊性决定了学术系统与行政系统不可分割也无法替代的关系。为了实现高校的发展，使新运行模式的运作更加顺畅，必须提出更多可行的对策解决学术权力和行政权力之间的摩擦，协调并整合学术、行政两大权力。

1. 找准行政权力的定位，减少学术权力与行政权力的摩擦

行政权力是一种统治力、领导力，其核心是“权”，但由于大学学术性的内在逻辑，大学的发展本质上应是教学、学术的发展，以及学科的建设。行政权力在高校的地位和作用应该是一种外在的决定作用。服务学术发展应成为行政系统的工作目标。因此，我国高校行政体系必须树立服务管理的意识，大学中的行政管理都要为学术、科研的发展而服务。对行政权力的重新定位有助于理清行政权力与学术权力的关系，从思想上、理念上树立学术权力的地位，规范行政权力的行使。高校的行政管理作为执行层，主要负责维系高校日常运作，不应造成对学术权力的僭越。行政管理需要征求学术系统的广泛支持，在涉及学术事务的管理时，更应尊重学术系统的意见。

2. 构建两权分离、部分渗透的二元权力整合模式

通过对学术权力与行政权力的概念内涵及定位的探讨，两种权力的整合模式逐渐清晰。构建两权分离、适度渗透的二元权力整合模式应是我国高校协调与整合两种权力的努力方向。目前，在我国高校中，学术权力与行政权力主要存在以下几种整合模式：一是两权渗透，行政权力为主导。这是目前高校中最为常见的权力整合模式。在这种模式下，两种权力相互渗透，不明确区分两种权力的职能，由某个管理组织既行使学术权力也行使行政权力。行政人员为主体，主导权力运行，对决策的影响大。二是两权渗透，学术权力为主导。与第一种模式相对应，学术权力是主体，主导权力运行。三是两权分离，部分渗透。这种模式下的学术权力与行政权力各司其职，两套系统同时运行。学术组织可以吸收部分行政人员参与学术事务管理，行政组织也可以吸收学术权威参与，从而促进两种权力的有机结合。

3. 发挥学术带头人的作用，处理好学术带头人与行政负责人的关系

学术带头人是在某一学科领域具有很大影响力的学者，由于其具有很高的专业水平和学术地位，学术带头人在高校中具有很大影响力，对学校的行政权力也将产生重要影响。在校级层面，校长一般通过兼任学术委员会主任来实现学术权力与行政权力的协调，而校级的学术权力行使则表现为学术组织成员集体行使。目前，协调这两者的关系有两种模式：一是学术带头人同时担任行政职务；二是学术带头人不担任行政职务〔1〕。第一种模式的优势在于，能够有效结合学术权力与行政权力，促进两种权力的协调；缺陷在于“双肩挑”现象严重，通常无法兼顾学术和行政，导致压力过大。针对第一种模式，可以通过配备行政助理的方式改善其不足。第二种模式则有利于学术带头人专心于学术，发挥自身特长和影响力。

4. 充分发挥校长在两大系统间的枢纽作用

在新的运行模式中，校长是行政系统的首脑，但同时也全面负责学术、科研、行政等学校具体事务，这也就意味着校长不仅是行政系统的负责人，也对学术系统的发展负有一定责任。校长应该是一所大学、两大系统的共同灵魂，校长的办学理念、教育思想对一所高校有着非常重大的影响。校长是连接学术系统与行政系统的枢纽。校长的选拔应考虑学术委员会的意见。校长不仅是学校的行政长官，也应是高校学术事务的负责人。

〔1〕 毕宪顺．高等学校学术权力与行政权力的耦合及机制创新［J］．教育研究，2004（9）：35.

一方面对行政系统负责，另一方面也要兼顾学术系统。因此，大学校长必须搭建一个追求效率、兼顾公平的行政管理平台，支撑科学和民主的学术活动。这是大学教育本身对大学校长的基本要求。

发挥校长在平衡两种权力中的作用，可以从以下几点着手：

首先，校长要对办学理念加以把握和引导。高校校长要从科学和学术的角度治理高校，把高校当作学术机构来进行治理。

其次，校长需要为学术自由营造良好的氛围，并最终实现学术自由、学术平等和学术公正。

最后，校长要权衡自由与约束、平等与高效这两对矛盾，协调不同群体之间的利益矛盾与冲突，促使高校教育健康有序的发展。

总之，高校校长应懂得如何赋予教授及学术组织参与学校决策和治理的权力，从而与学术力量达成密切的交流以及和谐的默契，使教授和学术组织能自觉将自己融入学校的兴衰荣辱之中，视自己为学校的主人。

第四节　构建以教职工和学生为主体的监事会民主监督机制

“以‘党委领导、校长负责、教授治学、民主管理’为特征的现代大学制度逐步形成与完善。相应地存在于大学内部的政治领导、行政权力、学术权力、民主管理权力共同作用于大学管理中。”[1]高校的四种权力关系理应是多种权力在和谐关系中分享管理和共同治理的权力关系结构，但现实却是民主管理权力的弱势状态造成的监督机制的缺乏，所以要深化高校内部管理体制改革，必须在坚持党委领导下的校长负责制的前提下加强对监督机制的规范性建设，构建高校内部决策权、执行权、监督权既相互制约又相互协调的权力结构和运行机制。

高等学校的权力运行除了决策机制和运行机制外，还必须有监督机制和约束机制。失去监督和制约的权力最终会走向腐败，政府权力运行如

〔1〕 张斌．民主管理权力在大学内部权力结构中定位与强化选择［J］．中国劳动关系学院学报，2010（8）：9.

此，高等学校权力（如政治领导、行政权力和学术权力）运行也是如此。任何一个稳定高效的运行模式都离不开监督反馈机制，它是使整个内部治理过程形成闭路的关键。目前，中国高校的监督反馈机制存在机构不健全、规则不科学、职权不明晰等问题。在此基础上，我们提出构建以教职工和学生为主体的监事会民主监督机制。

一、监事会民主监督机制的内涵及人员构成

（一）监事会民主监督机制的内涵

以教职工和学生为主导的监事会民主监督机制是指在原有的教职工代表大会、学代会基础上，设立监事会，以教职工和学生为主体，广泛吸纳高校中其他利益相关者代表参与的民主监督机制。监事会是高校内部治理的监督机构，在法律上与大学委员会、校长、专业委员会是平等的、平衡的，没有从属关系，拥有事先监察权。

（二）以教职工和学生为主体的监事会人员构成

1. 教职工代表应成为监事会成员的主导力量

在人数规模上，教职工代表应占监事会人数的1/2以上，但不超过2/3，从而确保教职工进行民主参与和监督的主导地位。

2. 学生代表应成为监事会中的主要群体

随着市场经济的到来，高校教育也应尽快适应市场化的需求，高校培养人才必须符合社会化需求。学生作为受教育者，深受高校知名度、信誉度以及教育水平等的影响，只有科学合理、健康高效的内部治理及高校领导体制才足以为学生提供良好的服务。因而，学生作为受教育者，有权参与学校内部治理，并对学校各项权力行使进行监督和反馈。

3. 监事会理应吸收高校内部其他利益相关者群体

监事会作为一个法定的监督机构，其成员必须具有广泛性和代表性，这有利于构建全方位的监督体系，保障各利益相关群体的利益。因而，除教职工和学生代表外，高校监事会还应吸收高校的其他利益相关者群体。

二、以教职工和学生代表为主体的监事会职责及运作机制

（一）监事会的主要职责

以教职工和学生代表为主体的监事会的主要职责为：

（1）定期召开监事会全体成员大会，并根据具体情况组织召开临时会议；

（2）对大学委员会、行政系统、专业委员会等机构的权力行使进行监督并给予反馈；

（3）就学校各治理主体的具体活动进行监督，广泛征求监事会成员的意见，并将其反馈给各决策层、执行层或其他系统。

（二）监事会的运作机制

监事会作为高校内部治理中的关键环节，其运作机制关系着整个高校内部的治理效率和效果。需要明确以教职工和学生代表为主体的监事会民主监督机制的运作机制，从而保障其监督反馈和民主参与职能的实现。具体运作方式为：

1. 建立例会制度

每季度或学期开展一次全体成员代表大会。会议主题一般围绕监事会的职责展开，根据高校内各权力主体的具体事务适时调整会议主题及开展时间。

2. 设立常设机构

监事会理事负责组织监事会的监督反馈活动，在闭会期间，可委托教职工代表大会负责辅助理事日常事务的具体实施。委托教职工代表大会对监事会日常事务进行管理可巩固教职工代表大会在参与高校民主管理中的核心和法定地位。

三、创新监事会大会制度的形式

（一）完善校务公开制度

校务公开是高校推进依法治校和学校内部管理民主化、规范化、科学化的重要手段，是学校实行民主管理与监督、加强党风廉政建设的有效形式。如北京理工大学建立了健全的校务公开情况通报制度、征求意见制度、评议制度、备案制度以及监督反馈制度。

（二）创新民主评议领导干部制度

监事会民主评议领导干部，是高校内部民主管理和监督的有效途径[1]。学校要积极开展监事会民主评议领导干部工作，从评议内容、评

〔1〕刘庆东. 我国高校政治领导与行政权力的整合与协调［J］. 山东社会科学，2009（7）：160.

议方式、评议标准、评议程序、评议结果处理和运用等方面进行积极探索和创新，促进监事会民主评议干部制度健康有效的运行。

四、坚持卓有实效的监事会制度

应采取多种多样的形式，努力实现监理会活动经常化，使其发挥应有的作用。坚持定期召开监事会，切实解决实际问题，而不是流于形式、走过场。为了保障监事会作用的充分发挥，应做到以下几点：

（1）定期召开监事会；

（2）不断创新监事会闭会期间的工作机构，如建立监事会常设主席团或者执行委员，强化监事会闭会期间的职能；

（3）建立监事会对学校日常工作的质询制度；

（4）经常开展活动，有效监督高校内部权力运行。

监事会建立的最终目的是要充分调动教职员工的积极性，加强与群众的思想沟通，使领导的决策更科学、更准确、更有群众基础，以推动学校各项事业的发展。它不仅是学校民主意识的体现，更是深化学校内部管理体制改革的需要。

监事会民主监督机制有效搭建了对各种权力主体的约束机制。没有约束的权力必将导致腐败，监事会的建立及其法定地位的确立，将有效约束以党委、校长及学术委员会等为核心的各种权力的行使。根据我国现行法律规定，教职工代表大会是高校民主管理的主要机构。以教职工代表大会和学代会为主体的监事会尊重了教职工代表大会在民主管理与监督中的主导地位，充分调动了广大教职工人员的参与热情和管理主动性，为有效地监督职权的行使奠定了基础。监事会的成立有助于高校内部决策的民主化。监事会不仅仅是对治理主体的行为结果进行监督，更是对其权力行使过程的监督。监事会成员的广泛性使其能够代表多个利益主体对高校的决策、执行和各项具体工作进行全方位的监督和评价，从而规范各种权力的行使。

第十五章　完善外部治理与高校领导体制建设

高校作为一种非营利性公共组织，其领导体制建设离不开科学的治理方法。其中包括内部治理和外部治理。外部治理的主体包括政府和其他社会主体。政府是高校的主要外部监管者，其与高校的权力分割问题一直很突出；企业、其他院校和校友会是高校的主要合作者或支助者，其与高校之间的关系也日益引人注目。为建立高效、科学的高校领导体制，构建合理、健康的外部治理关系至关重要。如今外部治理主体与高校的关系仍存在一些不合理、不顺畅的状况，本章将提出完善外部治理并进而推动高校领导体制建设的相关建议。

第一节　完善高校与政府的关系机制

政府是公立大学的举办者，也是大学的外部监管者，在大学治理结构中处于双边垄断的委托人和代理人位置。随着进一步扩大高校办学自主权，原有的政府对高校的管理方式已不适应发展的需要，政府与高校的关系机制亟需改善。

一、我国高校与政府关系机制的演变及现状

作为大学的精神和灵魂，大学自治是大学自创立以来的传统，同国际

惯例一样，具有真理性意义。我国现代意义上的大学自建立至今百余年的历史，在这期间，大学的发展由于受到社会结构以及文化传统变化的影响，其发展过程并不是一帆风顺的。

大学自治由蔡元培于民国初年最先提出，经新文化运动和教育独立运动洗礼，最终传播开来。当时，中华民国南京临时政府成立，蔡元培出任第一任教育总长，他接受西方资产阶级的哲学思潮，在政治上，反对专制主义；在学校内部管理体制上，反对校长权力过分集中；在高校外部管理体制上，反对政府集权，主张民主办学及“教育独立”。1922 年，蔡元培发表《教育独立议》一文，主张教育独立。教育独立的主张是蔡元培教育思想的重要组成部分，并且在他出任北京大学校长后进行了尝试，但终因所处环境不允许而未能完全实现。教育独立的主张反映到高等学校就是大学自治。这一主张对我国高等学校自治影响颇大，受到学者的广泛赞同〔1〕。

新中国成立以后，我国大学方恢复活力，但囿于传统计划经济体制，政府集“掌舵”和“划桨”的职能于一身，对高校的大小事务进行直接管理，过于微观。

党的十一届三中全会以来，随着全党工作重心的转移和高教领域的思想解放，高等学校办学自主权问题又重新提上议程。1979 年 12 月复旦大学校长苏步青等几位著名大学校长、书记在《人民日报》发出了“给高等学校一点自主权”的呼吁，引起了社会共鸣。1985 年，《中共中央关于教育体制改革的决定》中指出，“在教育事业管理权限的划分上，政府有关部门对学校尤其是对高等学校统得过死，使学校缺乏应有的活力，而政府应该加强管理的事情，又没有很好地管起来”，并明确提出要扩大高等学校办学自主权。党的十一届三中全会以来，落实高等学校办学自主权取得一定成效，但总体来说还存在一些问题：第一，虽然确立了高校法人地位，但尚未完善高校法人制度；第二，高校自治缺乏相关法规和政策配套；第三，落实高校自治仍存在一定的体制限制。

明确政府与高校的关系，是我国政府行政职能转变的一个重要前提，

〔1〕 刘继才．论党委领导下的校长负责制［J］．丹东师专学报，2003（25）：33-34.

也是我国高校改革的重要内容。对二者关系的探讨，既涉及政府职能重组，又关乎高校自身发展，因而，不论是从理论上还是从实践上看，二者的关系一直是我国改革开放以来高等教育管理领域引人瞩目的焦点。

对政府与高校关系问题的探讨，之所以没有定论，根本原因在于不能把握政府与高校关系的本质。现实中政府与高校的关系的确是围绕着国家教育权力系统展开的。但是，这并不能说明二者关系的本质就是国家教育权力的归属。我们认为，高校组织功能的实现程度是政府与高校关系的本质。如何最大限度地发挥高校的基本功能，使其更好地服务于国家、社会和受教育者是其核心问题。世界各国中，美国总体上属于典型的教育分权国家，而法国则属于典型的教育集权国家。前者高校享有较大的办学自主权，而后者则是政府拥有较大的教育权力。两种不同归属的教育权力运作模式，都成功地实现了各自国家高校的基本功能。而且，从两国大学演变的历史来看，并非教育集权与分权都一成不变，其程度都会随着时代的变迁而有所改变。综上表明，高校基本功能的实现问题才是政府与高校关系的本质，并非表面上所说的国家教育权力的归属问题。

为此，必须实现政府对于高等教育管理的三个转变：由具体管理转变为全局管理，由刚性管理转变为弹性管理，由直接管理转变为间接管理。从而改变过去政府既是投资主体、办学主体，又是管理主体的状况，使政府能够从大量复杂的大学日常管理工作中摆脱出来，把更多自主权留给高校，以提高管理质量和办学效率。下面拟详细介绍实现高校自治的措施和方法。

二、建立有利于高校自治的法律体系

市场经济是法治经济，市场正常运行的前提是要有科学的法律体系保障。高校作为行政相对方，法律必须明确相关行政管理部门对高校的管理权限，划清政府与高校的权力边界；高校作为民事主体，法律必须赋予高校明确的民事权利与义务。

（一）高等教育法制的演进及现状

1998 年 8 月 29 日，第九届全国人大常委会第四次会议表决通过了《中华人民共和国高等教育法》，这是新中国成立 50 年来第一次对高等教育的实施与管理以法律形式进行规范，对我国高等教育事业的改革和发展具有重大意义。《高等教育法》涵盖了高等教育发展的方方面面，对高等学校的领导体制也做出了明确的法律界定。

《高等教育法》第三十九条明确规定："国家举办的高等学校实行中国共产党高等学校基层委员会领导下的校长负责制。"这一规定是在回顾和总结历史经验的基础上，以宪法精神和中央的有关规定为基本依据做出的。《高等教育法》对高等学校校长和党委的职责分别做出了明确的规定。第三十九条规定，高等学校党委"按照中国共产党章程及有关规定，统一领导学校工作，支持校长独立负责地行使职权，主要职责是执行中国共产党的路线、方针、政策，坚持社会主义办学方向，领导学校的思想政治工作和德育工作，讨论决定学校内部组织机构的设置和机构负责人的人选，讨论决定学校的改革、发展和基本管理制度等重大事项，保证以培养人才为中心的各项任务的完成"。第四十一条规定"高等学校的校长全面负责本校的教学、科研及日常行政管理工作"，"高等学校的校长主持校长办公会议或者校务会议"，并规定了拟定发展规划，制定规章制度，开展思想品德教育和组织教学、科研活动，聘任教师等六项职权。

以法律的形式确定高等学校的领导体制，在我国是第一次，具有重大的历史和现实意义，为完善高等学校的管理提供了法律保障。《高等教育法》对高校党委和校长的职责作了明确、具体的规定，正确处理了两者的关系，使高校领导者能够各司其职，依法行使自己的职权。一方面保证了党对高等学校的领导，保证了高等学校社会主义办学方向，有助于更好地贯彻党的路线、方针、政策；另一方面有利于高等学校在科学管理的基础上沿着正确的轨道发展，为社会主义现代化建设培养合格的人才，作出更大的贡献。

（二）转变高校管理者观念，树立以人为本、依法治校的法治理念

长期以来，高校管理工作主要是着眼于有效地规范和维护学校教育秩序这一价值导向，而对于维护受教育者的权益重视不够。当今社会，受教育者维权意识不断提高，遇到纠纷开始求助于法律途径。这反映出人们越来越重视教育活动中对人的尊严的认可与维护，越来越追求教育领域中人的权利的平等与自由。高校管理者应该改变"依法治校就是依自定'法'来治学校，治师生"的传统观念，在高校管理中逐步树立和体现法治精神对人的尊重和关怀，用法治意识和法律思维，规范高校管理秩序，建立并完善相关程序和制度，推动高校管理以人为本的法治化进程。这是高校管理工作应有的基本理念和价值观，也是高校管理者必须养成的基本意识。

（三）立法明确政府治校范围，促进高校依法行使自主权

政府所做出任何一个影响学校权益的行为都必须要有法律上的依据，这是行政法治原则的基本要求。对于政府而言，应杜绝行使法律没有明确授予其行使权力的一切行为，不能出现行政权逾越法律的现象。也就是说法律没有授予其行使的权力，政府就不能随意地行使以干涉高等学校的自主办学。因此，高等教育立法要尽快明确政府在教育活动中具有哪些具体的权力，以防过度干涉高校的自主办学权。如《高等教育法》第三十二条规定："高等学校应根据社会需求、自身办学条件以及国家核定的办学规模，制定招生方案，自主调节招生比例。"其中一个核心问题是招生方案是否需要相应的教育行政部门审批。国家已经核定了办学规模，是否还有必要再次审批招生方案。如果需要审批，那高等学校招生权的自主性又如何体现。纵观各高校的招生方案，事实情况是没有一所学校不需要相应的教育行政部门审批。产生这种现象的根源之一就是立法上没有明确界定政府对学校的管理权力。

目前高校的管理权没有有效地受到行政法治原则的制约和保护，这是高校管理权的取得与行使上存在的主要问题。从 1995 年 7 月以来，我国高等教育管理体制实行的是"两级管理，省级统筹为主"的体制。在这种体制下，针对高校管理工作，中央和省级教育管理部门都进行了大量的立法。然而，在大量立法中很难找到一种有效的协调机制，相关法律法规相互冲突的情况屡见不鲜。其中，尤以高校内部的规范性文件与法律法规、规章相抵触的现象最为严重。一些高校内部涉及学校成员的某些权利义务的规范性文件中，往往对权利作限制性规定，对义务作增加性规定，出现了与相关法律法规不统一的现象。我国目前没有统一的行政程序法，在与教育法律法规相关的程序方面更为薄弱。为了使高校自治更好地落到实处，解决上述问题迫在眉睫。首先是要加快相关配套立法，抓紧清理修订原有的法律法规和规章，尤其是对高校内部与法律法规相抵触的规范性文件的清理。其次，为了更好地维护学生和教师的相关权益，《学位法》《学生法》《教师职务条例》等专门的法律法规和规章应尽快制定并实施，以形成一个上下统一、层次分明、相互协调、规范具体、操作性强的高等教育法律法规体系。

三、建立高校独立法人治理结构

法人制度最早起源于罗马法，而在我国确立高校的独立法人地位要追溯到20世纪90年代。在此之前，政府比较多地包揽了教育管理活动，高校在较大程度上依附于政府，成为政府主管部门的附属物，没有也不需要具有独立的法律地位。但是这种体制随着社会主义市场经济的建立和发展，已经不能适应高等教育改革的需要，不能满足高校自身发展的需求，成为一种落后的生产关系。因此只有给予高校完整独立的办学实体地位和法人资格，让高校全面加入到竞争中来，才能充分激发各高校的办学积极性和办学效率。建立适合高校法人治理的财产权制度是其核心问题。

财产决定了法人的产生，财产权及其结构影响甚至是决定着法人治理结构，在法人治理结构的构建中具有基础性地位。就高校而言，与作为经济体的公司存在明显区别，但是在法人财产权问题上，特别是国有企业与公立高校的法人财产权，两者存在相通之处。所谓高校法人财产权，是指高校所拥有的、实现高等教育职能所必需的、根据国家法律规定或者相关合同约定，对高校各类财产进行占有、使用、收益和依法处分的各项权能的总和。

确立高校法人财产权的明晰性非常重要。所谓产权明晰，是指产权主体归属及其权责内容和范围的明确。对高校而言，应注重两方面：

（一）产权主体归属的明确

对公立高校而言，必须明确的产权关系包括：代表国家对高校进行投入的不同主体之间的关系；国家与高校之间对学校产权在法律人格上的关系；公立高校与其他国有主体之间开展合作时形成的产权关系。

（二）产权权责内容及范围的明确

在此，高校应处理好与政府的关系。政府作为国家出资人的代表，应将公立高校真正视为具有独立法律地位的法人实体，既要避免越位干预、直接代替办学者办学，又要避免虚位、不到位、国有资产缺乏明确的出资人代表而导致国有资产流失。应当坚持政府公共管理职能和国有资产出资人职能分开，探索建立有利于进一步推进高等教育改革与发展的国有资产管理体制。

第二节　完善高校与社会的关系机制

在社会的转型期，高等学校不仅与政府的关系发生变化，与社会的关系也在发生变化。完善高校与社会的关系，从社会的边缘走向社会的中心，面对社会依法自主办学，是高等学校内部管理体制改革的重点之一。2011 年 2 月，工业和信息化部党组书记、部长苗圩在北京理工大学视察并指导工作时强调，高校要扩大社会合作，更新教育观念，加强与国外高水平大学以及科研机构的合作[1]。由此可看出加强高校与社会联系的必要性。下面将探讨如何重构高校与企业及校友的关系机制（见表 15-1）。

表 15-1　重构高校与社会的关系办法

社会与高校的关系内容	子内容
企业与高校的关系	加强产学研结合。 搭建科技创新与服务平台，推进产业创新。 创新人才培养模式，为区域的自主创新提供强有力的“智力”支持
高校与高校的关系	学习国外高校的成功经验。 重视同国内外高校的各方合作。解放思想，更新观念；成立相关组织，推进合作开展；加强评估，保证质量；政府主导，政策扶持
校友与高校的关系	更新观念，实现科学定位。 建立校友会持续长久的运作机制，在高校结构中设立校友专职工作岗位。 建立和完善校友工作网络，有效开发校友资源

资料来源：笔者整理。

〔1〕 李芬．工业和信息化部党组书记、部长苗圩到北理工视察指导工作［OL］．［2012-1-8］．http：//www.bit.edu.cn/xww/xwtt/64640.htm.

一、我国高校与社会的关系分析

纵观20世纪人类社会经济发展历程，许多相对落后的国家和地区，在较短的时间内迅速实现了现代化，其成功经验表明，教育决定着社会发展的速度及经济的发展水平。一方面，社会生产力的发展水平会制约着教育目标的设定、学校的规模和结构，制约着课程的设置和教育内容，以及教学的组织形式、教学手段和方法；另一方面，教育通过为社会培养各类人才，实现知识的再生产和知识的创新，把潜在生产力转化为现实生产力，推动社会生产力的发展。

人才培养、学术研究、社会服务和文化传承与创新作为高校四大功能，是高校与社会、市场联络的纽带。其中人才培养、学术研究、文化传承与创新是高校的基本功能，决定着高校的特征和性质。社会服务功能是在前三种基本功能的基础上产生的。在市场经济体制下，高校的办学规模、专业构成、教学目标要受到高等教育消费市场和人才市场的调节。社会作为高等教育的用户，又是教育质量的认同者和评价者，有责任对教育的质量发表见解，从用户的角度向高校提供关于教育质量的反馈信息，帮助高校及时审视和提高教育质量。高校加强自主管理，依靠自身力量提高教育质量是面向社会、自主办学的重要体现，同时还要充分重视社会对教育质量的评价与认定，主动与社会合作，建立社会参与的高等教育质量管理与监控体系及其运行机制。我们不能只把眼光放在仅以学校内部质量标准来培养人才上，更要看其学科专业结构、人才层次是否符合社会发展的需要，以及人才综合素质是否与国内、国际人才市场的要求相符合，这才是人才培养的最重要问题。

同时教育史告诉我们，深居象牙塔中，大学最初是与社会和市场隔绝的，意识形态和宗教的色彩比较浓重。美国赠地学院的出现，拉开了高等教育关注市场需要和变化的序幕。特别是自美国经济学家、诺贝尔经济学奖获得者舒尔茨（Theodore Schultz）创建人力资本理论以来，一方面，人们更加关注经济与高等教育的关系；另一方面，急功近利的教育思想和办学观念甚嚣尘上，一味地追求短期效应，对高校的社会服务功能的重视甚至超过了其人才培养功能。在他们看来，只有直接参与市场经济活动，为国家和地方带来直接的经济利益，并成为新的经济增长点，才是成功的高等教育。否则，高校办学就是不成功的，或被认为是“不适应”的。这种论断不是高等教育领域的个别现象，“教育产业化”“教育市场化”是其存在的理论基础。

而我们认为，高校与社会的关系是双向互动的，教育决策者、学校负责人就要学会把握高校与社会、市场关系中的“度”，高校既要接受社会和市场的调节，又不能片面强调高校的社会服务功能，盲目迎合市场，高校只有在千变万化的市场面前，把握自身、不失本性，才能更好地接近市场。现代市场经济中每一种新产品的推出或一个新技术的开发，都是高素质人才的智慧、技能、管理的结晶。所以高校应坚定不移地准确把握办学方向，抓住人才培养、科学研究、社会服务、文化传承与创新这四项基本功能，依据市场变化和社会发展的需求，培养素质高、能力强、适应性广的创新型人才，使基础研究与应用研究相结合，积极促进科技开发和科技成果转化，为增强社会文化的软实力而努力，这样才能真正达到服务社会的目的。高等教育一直是关系千家万户长远发展的大事，其发展也正处于历史上从未有过的大好时期，如何充分发挥高校与社会、市场相互联系、相互作用的基本途径和渠道的作用，让高校人才培养、科学研究、社会服务、文化传承与创新、四大功能更加贴合现代社会的发展，为新市场开拓提供更多的动力和智力资源，这的确是一项任重而道远的实践主题。

二、完善高校与企业的关系

在国际化竞争日趋激烈的背景下，中国企业要从“中国制造”的地位迈向“中国创造”的境界，就需要走企业与科教结合的道路；中国高校要从“人才培养”和“科学研究”层次进一步上升到“服务社会”的水平上，就需要与企业相结合。可见，高校与企业相结合是二者持续发展和不断创新的共同需要和必由之路。

（一）加强产学研用相结合

“高校要牢固树立主动为社会服务的意识，全方位开展服务。推进产学研用结合，加快科技成果转化。”这是《国家中长期教育改革和发展规划纲要》对高校的期待，也是建设创新型国家的迫切需求。在我国技术创新体系中，“学”和“研”为企业的产品创新提供技术支撑，而“用”则是技术创新的出发点和落脚点。如果不能在市场应用，技术创新也就失去了它的意义〔1〕。

根据产学研合作各方关联程度，高校与企业的合作大致可分为松散型、半紧密型和紧密型三个层次。松散型合作是当前产学研合作中比较普遍的一种合作类型；半紧密型合作是在松散型合作基础上，进一步拓展合作的深度和广度，形成优势互补的产学研联合体；紧密型合作是半紧密型合作的延伸和发展，使合作双方形成利益共同体。

松散型合作主要是通过项目合作，即用具体的项目将高校和企业结合在一起。项目的提出者既可以是企业，也可以是高校。合作通常以技术开发、转让、咨询和服务等多种形式展开。企业是科研投入的主体和成果应用的主体，高校是技术研发的主体。这种合作方式通常随项目合同关系的建立而产生，随项目合同关系的解除而解除，是一种有限时段的、动态的合作。

半紧密型合作主要是通过高校与企业或地方政府共建科研机构，开展持续稳定的合作。企业在高校建立工程研究中心、专业实验室等技术集成与扩散中心，开发高新技术产品；高校在企业建立研发中心，以企业生产技术改造和新产品开发为目标，直接促进技术进步。在共建科研开发机构中，科学研究、技术开发、中间试验、批量生产和销售服务紧密相联，技术创新成果适用性强，应用于生产的周期短、收效快。这种合作方式有利于高校与企业或地方政府之间保持长期稳定的合作关系，有利于将技术优势不断发展为规模经济优势。

紧密型合作主要是在前两种合作类型的基础上进一步加强结合，以开发出的产品作为支柱产品，创办生产、经营、技工贸一体化的经济实体，从而形成利益共同体联合创新。在合作中，双方责、权、利明确，合作积极性高，企业随着高校新技术的注入，不断推出新产品，具有很强的市场竞争力和可持续发展能力。合作双方往往在各自的领域中具有显著的优势。这种合作最密切，实际上是一种强强联合。

---

〔1〕 郭大成. 产学研用紧密结合，推动国家技术创新体系建设［J］. 中国高等教育，2013(12-13)：8-10.

（二）多途径搭建科技创新与服务平台，推进高校服务与产业创新

作为国家重点建设的高水平大学之一，北京理工大学的目标定位有两个：一是瞄准世界科技前沿，瞄准国家重大战略需求，要建设成为一流理工大学；二是要成为推动区域经济和社会发展的“发动机”。2010年，教育部正式批准北京理工大学成为承担国家教育体制改革试点任务的部属高校之一，具体承担“高等学校推进产学研用结合改革试点”项目。近些年来，北京理工大学在搭建科技创新与服务平台方面，开展了多层次、多方面的尝试和探索。

其一，建设大学科技园。北京理工大学在中关村建立了大学科技园，而且正在建设国防科技园，旨在依托学校强大的科研实力，发挥国防科技优势，将大学的综合智力资源优势与其他社会优势资源相结合，为学校基础研究成果和国防科技成果转化、高新技术企业孵化、产学研用结合提供支撑平台和服务机构。大学科技园是高校科技成果转化与产业化的重要通道，对于加速高校科技成果的转化与产业化，开展创业实践活动，培育高层次的技术、经营和管理人才都具有重要的意义。

其二，与企业共建研发机构。高校与企业共建联合实验室、教学实验示范中心、工程技术中心等研究机构，通过共建研究机构，企业对高校专业领域技术创新进行持续投入，有效缩短产品化周期，储备技术和人才；高校利用企业提供的充足资金，实现某一专业领域的攻关，保证科研的连续性，快速占领该领域的制高点。北京理工大学立足于电动车辆国家工程实验室，与12家客车企业联合组建了“纯电动商用车技术平台”，合作开发生产出了17种电动客车产品。此外，2013年初，学校与波兰著名电网公司TAURON集团正式签订项目合作协议，标志着曾在2008年北京奥运会上大放异彩的零排放电动大客车技术即将走出国门，远赴波兰。

其三，在中心城市建研究院。结合地方经济发展的热点对学校的技术成果开展孵化工作，针对地方主导产业中的共性技术和关键技术开展研究，解决产业和行业的共性技术问题，从而推动产业升级。譬如，北京理工大学于2000年4月与深圳市政府联合建立了“北京理工大学深圳研究院”，学校组织了一大批优秀教授学者先后积极参与科研建设、高新技术

企业创办等工作，在电动汽车、太阳能海水淡化、阻燃材料及军转民等产业创新领域取得了丰硕成果，为两地科教和创新合作，也为深圳的自主创新做出了有目共睹的贡献；此外，北京理工大学于2009年11月与广东省中山市人民政府共建了“中山北京理工大学研究院”，该研究院重点在电力电子、自动控制、新能源、光电信息技术、计算机及软件、车辆电子、光机电一体化、新材料等领域开展研究，着重建设一批实验室，作为公共开放实验室为企业服务。

其四，组建学科性公司。由大学科研人员为主体依法设立的集科研、生产、创新人才培养于一体的企业法人，最显著的特征是具有“知识创造”能力，主要任务是尽快将科研成果孵化为成熟的技术并形成产品，投入应用或生产，实现科技成果向现实生产力的快速转化，实现科研人员科技知识、科研成果的保值和增值。2010年，北京理工大学创办了首家学科性公司——雷科电子信息技术有限公司。公司创办两年来，以海量信号数据高速处理技术支撑的高科技产品不断在军民市场上获得验证。该公司2011年实现年产值7000万元，2013年突破了1亿元；员工从注册时的30人也已增加到200多人。高校通过创办学科性公司，能够兼顾社会和经济效益，让知识创新和技术创新兼容并蓄。

其五，与企业共建经济实体。高校与企业在多年项目合作或信息交流的基础上，建立产学研用长效合作机制，将双方优势有机结合，利用经济杠杆把双方利益密切结合在一起，形成经济利益共同体。在具体实践中，可成立股份制企业（集团），学校以所开发的产品或技术（个别投入一定的资金）占有股份，以董事会的形式参与管理；也可以是高校与企业联合承担工程研制任务，以协议的方式明确联合体领导成员、办事机构及合作内容，具体合作以合同方式约定。

（三）创新人才培养模式，为区域创新提供“智力”支持

在人才的培养模式方面，高校应针对区域自主创新建设的特点和需要，积极培养区域经济发展急需的科技创新管理人才和技术人才。确立以社会需求为导向的方向性，做好教育思想和观念的转变，树立培养创新人才的教育理念，直接关系到创新人才培养的深入进行。人才培养目标是高等教育目的的具体化，规定高等学校应培养什么样的人才，而人才培养目标最终又以专业培养目标的形式体现出来，因此，合理的专业结构是培养高层次创新人才的重要支撑。高校需要按照地方和市场发展的需要，进一步拓宽专业口径，调整、改造、重组现有专业，通过构建交叉学科、专业，课堂教学与课外科技创新活动相结合的培养体系，促进学生知识、能力、素质协调发展。例如，北京理工大学在人才培养方面秉承“跳出北理工看北理工”“跳出兵器看兵器”“跳出军工看全国”“跳出国门看世界”的“四个跳出”理念，要坚持“走进国际科技教育前沿”，还要“走进国家经济社会主战场”[1]，奉行育人为第一价值追求，使人才培养与科学研究相统一，使人才发展与产学研用相结合。

基于以上观念的指导，北京理工大学在创新创业人才培养上做出了大量积极有效的探索和实践。北理工以培养学生具有“高远的理想、精深的学术、强健的体魄、恬美的心境”为目标，加强人才培养工作的顶层设计，建立资源倾向优秀生源、优秀生源汇聚优秀导师的机制，激活教师和学生两个主体，努力培养“基础理论扎实，专业知识宽厚，学术思想活跃，勇于实践创新”的高水平拔尖创新人才。学校还专门实施“明精计划”，推进拔尖创新人才培养。学校努力让学生了解创新创业基本规律，开展创新实践活动，让学生及早加入科研团队，在实践中接受锻炼，如田刚印和满意两位年轻人于2012年年底创办了北京中航智科技公司，研发出了世界上首架电控共轴无人直升机，还在试飞阶段的飞机已经收获第一笔千万元订单。再如，中山北京理工大学研究院和北京理工大学深圳研究院，充分利用学校丰富的教学资源和多学科优势，在机械电子工程、汽车检测与维修技术、汽车服务工程、电子商务、数字媒体技术、网络工程、金融管理与实务、计算机网络技等领域对广东部分企业技术人员和管理骨干进行培训，同时与大型企业开展合作，共建了一批企业博士后工作站，为企业培养创新型高级人才创建了有效平台。

三、构建高校与高校的关系

当代的教育成为一个开放的系统，由校内扩展到校外，封闭与隔阂只

---

〔1〕 郭大成．坚持理想不动摇，深化改革不止步，推动发展不懈怠［EB/OL］．http：//www. bit. edu. cn/xww/xwtt/84107. htm. 2013-3-5.

会成为发展的障碍。只有打破壁垒，消除隔阂才能获得机遇。也就是说，人才的培养需要开放的环境和各种文化的交融。在过去开展的中外合作办学中，国内高校都取得了一些可喜的成果，这些成果经过学习、消化、吸收和再加工有力地推动了教育事业各方面的发展，并取得了一些新的成果。同时，国内高校之间的合作具有文化差异小、开展合作便利、合作成本低和受益面广等比较优势，我国的数百所高校都有其独特的地理位置、办学特色和文化特点。因此，我们在大力开展与国外高校合作的同时，更应该注重加强与国内高校的交流合作。通过各种形式的合作，使学生们有足够的时间深深植根于当地独特的文化和社会环境中去，锻炼能力，增长才干，拓展自己的文化视野，以此带动我国社会的开放程度，增进社会进步的活力，加速我国社会和教育的现代化进程。最近以清华为首的“华约”7 校联盟，以北大为首的“北约”13 校联盟，以及由北京理工大学等 9 所高校组成的“卓越联盟”，正是对加强高校间合作的积极探索。

（一）国外高校的成功经验

国外的大学联盟很多，人们熟知的美国“常春藤联盟”（Ivy League）、“十大运动联盟”（Big Ten）、“大学联合会”（AAU）、“大学合作委员会”（CIC）等都是大学联盟和合作的不同形式与平台。它们成立的目的在于通过彼此之间的资源共享和项目合作，降低自身管理成本，提高运行效率，从而促进大学学术水平和人才培养能力的提高。为了提高效率，这些联盟一般都有正式的管理组织和活动章程。主要的合作项目有学生联合培养、图书期刊共享、实验室及设备共享、定期学术交流、管理人员和师资相互培训、科研课题合作以及物资的联合采购等。

自 20 世纪 60 年代以来，欧洲人的联盟意识和行动从经济联盟迅速扩展到政治联盟、文化联盟、科技联盟、教育联盟，进而增强到社会联盟。自古以来，欧洲各国文化多元、包容，各国的教育实践也沿袭历史各具特色，为新一轮的教育改革和创新、相互借鉴和提高提供了很好的实践基础和得天独厚的自然资源。因此，欧洲各国大力推动教育领域的交流与合作，通过组建强大的教育网络，倡导文化认同与文化平等，超越国籍、语言与宗教，开展跨文化教育。培养学生跨文化交流能力，增强文化沟通与理解，减少文化间摩擦，加强教会和学生在各国的流动，促进多元文化共同繁荣[1]。

1999 年 6 月，欧洲 29 国教育部长，在意大利的博洛尼亚举行会议，共同签署了《博洛尼亚宣言》。2004 年 2 月，欧洲 40 国教育部长齐聚意大利博洛尼亚，提出建立“欧洲教育高校圈”的思想，以保证学生和学者在欧洲范围内的自由流动。此后，“博洛尼亚进程”（Bologna Process）正式启动，欧洲高等教育改革进入快车道。2007 年 5 月，参与“博洛尼亚进程”的各国教育部长在英国伦敦召开会议，并发表了《伦敦公告》。该公告明确了“博洛尼亚进程”的工作和任务，主要内容是：提高对以学生为中心的高等教育模式的认识，重视学生的全面可持续发展，促进各国学员之间的流动性，加强学历的相互承认，继续调整完善学制学位结构，推广欧洲学分互换体系，提高透明度，倡导校外学习、合作学习和终身学习，开拓高等教育举办者和管理者的视野，将博士阶段教育纳入“博洛尼亚进程”，强调高等教育对促进社会繁荣与和谐的作用，主张建立具有全球视角的欧洲高等教育区。

国外高校的上述成功经验，是我国高校学习和效仿的榜样。不仅要学习其精神，更要学习如何运用其精神将构想落到实处，真正从全球的视角，促进国内高校与高校之间、国内外高校之间的跨文化交流与合作，逐步推动高等教育的全球化。

（二）重视同国内高校的合作

整合校际资源，联合培养拔尖创新人才，已经成为国内知名大学的共识。当前，国内高校合作培养学生已进入了高校工作规划的重要地位。为更好地实现目标，应重点做好四项工作。

1. 解放思想，更新观念

当前，要把学生联合培养为应用型、创新型人才，必须解放思想，更新观念，拓宽视野。主要包括：

（1）开放意识。改变传统的、封闭的人才培养观，确立全新的、开放的大人才观。打破高校的“围墙意识”，既要重视与国外高校的交流，更要重视与国内高校的全方位合作。充分利用最便捷资源，实现互惠互利。

---

〔1〕 王春艳. 当代中外高校合作培养人才模式研究［D］. 南京：河海大学，2005：25-32.

(2) 改革意识。树立改革意识，就是要改革我们原有的人才培养模式，建立真正的以社会和市场需求为导向的人才培养模式。国内高校合作培养学生的开展，必然对学校长期形成的规章、制度和体系带来冲击。要想顺利推动工作的顺利进行，必须有改革的意识和气魄，敢于打破原有的体系和格局，并不断推陈出新。

(3) 品牌意识。为了推动国内高校合作培养学生这一全新的人才培养模式的顺利开展，各合作高校和工作人员要有将其打造成国内一流的育人品牌和教育合作品牌意识。包括品牌的服务意识、创新意识和形象意识。一方面，要将本校的优质教育资源向国内合作高校的访问学生全面开放，为其提供优质的教育资源和服务；另一方面，要注重合作对象和培养对象的层次水平，提升整个合作体系的品牌实力。

2. 成立相关组织，推动实施

系统理论认为，结构是系统内部各要素稳定的联系形式，是功能的前提。在系统的发展变化中，系统的结构决定了系统的功能。因此，国内高校合作培养学生的顺利、有效开展离不开相应的组织、管理和协调机构的建立。

(1) 成立国内高校合作培养领导委员会，主要由各高校领导组成。主要职能是在宏观层面上协调、平衡各合作高校之间的利益关系，制定战略规划，组织、推动、协调高校合作培养学生的各项工作，并对重要事项进行决策和批复。委员会建立例会制度，包括正式会议和非正式会议。会上主要通过规定和协商组织、推动和协调各项工作，并对重大问题作出决策，并形成行动议程和会议纪要。

(2) 建立国内高校合作培养学生协调执行机构，作为一个相对独立的综合协调管理部门，主要发挥行政协调和监控职能。成员由各合作学校相关部门推荐组成，并设置固定的办公场所，配备必要的办公设施。在领导委员会指导下独立开展工作，贯彻执行委员会的决策与决定，协调、处理日常管理工作，包括各成员学校之间学生选课、课程安排、师资安排、实验安排、学生过程管理、学分计算与认定、考试安排、成绩管理、奖学金评定等相关工作。

3. 加强评估，保证质量

国内高校合作培养学生是一项系统的、复杂性的工作，为保证质量、规范合作，应积极评估，不断改进。评估的内容主要包括合作积极意义的评估、合作伙伴的评估、合作内容的评估、合作质量的评估、合作模式的评估等。评估的主体要逐步从一元发展到多元，即实现从政府单一评估到多元评估，如社会中介、院校自身、师生评估等。通过评估增强高校合作培养人才的自我质量控制意识[1]。

4. 政府服务，政策扶持

新公共服务理论的代表人物罗伯特·B·丹哈特和珍妮特·V·丹哈特夫妇的公共服务理论（the New Public Service）认为[2]，政府是“服务而非掌舵”，即在公共事务的管理中，现代政府应该是公共服务的提供者，将越来越多地扮演调解、协调甚至裁决的角色。就教育而言，政府是高等教育的执法者、赞助者和保护者。政府要从教育服务的提供者转变为教育服务体系的构建者和监管者，创造一个教育顺利运行的健全法制环境、市场竞争的公平环境。

四、重视构建完善高校与校友的关系

人才资源是第一资源，对于高校而言校友资源是学校最富饶的人才资源，是高等学校办学资源的一个重要组成部分和一笔宝贵财富。近年来，随着高等教育事业的不断发展，校友资源对促进高校自身和高校学生快速成长的作用越来越明显。校友资源的综合开发和利用也已成为高等教育领域研究的热点，并越来越受到高校、学者乃至整个社会的重视和关注，成为高校获得更多人才、信息、公共关系和办学经费等办学资源的有效途径。大学校友会自大学产生时便存在了，其出现是历史发展的必然，并逐渐演变为今天高校发展的资源。现今高等教育事业不断发展，大学校友会更应该积极地转变身份，更好地适应高校间合作及发展的需要，在促进校友资源开发和利用中发挥积极作用。

（一）更新观念，实现科学定位

校友是学校的宝贵财富，校友资源是学校改革发展需要依赖的重要资

---

〔1〕 王春艳．当代中外高校合作培养人才模式研究［D］．南京：河海大学，2005：25-32.

〔2〕 Denhardt J V, Denhardt R B. The New Public Service, Serving, not Steering ［M］. M. E. Sharpe, New York, 2003.

源。要推进高校校友资源有效开发运用，必须转变思想观念，科学定位，把校友工作的重要性提高到全校战略高度，实现校友工作的全面协调可持续发展。

1. 由感性认识上升到理性认识

校友与母校的联系是天然的，这种天然联系是进行校友资源开发和利用的坚实基础。但仅仅依靠这种联系进行校友资源开发，又是感性和脆弱的，所以必须把这种天然上升为理性，加深对校友工作的宣传和理解，充分认识到二者之间的相互需求性和依赖性，树立高校和校友共同主动开发利用校友资源的意识。改变以往学生一旦离校概不负责的认识偏见和狭隘思想。但是要等到校友离开学校再去开发，也存在一定的难度。因此，开发校友资源要从细微处着手，积少成多，由浅入深，从校友在学校学习时就应重视校友与母校感情的培养，最好能在新生入学时便开展有关的工作，培养在校生“校兴我荣，校衰我耻”“今天我以母校为荣，明天母校以我为荣”的母校意识。在校友和母校之间建立起一种相互依赖和相互信任的维系纽带，从而使校友各项工作向理性化阶段发展。

2. 由单向索取变为双向共赢

校友资源有效开发运用，既要适应大学发展需要，又要为满足校友个体发展需求服务，防止和克服功利主义倾向。对校友单向索取和利用的做法，已无法促进校友资源和校友会的持续发展。校友与母校之间的感情是真挚的，校友关系管理的首要途径应该是情感沟通，让校友明白母校的发展离不开他们的支持，同时也应使校友认识到母校会竭尽全力提供他们所需要的资源，并给予他们最大的帮助和关爱。当然，学校也应立足国情、校情，不可牺牲大局来迎合个人，对一些校友不合理的要求要敢于拒绝。综上所述，校友关系管理的指导思想应为：以互惠互利为基本原则，既要一心一意为学校谋发展，也要全心全意为广大校友提供帮助，实现学校与校友各自价值的全面提升，共享“双赢”成果。

（二）健全校友关系管理的组织机构

校友群体庞大而又分散，完善的组织机构和强大的工作队伍，是同校友保持长期密切联系并有效开展各项活动的桥梁和纽带。这里的组织和队伍主要是指校友会。高校校友关系管理应以高效率的校友会为依托，实现母校与校友之间各种关系的有效平衡，同时为广大校友提供各种形式的服务平台。

在目前高校管理体制下，校友会作为独立社团法人，统一负责全校校友工作的组织、联系、协调等管理工作。对于尚无条件或目前不需要专门注册成立校友会的高校，建立挂靠或附属于有关职能部门的校友工作办公室是必要和可行的。校友工作机构的成员，除了离校校友，也可以聘任离退休老同志和在校大学生为活动志愿者，进一步充实校友工作队伍，调动更广泛的力量参与校友会工作。校友队伍建设要做好以下工作。

第一，建立和健全有利于校友工作的管理和激励机制，形成全校上下齐抓共管和全员广泛参与校友工作的新格局。

第二，进一步创建校、院系两级校友工作模式，建立院系一级校友工作小组或管理机构，把校友工作的管理重心下移，以更短的组织半径把更多的校友吸引过来，实现全员效能最大化。

第三，切实加强校友工作扶持力度，确保其开展正常工作的经费投入。校友工作作为一项系统工程，具有周期长和回报慢的特点，尤其在校友工作开展的初期阶段，必须依靠学校经费进行“输血”式的支持，保障其工作的顺利开展，营造适合其成长的环境，直至其自身具有“造血”功能，形成良性循环。

校友会能够将零散的校友凝聚起来．成为校友群体的黏合剂，在促进校友资源开发中起到组织和规范的作用，以保证开发和利用校友资源的合法性、可行性和稳定性。校友会要充分调动各地校友的积极性，有效组织校友活动，近距离服务校友。

（三）建立健全校友会持续长久的运作模式

目前我国大学校友会的性质等同校内的行政部门，其运作基本上是为了满足大学本身的需求，直接服务对象是大学，而不是校友。这种运作模式和工作机制，很大程度上忽视了校友的利益。但是从实践来看，根据自身事业的发展需要，许多校友还是希望能得到母校的支持和帮助，能在一定程度上利用大学现有的教育资源，如图书馆、自习室、实验室等。但按照现有的体制和条件，校友是很难分享到上述大学资源的。因此，大学校友会必须创新服务和运作模式，探索有效开发校友资源的途径。

1. 做好校友返校工作，定期举办校友聚会

学校校友会每年可以根据情况组织毕业 10 周年、20 周年等各种层次的聚会活动，特别是以 50 周年、100 周年校庆的珍贵契机，动员广大校友返校为母校发展献计献策、添砖加瓦。同时还要组织校领导、学院领导和授课老师积极参与，开展参观校园、学术论坛、专题演讲等丰富多彩的活动；表彰对学校发展有突出贡献或在工作岗位上做出优异成绩的校友，邀请成功校友回校做总结报告，向广大在校生宣传榜样的力量，同时为校友与母校的情感交流提供平台。

2. 邀请校友参加学校重大事件的计划、组织、协调、控制和决策等管理过程

邀请校友参与学校重大事件的管理，不但能让广大校友为母校的建设与发展建言献策，而且能大大提高广大校友的主人翁意识，这是一种非常有意义的双向互动。同时，很多校友已成为各行各业的领导、专家和骨干，根据自身事业的发展需要，希望能得到母校的支持和帮助，校友会要根据他们的需求和学校的实际情况，为他们提供包括合作、进修学习、科技服务等方面的咨询服务工作，并且可以加强校企联合、产学研结合、项目联合申报、人才合作培养等领域的合作。

3. 建立和完善校友工作网络，有效利用校友资源

建立和完善校友工作网络和包含各类信息的校友数据库，最大限度地凝聚有效开发校友资源的力量。由于高校校友人数多且分布面广，要充分开发利用校友资源，单凭校友会有限成员的力量是难以做到的。因此，建立、完善和充分利用校友工作网络十分重要。通过网络可以充分调动国内各地校友会、海外校友会和广大在校师生的积极性和创造性，动员和凝聚各方力量，实现最大范围的资源共享。利用校友工作网络，首先，要对广大校友资料进行广泛的收集，全面调查、核实，认真做好资料的处理工作，确保数据的真实可靠，并及时更新。其次，组建校友会专门网站，并在网站开通母校动态、校友社区、校友风采、留言板、捐赠动态和各地校友活动等板块，充分展示校友风采，宣传学校整体和校友个人发展进展，使其成为加强校友与母校、校友与校友联系的互动平台，更好地为校友和学校服务。

4. 设立并完善校友基金会

设立校友基金会的宗旨是：规范管理广大校友为母校提供的各项捐助，科学规划校友基金的使用，为母校的建设与发展提供资金保障，同时帮助家庭困难、品学兼优的学生解决生活困难。出台校友捐赠管理办法，按照捐赠人意愿专款专用，定期对基金的具体来源、金额，受资助学生的名单、金额及开支项目在校友会网站等平台上予以公布。积极帮助校友把捐赠免税工作落到实处，并建议国家相关部门改革相关捐赠免税政策，适度扩大捐赠免税范围、简化捐赠免税和退税程序。

第三节　增强高校领导体制的外部适应力

伴随中国经济体制的改革和转型，高校也必然做出适当调整以适应变化。作为新时代的高校，不能再隔绝于政府与社会，做一个封闭的象牙塔，这样只能限制其发展。因此，重构外部治理，增强高校领导体制的外部适应力势在必行。

一、高校在变革时代中的重新定位

随着市场经济的成熟和完善，人们对高等教育的认识正发生着巨大变化。当人们还在讨论高等教育是上层建筑属性还是经济基础属性时，高等教育的生产力功能已经存在；当人们还在争论高等教育是否产业化的时候，高等教育已经成为基础性、先导性产业；当人们将争论的焦点集中在高等教育能否市场化的时候，市场化取向已经渗透进高等教育的许多方面。实际上，这是经济体制转换过程中出现的必然结果，重新审视高等学校的定位有助于深化高等学校管理体制改革。

高校提供的究竟是公共物品还是私人物品是首先应探讨的问题，两者的区别主要在于消费的竞争性和排他性上。对于此问题，劳凯声教授认为，“由于教育的非垄断性质，这种公共物品实际上还可以进一步转化为私人物品或准私人物品，通过一种市场运作机制来向社会成员提供，这时营利性组织就会介入”，“通过市场运作的规则，营利性组织在满足社会成员对教育的多元化需求的同时，也实现了自己的利益，因而实现了公益，因此大多数国家对营利性组织举办的教育都采取了规范和宽容的政策。这就使得教育这种公共物品在一定的条件下经过转化，可以通过市场来运作”。“转化”的观点给我们提供了全新的视角。可以说，高等教育服务产品的性质随着经济体制转变而转化。而现阶段，我国高等教育正处于由准公共物品向准私人物品转化的阶段。

高等教育的特性已经发生和正在发生着悄然地变化，这对其提升外部适应力起着基础性作用。作为提供高等教育的主体，高校由计划经济时代的公共事业单位转变为非营利组织，政府角色只能并应当随之予以调整。

二、分化政府角色，提升高校自主权

高等学校与政府的关系是逐渐变化的。目前正发生三方面变化：一是由传统的单一行政法律关系向行政法律关系和民事法律关系转变；二是由简单的上下级隶属关系向产权明晰的举办者与经营者的关系转变；三是由以计划管理为手段的直接联系向以市场为导向的间接联系转变。这些改变引起了政府的角色分化。在上述情况下，为实现高校自主权的下放和外部适应力的增强，两者关系应有所转变，应有新的定位。

（一）由单一的行政法律关系转变为多元的互动和制约关系

在计划经济体制下，政府和高等学校之间一直是单一的行政领导与管理关系，在当今的市场经济体制下，这一关系应转变为法律的、行政的多元的互动和制约关系。一方面，作为高等学校的主要投资者，政府对高等学校运行和发展的重大战略性决策仍然具有行政的约束权；另一方面，由于高等学校是独立的法人实体，政府和高等学校之间又形成了相互监督、权利和义务双向制约的机制。一方面政府可以利用行政和法律双重手段规范和管理高等学校的办学行为，以保证和引导高等教育事业的健康发展，还可通过规范市场来调整高等教育事业发展中所出现的偏差；另一方面，高等学校也可以运用法律手段维护自身权益，适当约束政府行为，保证政府的调节和干预适度、合理、合法，从而形成学校依法自主办学、政府依法治教、社会积极参与办学的良好局面。

（二）由上下级领导与服从的隶属关系转变为指导与被指导的宏观调控关系

在传统的计划经济体制下，政府与高等学校的关系中，政府占主导地位，对高等学校进行直接的、权威性的领导管理。在当今市场经济条件下，为了进一步提高高等学校办学效率，高校迫切需要扩大办学自主权，但这并不意味着完全自治。我国的经济、社会发展水平和国情决定了在相当长的历史时期内，高等教育必须坚持以政府投资为主的多渠道筹资办学方针。与之相对应，政府也不再对高校拥有至高无上的权力，高等学校也不再是政府的附属单位，而是自主办学的"法人实体"，自主管理的同时接受政府的宏观指导。因此，政府必须简政放权，把"领导权力"切实转移到履行宏观调控和公共服务职能上来，努力为高等学校办学营造良好的外部市场环境〔1〕。

（三）由直接领导管理关系转变为间接规范、引导关系

在传统计划经济体制下，政府主要通过计划和行政手段直接干预高等学校的办学活动。在当今市场经济体制下，高等教育实现了资产所有权与经营管理权的分离，相应地，政府对高等教育的调节方式也发生了根本性变化，转变为主要通过政策引导、市场导向从外部间接影响和引导高等学校的办学活动。具体来看，主要是运用拨款、规划、督导评估等方式来调控高等教育的布局、层次、科类结构，进而来调控高等学校的战略目标、发展规模和速度，提升高等学校的教育质量和效益，使高等教育的发展符合国家宏观经济和社会的发展。

三、分离社会职能，实现资源配置社会化

优化高校与社会的关系，高等学校应坚持面向社会、服务社会，同时要实行高等学校资源配置社会化。落实高校自主权，一项重要的任务就是分离高校的社会职能，实现各司其职，资源合理分配。

要想实现高等学校资源配置的社会化，必须改变传统的内部管理体制，打破教育资源的行政化分割或部门所有制，真正实现教育资源的优化

〔1〕 李金柏，王婷．论高校管理中行政权力的角色转变——高校自治与政府规制两种权力均衡体系的构建［J］．黑龙江高教研究，2005（10）：37-39.

配置和资源共享。高等学校资源配置社会化，主要表现在三个方面。

（一）教育资源共享

高校拥有大批教学、科研装备资源，但是这些资源存在着服务面小、利用率低的特点。按照资源配置社会化改革方向，高校的实验室可以对外开放，实现资源共享。高校图书馆和体育场等资源也应向社会开放。

（二）后勤服务社会化

具有完整的后勤服务体系是计划经济时代高等学校的一大特征，社会有的高等学校都有，包括食堂、宿舍、商店、幼儿园、小学、医院、车队等。高校后勤的社会化意味着凡能由社会提供的，就由社会来办，即使是学校办的，也可按社会化改革的模式运作，逐渐与高校教学科研剥离。

（三）高校服务产品社会化

高等学校提供的产品是准公共产品。高等学校面向社会，自主办学，首先是人才培养面向社会，培养的学生为社会所需。与此相对应的，高等学校的招生及专业设置就要面向社会，面向市场。在高等教育供给不足，高等教育市场短缺的条件下，高等学校招生、专业设置、培养质量等问题并不突出。高等教育发展到一定程度，当出现供求平衡，或供大于求的情况下，高等学校面临的问题将十分突出。所以，必须充分发挥市场配置资源的作用，坚定地沿着社会化方向改革，高等学校才能在市场经济大潮中，面向社会，自主办学，自我发展。

四、构建新型的多元主体良性互动机制

建立新型的多元主体良性互动机制，是社会经济发展的客观需求，也是高等教育现代化的内在需要。这一良性互动机制是由“政府宏观管理，市场适度调节，社会广泛参与，中介有效调节，高校自主办学、自我约束”等方面共同构成的。

（一）政府宏观管理

政府职能是指政府在一定历史时期内根据社会环境的需求而履行的职责和发挥的功能，它反映了政府的实质和政府活动的内容与方向。随着社会的发展变化，政府在高等教育发展中的角色是“掌舵”而不是“划桨”。作为一个“掌舵者”，并没有弱化政府在高等教育发展中的责任，反而对

政府推动高等教育发展有了更高的要求。

（1）政府应朝着国家监督模式转变，在职能的性质、内容、手段和方向上都会发生相应地变化。也就是说，在举办权方面，政府不再是高校唯一的举办者；在办学权方面，政府应适当还权给高校。在管理权方面，政府应更多地依靠行政合同来管理高校，而不是传统的行政手段、行政命令。强化政府的宏观管理职能，采取立法、规划、拨款、监督、检查和社会评估、提供信息等手段对高等学校进行宏观管理，政府只制定教育方针、政策、法规和各类高校设置标准和学位标准；只制定教育事业发展规划和审批年度招生计划；只提出教育经费预算并统筹安排和管理以及通过建立基金制等方式，少用行政手段干预。

（2）弱化政府的微观管理职能，逐步淡化政府对高等学校办学过程中内部事务的直接干预，进一步调整管理的范围和内容，由过程管理转化为目标管理，建立健全高等教育行政的辅助机构和组织，如监督、检查、审查和社会评估机构，政府给予高校一定的自主办学权，与其说是为了让高校拥有更多的自由度，不如说是想让高校承担更多的责任。对此，我们一定要保持理智的头脑，正确看待并准确把握政府放权与高校落实办学自主权之间的"度"，防止"过犹不及""欲速则不达"。

（二）市场适度调节

随着我国社会主义市场经济体制的不断发展，市场与教育的关系越来越得到人们的认同。人们不仅认同了市场对教育资源配置的一定功能，而且也逐步认可了市场可以参与提供"经营性"教育服务。

1. 充分发挥高等教育消费市场的作用

政府可以把在高校间分配资源以及服务的职能适当地交给社会和市场来实现。一方面人们开始把教育看成一种服务业，求学者成为教育服务的消费者，有权利选择"服务的提供者"，有权利对其服务质量、水平提出要求，而且会对完善高等教育办学体制、深化内部改革，提高办学水平和效益产生重大影响。另一方面随着我国高等教育规模的迅速扩张，财政已经难以继续支持高校如此高速度的增长，而办学经费的短缺又大大制约了高校的发展，因此通过市场手段来解决高校经费来源单一与短缺的问题是具有重要实践意义的。

高校应该不断增强自身的主体意识，要在意识上主动摆脱对政府的习惯性依赖，通过市场来吸纳社会资金，扩大高校办学经费来源，增强自身通过市场向社会筹集资源的能力，使得高校自身在经费上对政府的依赖性大幅降低，这是缓解我国目前教育经费紧张问题的有效方式。

2. 充分发挥技术市场的作用，促进高校科技实力的提高

高校的科研项目、科研经费离不开技术市场，高校的科研成果更是以技术市场为依托。充分发挥技术市场的作用，对高校科学研究的开展和科研成果的转化具有直接性和指导性意义。所以，充分发挥技术市场的作用，对完善高等教育运行机制是不可缺少的重要环节。

（三）社会广泛参与

在计划经济体制条件下，高等教育运行中的社会参与主要是通过政府的计划和安排实现的，缺乏社会参与的体制基础。市场经济体制下，与之相适应的政府宏观管理和市场适度调节相结合的教育体制，为社会参与增加了现实的需求，也提供了广阔的空间。教育新体制下，社会参与成了不可缺少的组成部分，成为沟通和连接政府、市场、高校之间的纽带和桥梁。

面向社会自主办学，重要的一项内容便是处理好学校与社会的关系。但在教育体制改革过程中，特别是在实施依法自主办学的过程中，学校与社会的关系发生了较大变化，由间接变成直接、由松散变得频繁，而且随着高校教育事业的持续发展，学校与社会的关系将日益紧密。例如，人才市场的开通、双向选择就业方式的推行、并轨制的实施都自然地将学校和社会紧密地连在了一起；高校产、学、研一体化的运作模式，也使高校更加重视社会的动态，不断寻求新的经济增长点，为经济建设贡献力量。在此过程中，高等教育不断地适应社会发展的要求是高校与社会互动的动力基础，高校培养的人才、转让的科研成果、生产的知识产品、提供的社会服务满足了社会的需求，就会得到社会的支持；社会发展对人才和知识的迫切需求，反过来促进了高校与社会互动动力机制的逐步建立和完善。当然，在机制运转过程中，各方也要达成共识、齐心协力、相互理解和尊重对方的利益和需求，减少摩擦，使互动机制运行得更好。

（四）中介有效调节

政府职能的转变，使社会参与的功能、形式、途径以及机制都将发生

实质性的变化。重塑政府与高校的关系，要大力发展高等教育中介机构，由其充当政府与高校之间的调节机制。社会中介机构作为政府与高校之间的“缓冲器”，是指那些旨在联系政府与高校的、由一定的社会力量按照一定的模式建立起来的机构，是实现高校民主化、科学化管理的重要方式。社会中介机构介于政府与高校之间，可以充当政府与高校之间沟通的桥梁，也有助于高校决策的民主化和科学化。1993 年颁布的《中国教育改革和发展纲要》中提出：“为保证政府职能的转变，使重大决策经过科学的研究和论证，要建立健全社会中介组织，包括教育决策咨询研究机构、高等学校设置和学位评议与咨询机构、教育评估机构、教育考试机构、资格证书机构等，发挥社会各界参与教育决策和管理的作用。”但当前我国高等教育体系中的中介制度还不够完善，从实践层面考察，目前高等教育中介机构具有较浓的官方背景，很多为教育主管机构的附属事业单位，成为政府的代言人，这与建立中介组织的初衷是相悖的。由于行政依附特征较为明显而丧失了社会合法性，无法发挥在高等教育发展中的功能。因此建立由社会中介评估大学的体制，关键在于政府要把高等教育评估权真正移交给社会中介组织，并且在必要的情况下给予法律与政策支持。政府还需要通过法律来赋予中介机构的独立地位，通过立法来引导其规范运作，保证中介机构的独立性、权威性以及公正性，通过进一步完善我国高等教育领域相关法律框架，为教育中介机构健康发展打造一个良好的治理环境。因此为了更好地发挥教育中介组织的作用，我国需要由各级发展的独立的以及半官方的中介组织，逐步发展为由社会力量主导的中介组织。

（五）高校自主办学、自我约束

一切教育体制改革，其落脚点都是为了激发教育的活力，高校要加强自我管理、自我发展和自我约束，通过自身的努力，扩大办学实力、增强办学能力、提升办学水平。高校应突破传统的管理框架，确立新的发展目标和发展战略，将办学模式从“管理”向“经营”转化，更好地行使教育法律、法规赋予高校的权利和履行自身应有的义务，不断提高办学实力和办学水平。

《中国教育改革和发展纲要》指出：通过立法，明确高等学校的权利和义务，扩大学校的办学自主权，使学校真正成为面向社会自主办学的法人单位。高校既然具有独立的法人资格，那么它自然就在高等教育法规定的招生权、专业设置权、教学权、科学研究权、对外交往权、内部机构设置权、人事权等方面享有自主。其中，重点是要保证高校的专业设置权和招生权，有了专业设置权，高校就可以以市场为基础配置资源。而在此过程中，政府仅需通过对高校监管，定期对高校开展专业评估。不可否认，近几年高校连续的扩招，个别学校在一定程度上存在着盲目性，在师资、校舍、设备等各方面条件都难以承受的情况下依然大招、特招，完全忽视了高等院校办学的严肃性。《中国国家教育考试违规处理办法》《关于实行高等学校招生工作责任制及责任追究暂行办法》等若干法律、法规为防止高校招生自主权的落实中可能会出现的漏洞与腐败提供了强有力的制度保证。但仅此还不够，还必须建立起“符合教育规律”、能够主动适应和促进经济和社会发展与变化的机制，这是学校“自主办学，自我约束”机制创新的主要内容。

1. 建立校内多元主体合作共治的决策机制

建立健全高校民主决策机制，发挥教职工代表大会和各种委员会组织在决策中的作用。在有条件的公办高校逐步探索建立与完善相关的制度，使得政府、市场与社会的力量在这种制度平台中达成一种平衡关系，保障高等学校自主办学实践的顺利进行。

2. 建立行政与学术良性互动的权力机制

高等学校作为一种学术机构，它的主要活动领域是与学术相关的。同时，学校行政管理的任务也繁重复杂，需要熟悉教育规律和学校管理的专家学者参与其中，因此要注意发挥专家、学者等专业人员在学校决策与管理中的重要作用。

3. 建立集权与分权管理相结合的管理机制

在高等学校规模不断扩大，学科专业门类越来越多的条件下，学校实际上已经成为一个复杂的组织系统，实行集权与分权相结合的新体制是必然的选择。高校的统筹规划、经费预算与分配、重大人事任免以及其他涉及全局性的对内对外重大事务应由高校负责，而教学、科研和其他日常行政管理事务都可以由学院负责。同时要“因校制宜”，实行不同的管理机制，才能实现学校内部与外部协调运作的自主办学，使办学自主权真正成为高等教育持续发展的基本条件。